Neuer Markt und Nasdaq

Rolf Beike/Andre Köttner/
Johannes Schlütz

Neuer Markt und Nasdaq

Erfolgreich an den Wachstumsbörsen

2000
Schäffer-Poeschel Verlag Stuttgart

Die Deutsche Bibliothek – CIP-Einheitsaufnahme

Beike, Rolf:
Neuer Markt und Nasdaq : erfolgreich an den Wachstumsbörsen /
Rolf Beike ; Andre Köttner ; Johannes Schlütz.
– Stuttgart : Schäffer-Poeschel, 2000
ISBN 3-7910-1754-3

Gedruckt auf chlorfrei gebleichtem, säurefreiem und alterungsbeständigem Papier

Dieses Werk einschließlich aller seiner Teile ist urheberrechtlich geschützt. Jede Verwertung außerhalb der engen Grenzen des Urheberrechtsgesetzes ist ohne Zustimmung des Verlages unzulässig und strafbar. Das gilt insbesondere für Vervielfältigungen, Übersetzungen, Mikroverfilmungen und die Einspeicherung und Verarbeitung in elektronischen Systemen.

© 2000 Schäffer-Poeschel Verlag für Wirtschaft · Steuern · Recht GmbH & Co. KG
www.schaeffer-poeschel.de
info@schaeffer-poeschel.de
Einbandgestaltung: Heinrich Buttler
Satz: Dörr + Schiller, Stuttgart
Druck und Bindung: Franz Spiegel Buch GmbH, Ulm

Printed in Germany
November/2000

Schäffer-Poeschel Verlag Stuttgart
Ein Tochterunternehmen der Verlagsgruppe Handelsblatt

Geleitwort

»Nichts ist spannender als die Börse« – diesen leicht abgewandelten Slogan eines bekannten deutschen Wirtschaftsmagazins empfindet auch der Leser dieser Neuerscheinung von Rolf Beike, Andre Köttner und Johannes Schlütz. Besonders lobenswert ist die sehr ausführliche Behandlung von Bewertungsverfahren verschiedener Unternehmen aus den unterschiedlichsten Branchen am Neuen Markt und an der Nasdaq. Die einzelnen Fallstudien bieten eine hervorragende Synthese aus herkömmlichen und innovativen Anlaysetechniken. Sie zeigen, worauf es ankommt, nämlich z. B.

- wie man Aktien herausfindet, die ein überdurchschnittliches Gewinnpotenzial aufweisen;
- wie man effizient auf neue Produkte und Verfahren achtet, ohne in der Informationsflut zu ertrinken;
- auf ein dynamisches, wachstumsorientiertes Management zu setzen;
- die Marktführer einer Branche oder Gruppe von Unternehmen zu erkennen und in sie zu investieren;
- die Quartalsberichte und Gewinnmeldungen zu überprüfen und sich von Täuschungstaktiken nicht blenden zu lassen.

Diese sehr interessante Lektüre eignet sich sowohl für den wissensdurstigen Privatanleger als auch für den Berufseinsteiger. Selbst dem Börsenprofi kann sie einerseits als Nachschlagewerk dienen (Kapitel »Grundlagen«) und andererseits Anregungen für die persönliche und berufliche Vermögensverwaltung bieten.

Kurt Ochner

Julius Bär Kapitalanlage AG
Frankfurt am Main, im Oktober 2000

Inhaltsverzeichnis

Geleitwort	V
Grundlagen	1
Warum Wachstumsaktien?	2
Erfolg an Wachstumsbörsen nur mit System	2
Was den Leser erwartet	3
Was sind Wachstumsaktien?	5
Der Neue Markt	7
Die Nasdaq	11
Historie und Funktionsweise	11
Die Abwicklung einer Order über die Nasdaq	12
Die Struktur der Nasdaq	13
Wie ein Börsengang organisiert ist	15
Die Emissionsbanken	15
Due Diligence – Risiken und Chancen aufzeigen	18
Finanzkommunikation	19
Investor Relations	19
Preisfindung und Aktienzuteilung – Verfahren auf einen Blick	20
Bewertung von Wachstumsunternehmen	23
Wesentliche Bewertungskriterien	27
Nachhaltigkeit des Geschäftsmodells	27
Managementqualität	30
Starkes internes Wachstum	32
Konservative Bilanzierungsmethoden	33
Bewertungsverfahren für Wachstumsaktien	36
Ertragsgrößen	36
Barwertmethoden	44
Multiplikatormodelle	47
Die Branchen am Neuen Markt	63
Einleitung	64
Biotechnologie	65
Definition	65
Branchenstruktur	68
Biotech-Unternehmen aus Sicht des Anlegers	70
Das Zulassungsverfahren von Medikamenten in den USA	72
Bewertungskriterien	77

Bewertungsfragen zu Biotech-Firmen	78
Case Study: Qiagen	79
IT-Services	81
Definition	81
Einnahmequellen und Bewertung	83
Bewertungsfragen zu IT-Service-Unternehmen	85
Case Study: Medion	85
Internet	87
Einleitung	87
Struktur der Internet-Branche	87
Aktuelle Entwicklungen im Internet	91
Business-to-Business-E-Commerce	92
Abgrenzung zwischen B2C- und B2B-E-Commerce-Software	97
Wireless Internet	98
Bewertungsfragen für Internet-Firmen	101
Case Study: Intershop	102
Medienbranche	105
Struktur	105
Medienunternehmen und der Neue Markt	106
Die Wertschöpfungskette eines Films	107
Aussichten	110
Bewertungsfragen zu Medienaktien	112
Case-Study: Highlight	113
Software	115
Struktur	115
PC-Software	118
Unternehmenssoftware	119
Bewertungsfragen zu Software-Unternehmen	125
Case Study: Siebel Systems	126
Telekommunikation	128
Struktur	128
Bewertungsfragen für Telekomgesellschaften	132
Case-Study: Condat	133
Hardware	135
Struktur	135
Bewertungsfragen für Hardwareunternehmen	136
Case Study: Intel	137
Spezialmaschinenbau	139
Bewertungsfragen	139
Case-Study: Aixtron	140

Barometer für Wachstumsbörsen 143

Indizes – Indikatoren für das Aktienmarktgeschehen 144
    Ausdruck für die Gesamtmarktentwicklung 144
    Kurs- und Performance-Index 145
    Indizes für den Neuen-Markt 146
    Indizes an der NASDAQ 153

Wie Anleger sich an Wachstumsbörsen engagieren können 157

Wachstumsbörsen haben ihre Berechtigung 158
Die wichtigsten Grundregeln 160
Produkte in allen Schattierungen 163
    Die Alternativen 163
    Fonds auf Wachstumswerte 165
    Passive Strategien am Neuen Markt mit Indexfonds 167
    Zertifikate – Produkte mit rasantem Aufschwung 167
    Wachstums-Zertifikate und -Fonds im Vergleich 179
Wachstumsbörse mit Hebel 182
    Optionen – eine kurze Einführung 182
    Die häufigsten Underlyings 186
    Was Optionen auf Wachstumsaktien kennzeichnet 188
    Aus Baisse-Phasen am Neuen Markt Profite schlagen 190
    Neuer-Markt-Produkte an der Eurex 191
Gewinne trotz Seitwärtsbewegung
an Wachstumsbörsen 198
    Wann sich Aktienanleihen und Discount-Zertifikate
    bezahlt machen 200
    Doppel-Aktienanleihen und -Discount-Zertifikate 202
    Speed- und Kick-Start-Zertifikate 204

Informationen rund um den Neuen Markt und die NASDAQ 209

Das Internet dominiert 210
Chats und Newsboards 212
Mailinglisten und Suchmaschinen 214
Ad-Hoc-Meldungen – Internet unschlagbar 216
Informationen über künftige Neuemissionen 219
Was professionelle Analysten meinen 221
Recherche in Archiven 224
Technische Analyse 225
Aktuelle Kurse und Indexstände 229
Gezielte Aktiensuche 232

Aktien aus dem Netz 235

Aktienauswahl mit Hilfe des Internet 236
    Die Web-Site der Nasdaq 236
    Die Homepage von Onvista 256

Neuer-Markt-Unternehmen 269

Sachregister 279

Grundlagen

Warum Wachstumsaktien?

Erfolg an Wachstumsbörsen nur mit System

Es ist gut drei Jahre her, als die Deutsche Börse am 10. März 1997 den Handel am Neuen Markt aufnahm. Seitdem hat der Markt für junge wachstumsstarke Unternehmen Scharen von Anlegern in seinen Bann gezogen und sich fest etabliert. An keinem anderen Aktiensegment ist die Entwicklung ähnlich turbulent verlaufen wie am Neuen Markt. Anleger haben binnen kurzer Zeit bis dato unvorstellbare Gewinne erzielt. Mit den erfolgreichsten Wachstumswerten waren seit ihrer Emission drei-, vier- und sogar fünfstellige Renditen erreichbar. Zu den Spitzenreitern gehört das Medienunternehmen EM.TV, das – gerechnet vom Börsenstart im Oktober 1997 – in noch nicht einmal zwei Jahren sage und schreibe rund 18.000 Prozent im Wert stieg. Bei dreizehn Neuemissionen im Jahre 1999 legte der Kurs im Vergleich zum Ausgabepreis um über 100 Prozent zu. Aus solchem Stoff werden Anlegerfantasien gemacht. Doch so manchen Investor plagen inzwischen Alpträume. Denn einige Wachstumsunternehmen machten ihrem Name keine Ehre und vernichteten das Kapital, das Sparer zur Verfügung gestellt hatten. Einige Firmen sind wegen Betrugs mittlerweile nicht mehr gelistet, andere Werte notieren derzeit weit unter ihren Höchstkursen.

Auch wenn die Zeiten am Neuen Markt rauer werden und längst nicht mehr jede Neuemission automatisch steil nach oben klettert, ist kaum abzustreiten, dass dieses Börsensegment viele Anleger weiterhin aufgrund seiner verlockenden Gewinnmöglichkeiten anzieht. Unternehmen an den Wachstumsbörsen besitzen ein deutlich höheres Wachstumspotenzial als Werte anderer Marktsegmente. Damit bleiben sie für viele Anleger besonders interessant. Anders als bei eingesessenen Unternehmen gibt es für Werte aus der New Economy allerdings keine lange Historie. Den Investoren stehen keine Aktienkursreihen zur Verfügung, mit denen man das Schwankungspotenzial einigermaßen abschätzen könnte. Auch ist es schwierig zu beurteilen, wie einzelne Branchen aus dem Neuen Markt auf Veränderungen wirtschaftlicher Einflussfaktoren reagieren, da Erfahrungswerte aus der Vergangenheit fehlen.

Umso wichtiger ist es deshalb, dass Anleger systematisch vorgehen und sämtliche Alternativen in ihre Überlegungen miteinbeziehen. Man muss Aktien zum Beispiel nicht unbedingt direkt kaufen, um an der Wertentwicklung der Wachstumsbörsen zu profitieren. Denn auch mit anderen Finanzprodukten kann man – oft sogar viel effizienter – an Kursanstiegen teilhaben. Außerdem erscheint es ausge-

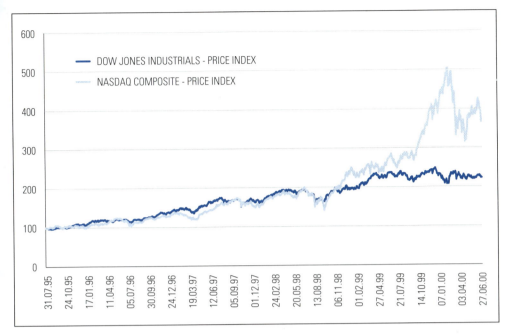

sprochen sinnvoll zu sein, den Empfehlungen – wenn möglich – professioneller Akteure zu folgen, die sich intensiv und vor allem mit Erfolg an Wachstumsbörsen wie dem Neuen Markt und der Nasdaq engagieren.

Dieses Bewusstsein hat den Charakter von »Neuer Markt und Nasdaq« geprägt. Es ist das erste umfassende Buch zu diesem Thema und beinhaltet nicht nur Antworten auf die Frage, was die New Economy kennzeichnet und wie man Wachstumsaktien richtig bewerten kann. Der Titel enthält überdies eine gründliche Darstellung und kritische Betrachtung all jener Produkte, mit denen sich Anleger an Wachstumsmärkten heutzutage engagieren können.

Da sich Anleger an Wachstumsmärkten fast nur noch über das Internet informieren und die meisten darüber auch ihre Börsentransaktionen abwickeln, ist es selbstverständlich, dass dem World Wide Web in diesem Buch ein überaus hoher Stellenwert zuteil wird.

Mit Wachstumsaktien dürften Anleger auch in Zukunft überdurchschnittliche Wertzuwächse erzielen. Allerdings sollte man sich, insbesondere bei kurzen Anlagezeiträumen, auf heftige Kursausschläge einstellen.

Was den Leser erwartet

Das Buch beginnt mit einigen grundlegenden Informationen über den Neuen Markt und die Nasdaq. Wir zeigen, welche Zulassungsvoraussetzungen für junge Wachstumsgesellschaften gelten, die an Börsensegmenten wie dem Neuen Markt notiert werden wollen. Der

Leser erfährt außerdem die wichtigsten Begriffe rund um Neuemissionen und Börsengänge.

Der zweite und dritte Teil bilden den eigentlichen Kern des Buches. Wir beschreiben sämtliche – nach unserer Meinung – wesentlichen praktischen Methoden zur Bewertung von Wachstumsunternehmen. Theoretische Modelle, wie sie in Lehrbüchern zu finden sind, sucht man bei uns vergeblich. Wir haben sehr viel Wert darauf gelegt, dem Leser zu zeigen, wie professionelle Akteure in der Praxis bei ihrer Einschätzung vorgehen. Einer der erfolgreichsten deutschen Fondsmanager für Wachstumswerte, Andre Köttner, ist Mitautor dieses Buches. Bei Union Investment in Frankfurt/Main betreut er unter anderem den EuroAction: N. M., einen auf europäische Wachstumsaktien ausgerichteten Fonds. Wie zielgerichtet Andre Köttner bei seiner Aktienwahl vorgeht und wie erfolgreich seine Ansätze sind, belegt die Tatsache, dass er im Jahr 1998 zusammen mit seinem Kollegen Wassili Papas von der Zeitschrift FINANZEN zum besten Fondsmanager des Jahres im Bereich »Europäische Aktien« gekürt wurde.

An Wachstumsbörsen sind Unternehmen aus den unterschiedlichsten Wirtschaftszweigen vertreten. Welche dies im Einzelnen sind, zeigen wir im dritten Teil. Natürlich wollen wir den Leser nicht mit allzu viel Details überhäufen. Deshalb konzentrieren wir uns auf die wichtigsten Aspekte.

Inzwischen existiert auch für Wachstumsbörsen ein umfangreiches Set an Indizes. Damit hat der Anleger die Möglichkeit, die Marktsituation praktisch an einer einzigen Zahl abzulesen. Die wichtigsten Indizes für den Neuen Markt und die Nasdaq behandeln wir im Kapitel »Barometer für Wachstumsbörsen«.

Wir hatten es eingangs bereits angedeutet: Anleger müssen nicht unbedingt Aktien direkt kaufen, um an der Wertentwicklung der Wachstumsmärkte zu partizipieren. Inzwischen wird eine Fülle unterschiedlicher Finanzprodukte angeboten, die dem Anleger zum Beispiel eine Menge Arbeit ersparen können oder ihm sogar Gewinnmöglichkeiten bieten, die weit über denen einer »normalen« Wachstumsaktie liegen. Welche Produkte Anlegern geboten werden und worauf man bei der richtigen Auswahl achten sollte, besprechen wir im fünften Teil.

Wer am Neuen Markt erfolgreich sein will, braucht Informationen. Welche Quellen ein Anleger nutzen sollte, beschreiben wir detailliert in Teil sechs.

Wir runden unsere Darstellungen mit dem vorletzten Teil (»Aktien aus dem Netz«) ab. Anhand der Internetangebote der Nasdaq und von Onvista zeigen wir, wie man Informationen aus dem World Wide Web gezielt zur Bewertung von Wachstumsaktien einsetzen kann. Dieser Leitfaden soll dem Leser helfen, sich im Informationsdickicht zurecht zu finden.

Was sind Wachstumsaktien?

In diesem Buch dreht sich alles um so genannte Wachstumsaktien, oder – wie die Angelsachsen sagen – Growth Stocks. Die Definition dieses Begriffes bedarf einiger Umschweife: Traditionell teilt man Aktien in die Kategorien »Value«, was mit »Substanz« übersetzt werden könnte, und »Growth« (Wachstum) ein. Value- oder Substanzwerte gelten als vergleichsweise sichere Aktien. Die Kursschwankungen fallen bei diesen Titeln im Regelfall sehr gering aus und ein Konkurs ist nahezu ausgeschlossen. Als »Sicherheitsindikator« werden zum Beispiel Dividendenzahlungen herangezogen: Sofern Aktiengesellschaften in der Vergangenheit regelmäßig Dividenden zahlen konnten und dies voraussichtlich auch künftig weiterhin können, werden sie von Analysten als Value-Werte eingestuft. Neben der Dividendenkontinuität gibt es weitere Kriterien, zum Beispiel das Kurs-Gewinn-Verhältnis (KGV) oder die Branchenzugehörigkeit: Nur ein relativ geringes KGV qualifiziert Aktien als Value-Werte. Typisch ist obendrein, dass die Unternehmen aus althergebrachten Sektoren, wie der Lebensmittel-, der Chemie- oder der Automobilbranche stammen.

Was sind Value-Werte?

Was sind im Gegensatz dazu Wachstumsaktien? Sicherlich könnte man auch hier Kennziffern wie die Dividendenrendite oder das KGV heranziehen, um diese Titel zu identifizieren. Es gibt einige typische Merkmale für Wachstumsaktien, die Anleger sehr leicht per Internet-Recherche überprüfen können: Erstens, Analysten erwarten für die nächsten Jahre relativ hohe Gewinnwachstumsraten (normalerweise 20 Prozent und mehr). Zweitens, die Dividendenrendite ist sehr gering (oftmals kleiner 1 Prozent) oder gar nicht zu berechnen, da bisher keine Dividenden gezahlt wurden. Wachstumsunternehmen benötigen die erwirtschafteten Gewinne, um laufend Investitionen tätigen sowie Forschungs- und Entwicklungsarbeiten durchführen zu können. Für Ausschüttungen an die Aktionäre bleibt – zumindest in den ersten Jahren nach der Gründung – nichts übrig. Microsoft etwa hat in der Vergangenheit noch nie Dividenden gezahlt. Drittens, das KGV fällt vergleichsweise hoch aus oder ist ebenfalls nicht zu ermitteln, da die Unternehmen noch nicht profitabel sind. Bei Wachstumsfirmen, die ein KGV vorweisen können, sind Werte von 100 und mehr in jüngster Zeit nicht ungewöhnlich. Wachstumsunternehmen stammen darüber hinaus vor allen Dingen aus Branchen mit sehr guten Zukunftsaussichten, etwa aus der Soft-

Was sind Wachstumsaktien?

Wachstumsaktien eignen sich insbesondere für junge Menschen. Eine Beimischung bietet sich aber prinzipiell Anlegern aller Altersklassen an.

Im letzten Teil schließlich findet der Leser eine Aufstellung Neuer-Markt-Unternehmen.

ware- oder der Telekommunikationsbranche, aus dem Internet- oder Biotechnologiesektor.

Abschließend noch einige wichtige Aspekte zur Abgrenzungsproblematik:

Wachstumsaktien kann man an allen Börsen entdecken und in fast allen Branchen. Auch große Unternehmen sind mitunter in der Lage, ihre Gewinne Jahr für Jahr mit überdurchschnittlichen Raten zu steigern.

- Wachstumsaktien sind insbesondere an Börsen wie dem Neuen Markt oder der Nasdaq zu finden. Allerdings gibt es entsprechende Werte auch an traditionellen Börsen, etwa an der New York Stock Exchange, bzw. in herkömmlichen Börsensegmenten wie dem amtlichen Handel an der Deutschen Börse.
- Wachstumsunternehmen stammen nicht unbedingt aus typischen Wachstumsbranchen. Auch in traditionellen Wirtschaftszweigen gibt es Unternehmen, die ihre Gewinne deutlich schneller und mit viel höheren Raten steigern können als andere Firmen innerhalb des entsprechenden Sektors. Auch diese Firmen werden als Wachstumswerte bezeichnet.
- Die Unternehmensgröße, gemessen an der Marktkapitalisierung, ist ebenfalls kein zuverlässiges Kriterium für Wachstumsaktien. Wachstumsaktien können Small-, Mid- oder Large-Caps sein, also sowohl Unternehmen mit einem Börsenwert von ein paar Millionen Euro als auch Gesellschaften mit einem Börsenwert von mehreren hundert Milliarden Euro.

Der Neue Markt

Wer in junge, überwiegend auf moderne Technologien ausgerichtete Unternehmen investieren möchte, für den bietet die Börse in Frankfurt seit dem 10. März 1997 ein separates Handelssegment, den Neuen Markt. »Der Neue Markt«, so heißt es in einer Publikation der Deutschen Börse, »ist ein Forum für den Börsengang von Unternehmen mit innovativen Produkten und Ideen. Ziel ist es, ein immer breiteres Spektrum von Aktien innovativer Unternehmen an die Börse zu holen, wo diese Firmen das nötige Eigenkapital für ihre Wachstumsfinanzierung erhalten. Kapitalgeber können an den Chancen der Expansion partizipieren, indem sie Risiko übernehmen«.

Hinter der Umschreibung innovative Unternehmen stecken idealerweise Gesellschaften aus den Bereichen Internet, Telekommunikation, Mikroelektronik oder Biotechnologie, die mit einem über-

Die Zahl der insgesamt am Neuen Markt gelisteten Unternehmen sowie die gesamte Börsenkapitalisierung dieser Aktiengesellschaften können Anleger auf der Homepage des Neuen Marktes unter http://www.neuer-markt.de/INTERNET/NM/home/index.htm abrufen.

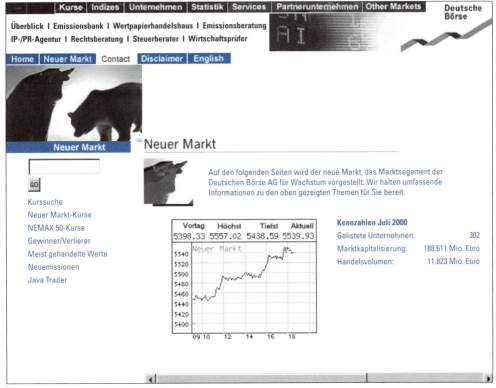

http://www.neuer-markt.de/INTERNET/NM/home/index.htm

durchschnittlichen Wachstumspotenzial aufwarten können. Da die Unternehmen gleichzeitig jedoch vergleichsweise klein sind, also nur ein geringes Grundkapital sowie eine relativ kleine Anzahl emittierter Aktien vorweisen können, hätte man Schwierigkeiten, derlei Small-Caps in den althergebrachten Börsensegmenten zu platzieren.

Zulassungsvoraussetzungen im Vergleich

Nebenstehend ein Vergleich zwischen den Zulassungsbedingungen verschiedener Börsen. Am Neuen Markt herrschen besonders strenge Regeln.

Vorschrift	Neuer Markt	Amtlicher Handel	Nasdaq
Das Eigenkapital des Emittenten muss sich auf mindestens 1,5 Millionen Euro belaufen.	✓	–	–
Der voraussichtliche Kurswert der zu platzierenden Aktien muss mindestens fünf Millionen Euro betragen.	✓	–	✓[1]
Es dürfen nur Stammaktien emittiert werden.	✓	–	–
20 Prozent des Aktienkapitals müssen für den Börsenhandel frei zur Verfügung stehen.	✓[2]	–	–
Veröffentlichung der Quartalsberichte in Deutsch und Englisch	✓	–	✓[3]
Anwendung internationaler Rechnungslegungsstandards (IAS) oder US-GAAP	✓	–	✓[4]
Sechsmonatige Lock-up-Periode für Altaktionäre	✓	–	(3 Monate)

[1] Im Nasdaq National Market beläuft sich dieser Betrag auf 8 Millionen US-Dollar.
[2] Kann auf 10 Prozent reduziert werden, falls der Gesamtwert der Emission 100 Millionen Euro übersteigt.
[3] An der Nasdaq reicht es natürlich aus, die Quartalsberichte ausschließlich nur in Englisch zu verfassen.
[4] Die Nasdaq akzeptiert derzeit nur Geschäftsabschlüsse, die nach US-GAAP erstellt wurden.

Hier soll der Neue Markt mit seiner neuartigen Handelsorganisation Abhilfe schaffen. Auf der einen Seite zeichnet er sich durch besonders rigide Zugangsvoraussetzungen für die Emittenten aus, die in keinem anderen Handelssegment in Deutschland strenger sind. Hier ein Auszug aus den Zulassungsbedingungen:

- Der Emittent *muss* mit der Antragstellung ein Eigenkapital in Höhe von mindestens 1,5 Millionen Euro nachweisen.
- Die Emission *muss* bei Erstnotiz am Neuen Markt mindestens 100.000 Aktien umfassen. Der Gesamtnennbetrag muss mindestens 250.000 Euro betragen.

- Der voraussichtliche Kurswert der zu platzierenden Aktien muss mindestens fünf Millionen Euro betragen.
- Die Aktien eines Unternehmens *sollten* zu mindestens 25 Prozent breit gestreut sein (eine 20%-ige Streuung ist Pflicht).
- Es *müssen* Stammaktien emittiert werden.
- Für Altaktionäre besteht eine Haltepflicht (Lock-up-Frist) von einem halben Jahr. Im Klartext: Altaktionäre dürfen ihre Beteiligungspapiere in den ersten sechs Monaten nach dem Börsengang der jungen Aktiengesellschaft auf keinen Fall verkaufen. Durch die Einführung einer zweiten Wertpapier-Kennnummer werden die Anteile der Altaktionäre für sechs Monate vom Handel ausgeschlossen und bei der Deutschen Börse AG getrennt verwahrt.
- Jahresabschlüsse *müssen* nach internationalen Rechnungslegungsvorschriften (IAS oder US-GAAP) erstellt werden.

Von den europäischen Neuen Märkten – insgesamt gibt es fünf, und zwar in Frankreich, den Niederlanden, Belgien, Spanien, Italien und Deutschland – ist der Neue Markt in Frankfurt der mit Abstand größte. Hier sind über 300 Aktiengesellschaften gelistet.

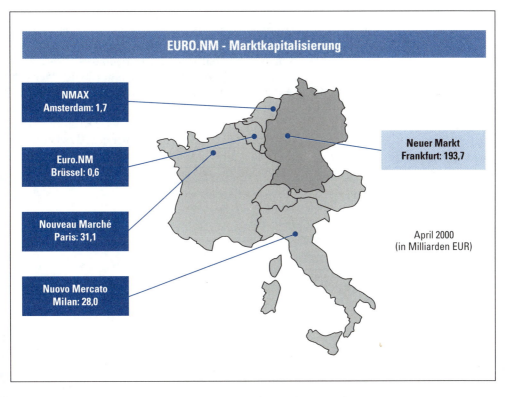

Auf der anderen Seite bietet der Neue Markt eine ausgesprochen hohe Liquidität. Denn das wirklich neue an diesem Börsensegment sind sogenannte Betreuer, im Fachjargon *Designated Sponsors* genannt: Ausgewählte Banken, spezialisierte Wertpapierhandelshäuser oder auch Maklerunternehmen kümmern sich intensiv um einzelne

Nach einer möglichen Fusion der Deutschen Börse und der London Stock Exchange soll der Neue Markt in Zusammenarbeit mit der Nasdaq zu einem gesamteuropäischen Wachstumsmarkt ausgebaut werden.

Werte. Sie sind Market Maker für die jeweils betreuten Titel, verpflichten sich also, auf Anfrage verbindliche An- und Verkaufskurse zu stellen. Sind Angebot und Nachfrage einmal unausgeglichen, springt der Betreuer gegebenenfalls ein, um für einen Marktausgleich zu sorgen. Obendrein stehen die Betreuer den jungen Unternehmen als so genannter Coach zur Seite: Beispielsweise übernehmen sie Investor-Relations-Aufgaben, dazu gehören etwa Planung und Durchführung der Hauptversammlungen sowie eine regelmäßige Berichterstattung über den Börsenhandel mit der betreffenden Aktie, oder beraten und unterstützen das Unternehmen bei künftigen Kapitalmaßnahmen.

Trotz der strengen Zulassungsbedingungen, der Betreuung durch erfahrene Banken und der engen Beziehungen zwischen Banken und Unternehmen sind Pleiten am Neuen Markt nicht ausgeschlossen. Die erste Gesellschaft, die Konkurs anmelden musste, war Gigabell im September 2000. Einige renommierte Wirtschaftsmagazine hatten bereits im Sommer 2000 prophezeit, dass die ersten Firmen am Neuen Markt noch vor Jahresfrist ein finanzielles Desaster erleben würden. Die Namen der potenziellen Pleite-Kandidaten wurden in sogenannten »Todeslisten« veröffentlicht. Dazu nur soviel: Wer sich Neuer-Markt-Aktien zulegt, geht dabei zweifelsohne überdurchschnittliche Risiken ein. An der Börse und insbesondere auf lange Sicht hat sich das bisher jedoch immer ausgezahlt. Der Erfolg ist allerdings nur dann garantiert, wenn Anleger bei der Aktienauswahl sehr sorgfältig vorgehen und ihr Geld über mehrere Aktien streuen. Dazu in den folgenden Abschnitten mehr.

Die Marktbarometer belegen: Was die Wertentwicklung angeht, ist der Neue Markt – trotz starker, kurzfristiger Kursrückschläge – bisher ein großer Erfolg.

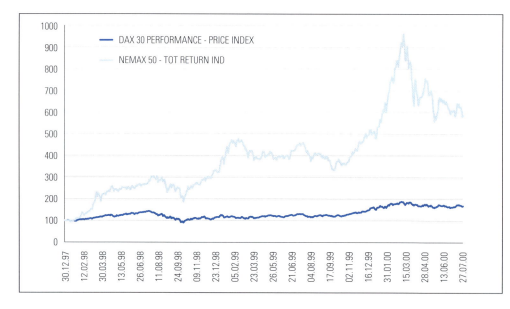

Die Nasdaq

Historie und Funktionsweise

Die Nasdaq ist die weltweit größte Börse für Aktien aus dem Hochtechnologiesektor. Bekannt wurde sie insbesondere durch die Erfolgsstories aus dem Computer- und Internetbereich, man denke nur an Microsoft, Cisco Systems, Oracle oder Dell Computer, die alle an der Nasdaq gelistet sind. Es dauerte jedoch fast zwei Jahrzehnte, bis sich die US-Technologiebörse weltweites Ansehen verschaffen und neben den großen US-Börsen NYSE (»Wall Street«) und Amex etablieren konnte.

Heute sind High-Tech-Unternehmen aus allen Kontinenten bestrebt, zum Handel an der Nasdaq zugelassen zu werden. Mit über fünf Billionen US-Dollar Börsenkapital ist die Nasdaq nach der NYSE derzeit die zweitgrößte Börse der Welt. Das Handelsvolumen, das über die Nasdaq abgewickelt wird, hat das der NYSE im letzten Jahr jedoch bereits überschritten. 1999 wurden Wertpapiere im Wert von rund sechs Billionen US-Dollar an der Nasdaq gehandelt. Der Anteil am Umsatz aller US-Börsen liegt in der Zwischenzeit bei über 50 Prozent.

Die fünf größten Börsen der Welt	
Börse	Marktkapitalisierung in Billionen US-Dollar
NYSE	11,4
NASDAQ	5,2
Tokio	4,5
London	3,0
Frankfurt	1,4
Stand: 31.12.99 Quelle: NYSE	

Umsatz an der Nasdaq

Im April 2000 wurden Aktien im Wert von rund 1,8 Billionen US-Dollar an der Nasdaq umgeschlagen. Gemessen an dieser Zahl fanden in dem genannten Monat bereits über 60 Prozent des gesamten US-Börsenhandels an der Nasdaq statt. Zum Vergleich: An der NYSE betrug der Umsatz etwa 0,9 Billionen US-Dollar und an der Amex 0,09 Billionen US-Dollar. Zum Handel an der Nasdaq zugelassen sind fast 5.000 in- und ausländische Aktiengesellschaften.

Die Nasdaq wurde am 8.2.1971 gegründet und war die erste Börse, an der Wertpapierkäufe und -verkäufe ausschließlich per elektronischem Handelssystem abgewickelt wurden. Die Abkürzung Nasdaq steht für **N**ational **A**ssociation of **S**ecurities **D**ealers **A**utomated **Q**uotation System. Hierbei handelt es sich – wie gerade schon angedeutet – nicht um eine Präsenz- bzw. Parkettbörse, sondern um ein Computernetzwerk, an das insgesamt mehr als 500.000 Terminals in der ganzen Welt angeschlossen sind. Mit Hilfe dieses Netzwerkes werden permanent aktuelle Kurse für die Nasdaq-notierten Unternehmen verbreitet. Die Kurse kommen dabei auf zweierlei Art und Weise zustande:

Quote-Driven-Market

Auf der einen Seite gibt es *Market Maker*, die permanent An- und Verkaufskurse (»quotes«) in das System einstellen. Insgesamt engagieren sich mehrere hundert Market Maker an der Nasdaq. Eine einzelne Aktie wird normalerweise von mindestens zehn dieser Händler betreut.

Order-Driven-Market

Auf der anderen Seite fließen vorliegende Kauf- und Verkaufsaufträge (»orders«) von Marktteilnehmern (Privatanleger, Institutionelle) direkt in die Kurse mit ein. Dies geschieht über sogenannte Electronic Communications Networks (ECNs). Ein ECN wird von einem bestimmten Finanzdienstleister betrieben, der bei der Securities and Exchange Commission (SEC) eine Lizenz beantragen und anschließend von der Nasdaq registriert werden muss. Geschäftsbanken und Brokerhäuser können sich wiederum vom Betreiber an das ECN anschließen lassen, umso am Handel über das ECN teilnehmen zu können. Kauf- und Verkaufsaufträge, die in einem ECN angezeigt werden, stammen einerseits von Privatanlegern, die diese bei einem angeschlossenen Broker bzw. bei einer angeschlossenen Geschäftsbank eingereicht haben. Andererseits wickeln die angeschlossenen Häuser auch ihre Eigengeschäfte über das ECN ab.

> ECN steht für Electronic Communications Network.

Die Abwicklung einer Order über die Nasdaq

Wer eine Aktie an der Nasdaq kaufen möchte, kann einfach seinen Broker anrufen oder die Order per Fax oder Internet bei diesem einreichen. Ein guter Broker ist an das Nasdaq-System angeschlossen und somit in der Lage, den Kaufauftrag direkt per Tastatur in das elektronische Handelssystem einzugeben. Die Ausführung, das sogenannte *Matching*, erfolgt normalerweise automatisch. Sofern der Anleger kein Limit setzt, wird im System nach dem günstigsten Preis für die betreffende Aktie gesucht bzw. nach jenem Market Maker, der gerade den niedrigsten Preis für das Papier verlangt. Sobald das beste Angebot gefunden ist, wird der Auftrag umgehend abgewickelt und der Kauf auf elektronischem Wege bestätigt.

Bei limitierten Aufträgen läuft der Prozess gegebenenfalls ein wenig anders ab. Es kann nämlich vorkommen, dass ein preislich limitierter Kauf- oder Verkaufsauftrag die auf dem Nasdaq-Schirm angezeigten Geld- bzw. Briefkurse verändert. Das ist immer dann der Fall, wenn die limitierte Order einen besseren Kauf- oder Verkaufspreis beinhaltet, als bisher vom System angezeigt. Ein Beispiel: die Quotierung für eine bestimmte Aktie beträgt derzeit 20½ Dollar (= bester Ankaufspreis aus allen vorliegenden Market Maker Quotes) zu 21 Dollar (= bester Verkaufspreis aus allen vorliegenden Market Maker Quotes). Ein Anleger, der 500 Aktien kaufen möchte, ist nicht bereit, 21 Dollar für die Papiere zu bezahlen. Er limitiert seinen Kaufauftrag auf 20¾ und reicht ihn an seinen Broker weiter. Das Angebot, 500 Aktien zu 20¾ Dollar zu kaufen, ist jetzt – sofern die angezeigte Quotierung tatsächlich alle Orders erfasst – das beste im gesamten Markt. Der Market Maker, bei dem die Order landet, ist in diesem Fall gezwungen,

- entweder die Bildschirmanzeige auf »20¾ Dollar Best Bid für 500 Aktien« zu ändern,
- den Auftrag umgehend zum gewünschten Preis auszuführen oder
- die Order an ein ECN weiterzuleiten.

In allen drei Fällen wird der limitierte Kaufauftrag des Kunden als bestes Angebot auf dem Nasdaq-Schirm angezeigt.

Die Struktur der Nasdaq

Die Nasdaq teilt sich heute in zwei Bereiche: »The Nasdaq National Market« und »The Nasdaq SmallCap Market«. Diese beiden Marktsegmente unterscheiden sich in erster Linie durch die Größe der dort gehandelten Unternehmen (Größenmaßstab sind u.a. das Reinvermögen sowie die Marktkapitalisierung), die Bedingungen bei der Erstzulassung einer Aktie, dem sogenannten »Initial Listing«, sowie den Voraussetzungen für ein fortgeführtes Listing (»Continued Listing«). Bei einer Aufnahme in den Nasdaq National Market muss die betreffende Aktiengesellschaft beispielsweise ein Reinvermögen von mindestens sechs Millionen US-Dollar nachweisen, wohingegen sich dieser Betrag beim Nasdaq Small Cap Market auf vier Millionen Dollar reduziert. Darüber hinaus müssen die ohne Beschränkung handelbaren Aktien, der sogenannte »free« oder »public float«, im National Market einen Marktwert von mindestens acht Millionen US-Dollar aufweisen, im Small Cap Market hingegen einen Börsenwert von lediglich fünf Millionen Dollar. Ein letztes Beispiel: Ein fortgeführtes Listing im Nasdaq National Market ist nur dann möglich, wenn ein Unternehmen ein Reinvermögen von vier Millionen US-Dollar nicht unterschreitet. Im Nasdaq Small Cap

An der Nasdaq gibt es die Vorschrift, dass eine Aktie mindestens einen US-Dollar kosten muss. Penny-Stocks gibt es an der Nasdaq also nicht. Die Vorschrift für den Mindestpreis gilt für beide Marktsegmente.

Wer sich genauer über die Zulassungskriterien an der Nasdaq informieren möchte, kann im Internet unter http://www.nasdaq.com/about/nnm1.stm (Link für Nasdaq National Market) oder unter http://www.nasdaq.com/about/scm.stm (Link für Nasdaq Small-Cap Market) nachschauen.

Market hingegen reduziert sich diese Wertgrenze um 50 Prozent auf zwei Millionen Dollar.

Der Nasdaq National Market ist mit etwa 4.400 gelisteten Aktien mehr als doppelt so groß wie der »kleine Bruder« (etwa 1.800 zum Handel zugelassene Aktien). Das ist nicht ungewöhnlich, weil sich die Zulassungskriterien der beiden Segmente – wie gesehen – nicht allzu gravierend unterscheiden und das Wachstum einer Aktiengesellschaft im Zeitverlauf normalerweise automatisch dazu führt, dass ein Unternehmen früher oder später zum Handel im übergeordneten Segment zugelassen wird.

Bevor wir uns intensiv mit der Bewertung und der Auswahl von Aktien an den Wachstumsbörsen Neuer Markt und Nasdaq beschäftigen, möchten wir ein paar grundsätzliche Dinge beschreiben, die im Zusammenhang mit dem Börsengang junger Aktiengesellschaften von großer Bedeutung sind.

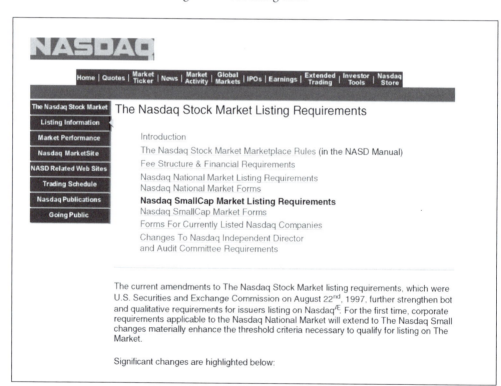

Wie ein Börsengang organisiert ist

Bevor ein Unternehmen Aktien zum Kauf anbietet, sind eine Reihe von Vorbereitungen notwendig. Nach dem die Entscheidung gefallen ist, Kapital über eine Neu-Emission – auch *Initial Public Offering* genannt (kurz IPO) – zu beschaffen, wird in vielen Fällen ein auf IPOs spezialisierter Berater eingeschaltet. Seine Aufgabe ist, das Unternehmen börsenfähig zu machen, indem er die Tätigkeiten vieler Spezialisten koordiniert.

Zu Beginn wird ein Plan aufgestellt, der den zeitlichen Ablauf genau regelt. Der erste Schritt beim Börsengang besteht meist darin, ein schlüssiges Emissionskonzept zu entwickeln. Hierunter fällt die Wahl eines zum Unternehmen passenden Marktsegments (zum Beispiel »Neuer Markt«) ebenso wie Überlegungen zu einer guten »Equity Story«, das ist die Geschichte, die das Unternehmen interessant macht, Analysten überzeugen und die Fantasie der Anleger wecken soll. Im Allgemeinen steigen die Erfolgschancen rapide, wenn eine gute »Story« vorhanden ist. Dies kann zum Beispiel eine anhaltend gute Aktienmarktentwicklung sein oder eine bestimmte Branche (z. B. Internet oder Biotechnologie), von der sich die Anleger in Zukunft einiges erhoffen. Wichtig ist, dass eine Aktie gut ins aktuelle Marktumfeld passt. Ist der Markt auf »New Economy« eingestimmt, haben es Internet-Aktien leichter als Papiere von Bauunternehmen. Bevorzugen Anleger gerade traditionelle Unternehmen bzw. etablierte Branchen, ist es genau umgekehrt.

Der IPO-Berater unterstützt das Börsenunternehmen bei der Auswahl der Emissionsbanken und Wirtschaftsprüfer. Außerdem wird häufig eine Agentur mit der Finanzkommunikation beauftragt.

> Equity Story: Was zeichnet ein Unternehmen aus? Was macht es für Anleger besonders interessant?

Die Emissionsbanken

Die Entscheidung, Aktien an die Börse zu bringen, trifft kein Unternehmen willkürlich. Meist basiert der Entschluss auf reiflicher Überlegung und einer genauen Analyse. Unternehmen, die planen, Anteile an die Börse zu bringen, schalten im Regelfall mehrere Banken ein, die den Börsengang begleiten. Ein Institut aus diesem Konsortium übernimmt die Federführung. Man bezeichnet den Konsortialführer auch als *Lead Manager*, die übrigen Mitglieder des Konsortiums als *Co-Lead*.

> Lead-Manager = Die Bank an der Spitze des Emissionskonsortiums.

Was taugt die Emissionsbank?

Beim Blick auf Neuemissionen kann es sehr hilfreich sein, auch einen Blick auf die beteiligten Emissionsbanken zu werfen. Der Grund: Einige Banken wählen Börsenkandidaten scheinbar viel sorgfältiger aus als andere. Die Wirtschaftswoche hat es sich zur Aufgabe gemacht, Qualitätsurteile für Emissionsbanken zu vergeben. Ein wichtiges Beurteilungskriterium ist dabei der Gewinn, den Anleger mit den Neuemssionen einer Bank durchschnittlich erzielen konnten. Hier die »Top-« und »Flop-Five-Banken« aus dem Jahr 1999 (Quelle: Wirtschaftswoche Nr. 3/13.1.2000):

Rang	Vor-jahr	Bank	Gewinn			Teilnahme an fremden Konsortien	Gesamt-punktzahl
			für private Zeichner bei Verkauf zum 1. Kurs	für private Erst-zeichner	für Käufer zum 1. Kurs bei Verkauf am 30.12.1999		
1.	16.	Goldman Sachs	2.714	5.156	11.251	80	19.201
2.	25.	Deutsche Bank	965	3.760	12.597	543	17.865
3.	–	Warburg Dillon Read	127	1.220	11.570	13	12.930
4.	12.	Merrill Lynch	66	955	9.902	39	10.962
5.	3.	Dresdner Bank	313	2.236	6.929	411	9.889
41.	18.	Kling, Jelko, Dr. Dehmel	30	–21	–129	–54	–174
42.	–	J.P. Morgan	23	0	–231	–6	–214
43.	11.	Robert Fleming	50	–103	–383	90	–346
44.	–	Bankges. Berlin	0	–123	–307	54	–376
45.	–	RZB Österreich	–34	–134	–341	5	–514

Inzwischen erfolgen Börsengänge in vielen Fällen nicht mehr auf klassischem Wege, sondern über das Internet. Nach Expertenschätzungen wird im Jahr 2001 bereits bei jeder zweiten Emission am Neuen Markt ein Teil der Aktien auf diese Weise an die Anleger gebracht.

Konsortialführer Die Aufteilung der gesamten Emission auf die einzelnen Konsortialmitglieder wird für gewöhnlich vom so genannten Konsortialführer übernommen. Er ist auch für die Zuteilung an bestimmte institutionelle Investoren – etwa Investmentfonds – zuständig, die größere Tranchen vom Emissionsvolumen abnehmen wollen.

Ob eine Emission Erfolg hat, zeichnet sich nicht nur am hohen Emissionspreis ab, sondern ebenso an einer auf lange Sicht positiven Kursentwicklung der neu ausgegebenen Aktien und den damit verbundenen Möglichkeiten, in Zukunft abermals Kapital durch Ausgabe weiterer Aktien beschaffen zu können.

Abhängig ist der Erfolg eines Börsengangs insbesondere vom Emissionskonzept. Es beinhaltet zum einen die Überprüfung, ob ein Unternehmen für einen Börsengang reif ist. Erkennbar wird dies an bestimmten quantitativen Kriterien wie Unternehmensgröße, Ertragskraft, Alter des Unternehmens und qualitativen Merkmalen, beispielsweise der Unternehmensstruktur (klare Aufbau- und Ablauforganisation usw.), Strategie, Ausbildung der Führungsriege, Öffentlichkeitsarbeit oder Marktstellung.

Der Erfolg eines Going Public wird zum anderen aber wie im vorhergehenden Abschnitt bereits gesagt auch durch die Entwicklung des Emissionszeitplans bestimmt, die Auswahl des Börsenplatzes und schließlich die Entscheidung für ein Emissionspreisverfahren.

Kurz vor dem Börsengang oder einer Kapitalerhöhung besucht der Vorstand einer Aktiengesellschaft normalerweise alle bedeutenden Analysten sowie institutionelle Investoren (z. B. Banken, Fonds- und Versicherungsgesellschaften), um sein Unternehmen im Detail vorzustellen. Eine derartige »Präsentationsreise« nennt man auch »Road-Show«.

Greenshoe*

Bei einem IPO müssen die Altaktionäre eine bestimmte Menge an Aktien als sogenannten Greenshoe bereitstellen. Der Greenshoe entspricht normalerweise einem Anteil von 10 bis 15 Prozent des Emissionsvolumens. Sollen beispielsweise drei Millionen Aktien emittiert werden, umfasst der Greenshoe zusätzliche 300.000 bis 450.000 Aktien. Diese Papiere werden der konsortialführenden Bank, dem sogenannten Lead-Manager (kurz: Lead), für Kurspflegemaßnahmen überlassen. Die Übertragung erfolgt in Form einer Wertpapierleihe: Eigentümer des Greenshoe bleiben die Altaktionäre, verfügungsberechtigt ist jedoch der Lead. Letzterer gibt den Greenshoe bei Emission normalerweise vollständig mit in den Markt, wofür es folgende Begründung gibt: Sollte es innerhalb der ersten Tage und Wochen nach dem Börsendebüt zu Kursschwächen kommen, kann die Bank den Greenshoe vollständig oder teilweise über die Börse zurückkaufen. Hierdurch reduziert sie das Angebot und sorgt so für eine gewisse Stabilisierung. Ob mit dem Rückkauf des Greenshoe allerdings tatsächlich ein Absinken des Aktienkurses verhindert werden kann, hängt letztendlich von der jeweiligen Marktsituation ab. Im Prinzip sind die Möglichkeiten für Stützungskäufe, die sich maximal auf 10 bis 15 Prozent der ausstehenden Aktien erstrecken, sehr begrenzt. Oftmals sind es jedoch in der Mehrzahl Kleinanleger, die Zeichnungsgewinne mitnehmen wollen und daher schon wenige Stunden nach Emission wieder Verkaufsorders erteilen. Droht die Gefahr, dass sich diese Verkaufstransaktionen nachhaltig auf den Kurs der neuen Aktien auswirken könnten, tritt der Lead als Nachfrager auf und nimmt die angebotenen Stücke vom Markt.

Nach dem Stützungskauf werden die Aktien an ihre eigentlichen Besitzer, also die Altaktionäre zurückgegeben. Damit letztere die Kurspflegemaßnahmen nicht unterlaufen können, sind sie verpflichtet, die Papiere in ein Sperrdepot zu legen. Erst nach sechs Monaten, so die Vorschriften im Neuen Markt, dürfen sie frei über die Aktien verfügen.

Ist eine kursstützende Maßnahme nicht notwendig, bleibt der Greenshoe vollständig im Markt platziert. Man sagt dann auch: »Der Lead-Manager hat den Greenshoe vollständig ausgeübt.« Der Erlös aus dem Verkauf des Greenshoe fließt den Altaktionären zu. Im Regelfall hat die konsortialführende Bank einen Monat Zeit, um sich für oder gegen die Ausübung des Greenshoe zu entscheiden. Im Fall der ComputerLinks AG entschied sich der Lead-Manager, die DG Bank, bereits nach zwei Wochen, den Greenshoe vollständig auszuüben. Rückkäufe im Rahmen des Greenshoe sind nach einer entsprechenden Mitteilung nicht mehr möglich.

ComputerLinks AG, München: Greenshoe ausgeübt
Aufgrund der positiven Kursentwicklung der Aktien der ComputerLinks AG, München, wurde die eingeräumte Greenshoe-Option über 150.000 Aktien vorzeitig vollständig ausgeübt. ... Mit der Ausübung des Greenshoe fließen der Gesellschaft weitere Mittel in Höhe von ca. 3 Mio. Euro zu. (Auszug aus einer Presseerklärung der DG Bank vom 22. Juli 1999, 15 Tage nach dem IPO der betreffenden Aktie.)

Übrigens: Greenshoes finden nicht nur bei IPOs, sondern genauso bei anschließenden Kapitalerhöhungen Verwendung. Auch dort werden sie von den Leads – falls notwendig – für Kurspflegemaßnahmen eingesetzt.

* Der Begriff »Greenshoe« ist auf ein gleichnamiges US-Unternehmen zurückzuführen, bei dem das Verfahren zum ersten Mal angewendet wurde.

Due Diligence – Risiken und Chancen aufzeigen

Vorsicht bei Neuemissionen: Nahezu jedes Unternehmen, das kurz vor dem Börsengang steht, behauptet, in einem bestimmten Marktsegment das führende Unternehmen zu sein. Anleger sollten entsprechende Angaben genau prüfen. Oftmals stellt man fest, dass sich die vermeintliche Marktführerschaft auf eine sehr abgegrenzte Nische des Marktes mit nur begrenztem Umsatzpotenzial bezieht.

Due Diligence stammt aus der Sprache amerikanischer Juristen. Die Bezeichnung wird auch hierzulande immer häufiger verwendet, vor allem bei Börsengängen von Unternehmen oder bei Fusionen.

Unter Due Diligence versteht man die umfassende betriebswirtschaftliche Prüfung eines Unternehmens durch spezialisierte, vor allem aber unabhängige Wirtschaftsprüfer. Damit sich Anleger von einem Unternehmen nicht täuschen lassen, haben die Prüfer die Aufgabe, Zukunftsaussichten des Unternehmens aufzuzeigen. Risiken und Chancen sollen erkannt und bewertet werden. Das Prüfungsergebnis ist Bestandteil des Emissionsprospekts.

Eine Due Diligence geht normalerweise weit über die formale Prüfung von Jahresabschlüssen hinaus. Neben einer genauen Betrachtung der Finanzsituation werden rechtliche und steuerliche Risikofaktoren herausgearbeitet. In die Analyse mit einbezogen werden auch Marktgegebenheiten (Marktpotenziale, Konkurrenzsituation usw.).

Welche Folgen eine nur unzureichend erfolgte Due Diligence haben kann, zeigt die Übernahme von Rolls-Royce-Motor Cars (RRMC) durch Volkswagen im Jahre 1998. Bei Aussenstehenden entsteht der Verdacht, dass Volkswagen die Due Diligence nicht gewissenhaft genug betrieben hat. Volkswagen konnte die Rechte an der Marke ›Rolls Royce‹ nicht bekommen, da die Namensrechte bei der Rolls-Royce Plc. liegen und Rolls-Royce Plc. wiederum zum Einflussbereich von BMW gehört. Bei einer gründlichen Due Dilligence hätte man dies vorher herausfinden müssen.

Finanzkommunikation

Die sehr erfolgreiche Emission der Deutschen-Telekom-Aktie vor vier Jahren zeigt, wie wichtig heutzutage auch eine ausgeklügelte Finanzkommunikation ist. Ohne die intensiven und aufwendigen Werbeaktionen hätte die T-Aktie wohl kaum die enorme Nachfrage generieren können, die ihr letztlich zuteil wurde.

Finanzkommunikation entscheidet über Erfolg

Unter Finanzkommunikation versteht man sämtliche Maßnahmen, die darauf gerichtet sind, ein Unternehmen und seine Aktien nach außen hin bekannt und für private sowie institutionelle Anleger attraktiv zu machen. Meist wird damit eine auf derlei Aufgaben spezialisierte Agentur beauftragt. Diese ist verantwortlich für den Entwurf eines Kommunikationskonzepts, also für Werbemaßnahmen wie zum Beispiel Spots im Fernsehen und Radio, für gezielte Öffentlichkeitsarbeit, etwa Pressekonferenzen oder Fernsehinterviews des Unternehmensvorstands.

Investor Relations

Nach der Emission gehört es zu einer der Hauptaufgaben einer Aktiengesellschaft, die Aktionäre regelmäßig über die Geschäftsentwicklung zu informieren. Dazu werden Jahres- und Halbjahresberichte, und immer öfter auch Quartalsberichte veröffentlicht. Im Jahresbericht – die ausführlichste der genannten Publikationen – findet man neben einer detaillierten Beschreibung der Tätigkeitsbereiche des Unternehmens außerdem Angaben über die aktuelle Geschäftsentwicklung sowie wichtige Zahlen zum Geschäftsverlauf. Hierzu gehören insbesondere Umsätze und Gewinne, aber auch Angaben über die Kostenentwicklung oder über außergewöhnliche Belastungen, zum Beispiel die Auflösung einer verlustbringenden Tochtergesellschaft. Verantwortlich für die Erstellung der regelmäßigen Publikationen ist normalerweise ein spezieller Bereich innerhalb eines Unternehmens, die so genannte *Investor-Relations-Abteilung*. Sie kümmert sich um die Beziehungen (englisch: relations) zwischen einer Aktiengesellschaft und ihren Aktionären (englisch: investors), daher auch die Bezeichnung. Neben der Erstellung von

Jahres-, Halbjahres- und Quartalsberichten, deren Erscheinungstermine innerhalb eines Jahres von vornherein in etwa feststehen, hat die Investor-Relations-Abteilung eine weitere, wichtige Aufgabe zu erfüllen. Neuigkeiten über die betreffende Aktiengesellschaft, die Einfluss auf deren Börsenkurs haben könnten, müssen laut Aktiengesetz nämlich umgehend der breiten Anlegerschaft bekannt gemacht werden. Stellt sich beispielsweise im Laufe des Jahres heraus, dass die im letzten Bericht vom Vorstand gemachten Prognosen zur Umsatz- und Gewinnentwicklung in keinem Fall erreicht werden können, muss das sofort über die einschlägigen Medien (Nachrichtenagenturen, Tageszeitungen, Internet etc.) verbreitet werden. In dem vorliegenden Fall wäre davon auszugehen, dass die Meldung einen sehr negativen Einfluss auf den Aktienkurs der Gesellschaft hätte. Und da alle Aktionäre zu jeder Zeit über die gleichen Informationen verfügen müssen – so zumindest die Vorstellungen des Gesetzgebers – sorgt die Investor-Relations-Abteilung sofort für die Bekanntmachung der Nachricht. Auf diese Weise bekommen sämtliche Aktionäre die Möglichkeit, eine Entscheidung gleichzeitig zu treffen, sodass niemand benachteiligt wird und seine Aktien erst dann abstoßen kann, wenn alle anderen längst verkauft haben.

> **Ad-hoc-Publizität**
>
> Emittenten sind gesetzlich dazu verpflichtet, Tatsachen, die erheblichen Einfluss auf Wertpapierkurse haben, unverzüglich bekannt zu machen. Grund: Nur durch umgehende Veröffentlichung – Fachbezeichnung: Ad-hoc-Publizität – ist sichergestellt, dass niemand Informationsvorsprünge zum eigenen Vorteil nutzt.

Wichtige Informationen finden Anleger normalerweise auf der Homepage eines Unternehmens.

Auf der Homepage einer Aktiengesellschaft ist normalerweise ein Link zur Investor-Relations-Abteilung gelegt. Per Mausklick können sich interessierte Anleger aktuelle Daten über ein Unternehmen beschaffen. Außerdem ist es möglich, per E-Mail Anfragen an die Verantwortlichen in der Abteilung zu richten.

Preisfindung und Aktienzuteilung – Verfahren auf einen Blick

Um den Ausgabekurs einer Aktie festzulegen, haben sich insgesamt drei Verfahren in der Praxis etabliert. Traditionell wurde das sogenannte *Festpreisverfahren* angewandt. Die betreuenden Banken und der Vorstand der Aktiengesellschaft einigten sich bereits vor der Veröffentlichung des Verkaufsangebotes auf einen Ausgabepreis. Diesen

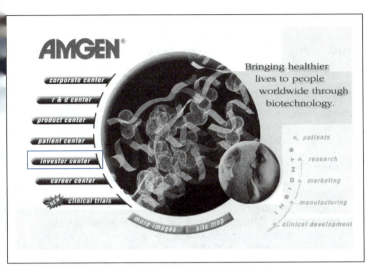

Auf der Homepage eines Unternehmens sind viele wichtige Informationen für Anleger zu finden. Der wichtigste Link: »Investor Relations« (hier »investor center«).

mussten die Marktteilnehmer, die Aktien kaufen wollten, in jedem Fall akzeptieren. Heute ist dieses Verfahren kaum noch gebräuchlich. Vielmehr zieht man die potenziellen Aktienkäufer und deren Preisvorstellungen mit in den Preisfindungsprozess ein – mit dem Ziel, einen möglichst marktnahen Emissionspreis zu finden. Am häufigsten nutzen deutsche Banken das so genannte *Bookbuilding-Verfahren*. Für die neuen Papiere wird dabei kein fester Preis mehr vorgegeben, sondern eine Preisspanne, die so genannte Bookbuilding-Spanne. Kaufinteressenten können nun Gebote abgeben, wobei sich der Preis innerhalb der vorgegebenen Bandbreite bewegen muss. Aufgrund der vorliegenden Orderlage am Ende der Gebotsfrist wird schließlich der tatsächliche Emissionskurs bestimmt und umgehend verkündet. Nur Anleger, die mindestens diesen Preis geboten haben, können überhaupt in den Genuss von Aktien gelangen. Ob sie letztlich Papiere erhalten – und wenn ja, wie viele – hängt allerdings davon ab, inwieweit das Aktienangebot ausreicht, um die Nachfrage zu decken.

Fazit: Mit dem Bookbuilding-Ansatz lässt sich die Nachfrageseite erheblich besser einbeziehen als mit dem lange Zeit vorherrschenden Festpreisverfahren, bei dem, wie schon angedeutet, die Konsortialbanken – unter Berücksichtigung der fundamentalen Lage des Unternehmens und durch einen Vergleich mit Wettbewerbern – den Aktienausgabepreis mit dem Emittenten aushandelten.

Kommen wir zum letzten Preisfeststellungsverfahren, der *Auktion*. In den USA avanciert sie zum beliebtesten Preisfindungsinstrument. Ähnlich wie beim Bookbuilding-Verfahren reichen Anleger auch hier Gebote für die Aktien ein. Allerdings wird keine Spanne vorgegeben – Anlegern steht also frei, was sie bieten. Nach Ende der Zeichnungsfrist werden die Aktien in der Reihenfolge der Gebote vom

Es kommt immer öfter vor, dass die Bookbuilding-Spanne bei sich abzeichnender Über- oder Unterzeichnung vor Beginn der Zeichnungsfrist noch herauf- bzw. herabgesetzt wird. Anleger sollten die Gründe für einen solchen Schritt genau hinterfragen.

höchsten zum niedrigsten Gebot zugeordnet – und zwar so lange, bis keine Aktien mehr vorhanden sind. Der endgültige Emissionspreis, zum dem die Aktien dann ausgegeben werden, richtet sich nach dem niedrigsten Kaufgebot, das noch bedient werden kann.

> Es ist durchaus üblich, die hier beschriebenen Zuteilungsverfahren miteinander zu kombinieren.

Zuteilungsverfahren bei Überzeichnungen

In der Praxis kommt es oftmals zu Überzeichnungen, das heißt, es werden mehr Aktien (zu angemessenen Preisen) nachgefragt als angeboten. Um die Zuteilung zu regeln, sind in Deutschland mehrere Verfahren zulässig.

1. **Losverfahren:** Die zur Verfügung stehenden Aktien werden verlost. Letzten Endes entscheidet also das Zufallsprinzip, wer Aktien bekommt und wer nicht.
2. **Zuteilung nach Ordergrößenklassen:** Die vorliegenden Orders werden in Klassen eingeteilt, wobei die bestellte Menge als Einteilungskriterium gilt (bis 100 Stück, 101 bis 200 Stück usw.). Bedient werden könnten zunächst die größten Klassen, und dann die folgenden kleineren, bis keine Aktien mehr vorhanden sind. Allerdings wäre das für Kleinanleger ungerecht. Ein Ausweg: Allen Klassen wird eine gleich große Menge an Aktien zugeteilt. Damit kommen wir zum 3. Verfahren.
3. **Quotale Zuteilung:** Wenn die konsortialführenden Banken oder der Emittent die vorhandenen Aktien nach einem Mengenschlüssel auf die vorliegenden Orders aufteilt, spricht man auch von quotaler Zuteilung. Man könnte beispielsweise – unabhängig von den tatsächlich bestellten Mengen – jedem Zeichner eine bestimmte Menge an Aktien zuordnen, etwa zehn oder fünfzehn Stück. Die Menge würde dann so gewählt, dass wirklich jeder ein paar Aktien bekommt, also jede Order zumindest zu einem Teil (»Quote«) bedient wird. Eine derartige Zuteilung erscheint gerecht, ist aber oft nicht sinnvoll, da institutionelle Anleger wie Investmentfonds mit extrem großen Aktienorders dann das Interesse an der Emission verlieren und ihre Kaufaufträge zurückziehen. Das wiederum ist nicht im Sinne des Emittenten, da institutionelle Anleger als relativ »treue« Investoren gelten, die lange an den zugeteilten Aktien festhalten und damit für eine gewisse Kursstabilität sorgen.
4. **Zuteilung nach Zeitpunkt des Ordereingangs:** Die Orders werden in eine zeitliche Reihenfolge gebracht und dann der Reihe nach (von der frühesten bis zur spätesten Order) bedient, bis keine Aktien mehr vorhanden sind. Hier gilt das Prinzip: Wer zuerst kommt, mahlt zuerst.
5. **Zuteilung nach sachgerechten Kriterien:** Bestimmte Anlegergruppen können bei der Aktienzuteilung bevorzugt werden, sofern man dafür plausible Gründe findet, die auch von anderen potenziellen Anlegern und der breiten Öffentlichkeit akzeptiert werden. Beispielsweise werden im Rahmen so genannter »Friends-and-Family«-Programme ausgewählte Personen wie Mitarbeiter oder Geschäftspartner bevorzugt mit Aktien bedient. Das kann durchaus im Sinne des Unternehmens (Stärkung der Motivation, Festigung der Geschäftsbeziehungen) und damit seiner künftigen Aktionäre sein.

Bewertung von Wachstumsunternehmen

Wachstumsaktien stellen Investoren vor neue Herausforderungen. Nicht nur, dass die traditionellen Bewertungssysteme bei diesen Werten zum Teil versagen. Auch die Marktzyklen und -strukturen sind mit denen traditioneller Märkte kaum vergleichbar. *Geoffrey Moore*, Autor von »Inside the Tornado«, erklärt die Diskrepanzen zwischen Hightech- und »herkömmlichen« Aktien zunächst mit der Tatsache, dass innovative Unternehmen ihrer Zeit oftmals weit voraus sind. »Neuheiten setzen sich in aller Regel erst dann durch, wenn die notwendige Infrastruktur für ihren Einsatz geschaffen wurde«, so Moore. Nach einem Beispiel für eine Neuheit, die sich in der Praxis erst mit jahrelanger, zeitlicher Verzögerung durchsetzte, braucht man nicht lange zu suchen. Das Internet ist wohl das Paradebeispiel für eine solche Neuheit schlechthin. Schließlich waren die technischen Voraussetzungen, um ein weltumspannendes Computernetzwerk zu betreiben, schon seit dem Ende der 60er Jahre vorhanden. Zum weltweit größten Marktplatz entwickelt sich das Internet aber erst jetzt, knapp 30 Jahre später. Der Grund dafür: Unterdessen existieren weltweit gültige Kommunikationsstandards, wurden zahlreiche Internetdienste entwickelt und nicht zuletzt verfügen immer mehr Organisationen und Haushalte über Computer und den notwendigen Anschluss ans Netz. Durch den massiven Ausbau sind PCs, Modems, Router, Mail- und Web-Server zu Massenprodukten gereift.

Moore zufolge wartet der Hightech-Bereich neben zeitlichen Verzögerungen mit einer weiteren Besonderheit auf: dem unbedingten Zwang zur Standardisierung. Auch hier ist das Internet ein hervorragendes Beispiel: Ein weltumspannendes Informations- und Kommunikationsnetzwerk ist nur dann erfolgreich, wenn Daten möglichst schnell um den Globus geschickt und an allen Orten in der Welt gleichermaßen verstanden werden können. Dazu sind einheitliche Technik- und Kommunikationsstandards erforderlich. In Hightech-Branchen existiert generell ein natürlicher Zwang zur Standardisierung. Für Anleger viel interessanter ist aber der damit verbundene Zwang zur Monopolisierung. Beispiel: Betriebssysteme. Seit Erfindung des PCs hat es eine Vielzahl unterschiedlicher Betriebssysteme gegeben. Weltweit wirklich durchsetzen konnte sich aber nur Windows. Sämtliche Versuche, Windows durch andere Betriebssysteme, wie etwa OS/2, abzulösen und Microsoft damit aus seiner überragenden Marktposition zu verdrängen, sind bisher fehlgeschlagen.

Unternehmen wie Microsoft (Standard bei Betriebssystemen), Intel (Standard bei Mikroprozessoren) oder Cisco Systems (Standard bei Netzwerk-Routern) nennt Moore auch Gorillas. Zurückzuführen ist dieser Ausdruck auf die überlegene Marktstellung, die die genannten Unternehmen besitzen. Gorillas genießen gegenüber poten-

---

Anlegern, die sich High-Tech-Aktien zulegen möchten, sei auch das Buch »The Gorilla Game – An Investor's Guide to picking Winners in High-Technology« von Geoffrey A. Moore, Paul Johnson und Tim Kippola empfohlen (Verlag: Harper Business, 1998).

ziellen Konkurrenten den Vorteil hoher Markteintrittsbarrieren. Sobald sich ein Standard weltweit durchgesetzt hat, ist ein Wechsel zu einem anderen System fast ausgeschlossen. Niemand wird sich ohne weiteres bereit erklären, ein vorhandenes (Standard-)Netzwerk gegen die Netztechnologien eines Newcomers auszutauschen. Schließlich nehmen die Verantwortlichen – neben den sehr hohen Wechselkosten – die Gefahr in Kauf, nach dem Übergang auf den neuen Anbieter nur noch mit wenigen Geschäftspartnern problemlos kommunizieren zu können.

> **Die Vorteile von Standards:**
> - Hat sich eine neue Technologie als Standard durchgesetzt, müssen alle die neue Technologie adaptieren und Investitionen tätigen.
> - Technologiestandards ermöglichen ihrem Erfinder überproportionales Wachstum. Der Standardsetter reift zum Marktführer.
> - Hohe Markteintrittsbarrieren (z. B. hohe Entwicklungskosten für alternative Technologien) sichern Umsatz- und Gewinnwachstum des Standardsetters.
> - Hohe Switching-Costs, also hohe Aufwendungen bei einem Wechsel zu alternativen Technologien, sichern die Kundenbasis auf Jahre.

Um es auf den Punkt zu bringen: Ist ein bestimmter Standard erst einmal festgelegt, haben Anbieter alternativer Technologien zunächst das Nachsehen. Bestenfalls können sie Nischen besetzen. Schlimmstenfalls verschwinden sie vom Markt.

Aus den beschriebenen Besonderheiten lassen sich für Hightech-Investoren zunächst zwei wichtige Konsequenzen ableiten. Erstens müssen sie den Erfolg technischer Entwicklungen voraussehen und zweitens jene Unternehmen frühzeitig identifizieren können, die künftig zu Standardsettern werden. Beides ist für institutionelle wie private Anleger schwierig. Denn unzählbare, zunächst vielversprechende Produkte, die selbst von High-Tech-Experten in den Himmel gelobt werden, reifen nie zu Absatzrennern und damit zu Massenprodukten. Ein gutes Beispiel ist etwa der *Apple* Newton-Rechner, der in der Branche und unter Aktienanalysten zunächst als Innovation gefeiert wurde, aber nie große Absatzvolumina generieren konnte. Erst Jahre später hatte ein ähnliches Produkt, der Palm Top, durchschlagenden Erfolg.

Wer wird zum Standardsetter und Marktführer?

Vergleichsweise schwierig ist es obendrein, aus der Vielzahl an Wachstumsunternehmen die künftigen Standardsetter herauszupicken. Einmal auf das richtige Pferd gesetzt, können sich Anleger zwar eine goldene Nase verdienen. Das Problem allerdings besteht darin, dass immer nur ein Unternehmen Standardsetter werden kann, entweder *IBM* oder *Apple*, *Cisco Systems* oder *3COM*, *Microsoft* oder *Di-*

gital. Und wer sein Geld beim Ringen um neue Standards auf die falschen Unternehmen setzt, der muss in aller Regel beachtliche Werteinbußen hinnehmen. Im Extremfall verliert er alles. Ein Ausweg aus dieser Misere: Ein Anleger kauft nicht nur die Aktien eines einzigen, aussichtsreichen Unternehmens innerhalb einer Branche, sondern beteiligt sich gleichzeitig an mehreren, potenziellen Standardsettern. Anschließend lässt man das Marktgeschehen nicht aus den Augen, sondern wirft einen genauen Blick darauf, wie sich die einzelnen Firmen, ihre Innovationsfähigkeit, ihre Auftragseingänge und Umsätze im Zeitverlauf entwickeln. Deutet es sich an, dass ein Unternehmen den Anschluss an die Wettbewerber verliert – Anzeichen dafür wären zum Beispiel zurückgehende Auftragseingänge oder der Verlust von namhaften Geschäftskunden –, ist es an der Zeit, die Aktien dieser Firma zu verkaufen und das Geld komplett auf die verbleibenden Firmen zu setzen. Irgendwann wird nur noch ein einziges Papier übrig bleiben – wenn alles richtig gelaufen ist, der Standardsetter und neue Marktführer.

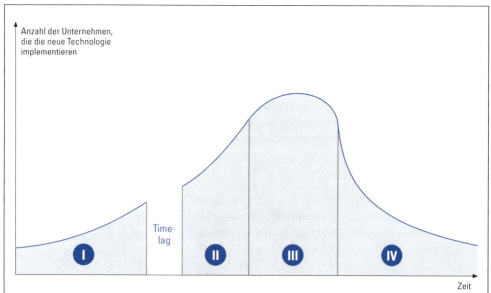

Phase I: Eine neue Technologie wird vorgestellt, von Branchenexperten getestet und in Fachmagazinen besprochen. Die ersten Firmen entscheiden sich, die neue Technologie zu übernehmen oder zumindest testweise einzusetzen.
Time-lag: Es vergehen einige Monate oder gar Jahre, bis die ersten Anwender die neue Technologie umfassend testen und ihre Erfahrungen mit der Technologie machen können.
Phase II: Sofern die neue Technologie ihre ersten Anwender überzeugen konnte, wird sich der Erfolg innerhalb der Branche herumsprechen. Immer mehr Unternehmen entscheiden sich schließlich, die Technologie für eigene Anwendungen zu übernehmen. Alternativtechnologien bzw. deren Hersteller büßen Marktanteile ein oder werden ganz vom Markt verdrängt.
Phase III: Die Technologie hat sich als Standard durchgesetzt und findet auf breiter Basis Anwendung. Der Hersteller hat sich als Standardsetter etabliert und wird zum Marktführer.
Phase IV: Die Zahl der Unternehmen, die die Technologie implementieren, geht mehr und mehr zurück. Irgendwann wird die Technologie durch eine neuartige ersetzt werden. Dann beginnt der Zyklus von neuem.

Wesentliche Bewertungskriterien

Unternehmen an der Nasdaq und am Neuen Markt sind überwiegend Small- und Mid-Caps, also Firmen mit geringer Kapitalausstattung. Darüber hinaus sind viele der Aktiengesellschaften noch sehr jung und bieten nur ein sehr schmales Spektrum an Produkten und Dienstleistungen an. Das alles macht ein Investment in Aktien der beiden Wachstumsbörsen zu einer vergleichsweise riskanten Angelegenheit, weshalb der Schritt sehr gut vorbereitet werden sollte. Wir entwickeln in diesem Abschnitt einen Kriterienkatalog, der Anlegern helfen kann, bei Investitionen in junge Wachstumsunternehmen überdurchschnittlich gut abzuschneiden.

Nachhaltigkeit des Geschäftsmodells

Beginnen wir mit Kriterium Nummer eins, der Nachhaltigkeit des Geschäftsmodells. Das hört sich bereits sehr kompliziert an, ist es aber eigentlich nicht. Zu allererst muss man sich die sehr grundsätzliche Frage stellen, wie lange ein Unternehmen unter den gegenwärtig gegebenen Umständen überhaupt am Markt bestehen kann: Sofern ein junges Unternehmen seine derzeitigen Aktivitäten unverändert fortführt, wann wird es profitabel sein und über genügend Liquidität verfügen, um den Geschäftsbetrieb aus eigener Kraft aufrecht erhalten zu können? Das erste Kriterium befasst sich also zunächst mit einer sehr essenziellen und gleichzeitig sehr banalen Frage, nämlich mit der Überlebensfähigkeit des Unternehmens als solches. Diese Frage ist insbesondere bei Firmen angebracht, die eine Geschäftsidee nur kopieren und ihren Kunden im Grunde genommen daher nicht viel mehr bieten als die Wettbewerber. Das Internet liefert zahlreiche Beispiele für solche Unternehmen. Internet-Auktionsseiten beispielsweise gibt es mittlerweile eine ganze Menge. Unterschiede zur ersten Website dieser Art, der Seite des US-amerikanischen Unternehmens *Ebay*, sind jedoch kaum vorhanden. Ein echter Zusatznutzen wird durch die meisten neuen Seiten daher nicht geboten. Ohnehin erscheinen Internet-Auktionen in der Zwischenzeit nicht mehr außergewöhnlich, da etablierte Internet-Seiten wie Yahoo oder Amazon Tag für Tag längst eigene Auktionen durchführen.

> Insbesondere bei Internet-Unternehmen ist die Nachhaltigkeit des Geschäftsmodells oftmals nicht gegeben!

Bei vielen Internet-Einzelhändlern (»E-Tailer«) – also Web-Sites, die Produkte an Endverbraucher verkaufen – ist die Überlebensfähigkeit ebenfalls fraglich.

Selbst bei einer international agierenden Internet-Seite wie *Amazon.com* ist die Nachhaltigkeit des Geschäftsmodells nicht gesichert. Gegenüber anderen E-Tailern wie etwa dem Internet-Lebensmittelhändler Peapod hat Amazon zwar den Vorteil, dass es nicht mit leicht verderblichen Waren handelt, sondern mit standardisierten Produkten wie Büchern, Videos oder CDs. In einem Land von der Größe Deutschlands bedarf es daher nur weniger Distributionsstellen (hierzulande unterhält Amazon bisher nur ein einziges Distributionszentrum in Bad Hersfeld – in den USA sind es insgesamt acht). Aber auch Amazon grenzt sich nicht allzusehr von traditionellen Versandhäusern mit vergleichbarem Warenangebot, etwa Quelle oder Otto, ab. Für diese ist es ein Kinderspiel, eine ansprechende Internet-Handelsplattform einzurichten.

Nachhaltigkeit des Geschäftsmodells:

1. Das Unternehmen ist in der Lage, sehr schnell aus eigener Kraft profitabel zu werden.
2. Das Unternehmen schafft es, seine Gewinne von Jahr zu Jahr überdurchschnittlich zu steigern.

Neben der Überlebensfähigkeit muss das Geschäftsmodell eines Wachstumsunternehmens etwas weiteres sichern: Gewinne, die von Jahr zu Jahr überdurchschnittlich steigen. Es reicht für ein Wachstumsunternehmen auf lange Sicht nicht aus, nur profitabel zu sein und die Gewinne so zu steigern, wie es die Wettbewerber auch tun. Wer sich einen echten Vorsprung vor seinen Konkurrenten erarbeiten oder diesen ausbauen möchte, benötigt auf jeden Fall mehr Geld als die Konkurrenz, um Investitionen in Forschung und Entwicklung sowie fähige Mitarbeiter zu tätigen. Ein Unternehmen, das die Mittel aus eigener Kraft aufbringen kann – aus der operativen Geschäftstätigkeit –, hat die idealen Voraussetzungen, um zum Marktführer aufzusteigen.

Das Kriterium Nachhaltigkeit des Geschäftsmodells wird durch eine Vielzahl unterschiedlicher Faktoren determiniert, wobei wir die wichtigsten hier noch einmal in Form eines Fragenkatalogs aufschlüsseln möchten. Im Rahmen der Unternehmensanalyse sollten Anleger unbedingt anstreben, auf jede der folgenden Fragen eine zufriedenstellende Antwort zu finden:

Fragen zur Branche bzw. zum für das Unternehmen relevanten Markt (Sub-Sektor) innerhalb dieser Branche

Branchenattraktivität. Wie attraktiv ist eine Branche im Vergleich zu anderen Wirtschaftszweigen? Sehr attraktive Branchen zeichnen sich dadurch aus, dass Innovation vorhanden ist und Grundlagentechnologien entwickelt werden. Ein Beispiel ist der Bereich Internet-Infrastruktur.

Umsatzvolumen. Mit welchem Umsatzvolumen (in absoluten Zahlen gemessen) ist in dem Markt, in dem das Unternehmen agiert, in den kommenden Jahren zu rechnen? Eine Antwort liefern zum Beispiel aktuelle Marktstudien.

Umsatzteilbarkeit. Wie viele Unternehmen können innerhalb der betreffenden Branche bzw. des betreffenden Sub-Sektors gleichzeitig nebeneinander bestehen – und zwar, ohne dabei Verluste zu erzielen? Die Frage ist insbesondere auf lange Sicht sehr wesentlich.

Umsatzwachstum. Welches Umsatzwachstum (ausgedrückt in Prozent pro Jahr) ergibt sich aus den vorliegenden Schätzungen? Sind die Wachstumsraten im Vergleich zu anderen Branchen überdurchschnittlich hoch? Ist das nicht der Fall, lohnt es sich gegebenenfalls nicht, hohe Risiken in Kauf zu nehmen.

Margen. Agiert das Unternehmen in einem Wirtschaftszweig/Sub-Sektor, in dem hohe Gewinnspannen zu erzielen sind oder fallen die Gewinne nur gering aus?

Markteintrittsbarrieren. Fällt es anderen Firmen, vielleicht sogar jungen Start-ups, leicht, in Wettbewerb mit dem Unternehmen zu treten oder bestehen Eintrittsbarrieren, zum Beispiel in Form gesetzlicher Bestimmungen (siehe Quasi-Monopolstellung von Post und Telekom)? Besteht die Gefahr, dass ein kapitalstarkes Unternehmen in den relevanten Markt eindringen will (Beispiel: Microsoft bringt Handheld-Computer auf den Markt und tritt plötzlich in Konkurrenz zu Palm oder Psion)?

> Wer auf diese Fragen eine Antwort finden möchte, muss sich intensiv mit Märkten und Unternehmen auseinandersetzen. Die Mühe zahlt sich in aller Regel aus!

Fragen zum Unternehmen

Strategische Positionierung. Wie ist das Unternehmen innerhalb des relevanten Marktes aufgestellt? Wie groß ist der Marktanteil? Fällt es dem Unternehmen leicht, Marktanteile hinzuzugewinnen?

First Mover Advantage. Hat das Unternehmen eventuell den Vorteil, der erste Anbieter für bestimmte Produkte/Dienstleistungen zu sein? Ist das von ihm entwickelte Geschäftsmodell etwas vollkommen neuartiges? Sofern ein Vorsprung besteht: Wie lange kann dieser gehalten oder sogar ausgebaut werden? Wie hoch sind die Kosten, um den Vorsprung zu halten/auszubauen?

Gebotene Produkte/Dienstleistungen. Verfügt das Unternehmen über überlegene Produkte bzw. bietet es einen außergewöhnlichen Service? Ist das Unternehmen in der Lage, seinen Kunden mit Hilfe der gebotenen Produkte/Dienstleistungen einen Wettbewerbsvorteil zu verschaffen?

Profitabilität. Wie hoch sind die Gewinnmargen des Unternehmens im Vergleich zur Konkurrenz? Kann es größere Überschüsse erzielen oder ist es geradeso profitabel?

Markenname. Besitzt das Unternehmen bereits einen in der Branche etablierten Namen? Kann es beim Produktverkauf auf bekannte Markennamen (»Brands«) zurückgreifen? Wenn nicht, wie aufwendig wäre es, eigene Markennamen zu etablieren?

Sonstiges. Bestehen Partnerschaften mit führenden Unternehmen aus anderen, verwandten Bereichen? Existiert eine schlüssige Internationalisierungsstrategie? Wie ist das Vertriebsnetz strukturiert? Sind die Kunden bereit, sich an das Unternehmen zu binden oder fällt es ihnen leicht, den Anbieter zu wechseln?

Managementqualität

Für Privatanleger ist es sehr schwer, das Management eines Unternehmens zu beurteilen. Fondsmanager haben hier den Vorteil, die Damen und Herren in persönlichen Gesprächen (so genannte »Grillpartys« oder »One-on-Ones«) kennenlernen zu können.

Anleger sollten im Rahmen der Unternehmensanalyse auch einen Blick auf die Führungsmannschaft einer Aktiengesellschaft werfen. Bei jungen, schnell wachsenden Firmen kommt dem Management eine besondere Bedeutung zu. Es ist wichtig, das Wachstum der Gesellschaft zu steuern – das heißt insbesondere eine wachsende Belegschaft sowie sich ausweitende Geschäftsaktivitäten – im Griff zu behalten. Einem Unternehmen kann es sehr schnell zum Verhängnis werden, wenn das Management ständig neue Geschäftsfelder in Angriff nimmt, ohne dabei auf die Profitabilität jedes einzelnen zu achten. Schlimmstenfalls werden die Gewinne der profitablen Bereiche dafür eingesetzt, um verlustbringende Abteilungen zu finanzieren oder gar auszubauen. Bei jungen, kapitalschwachen Unternehmen kann eine solche Vorgehensweise ohne Zweifel zum Ruin führen, da sie normalerweise in zweifacher Weise negativ wirkt: Auf der einen Seite wird bei einer Anlage überschüssigen Kapitals in Verlustbringer aktiv Kapital vernichtet. Auf der anderen Seite werden die erfolgreichen Geschäftsteile nicht ausreichend gefördert. Ein vorhandener Wettbewerbsvorsprung ist schnell vergeben, wenn die notwendigen Investitionen in Mitarbeiter und Technologien ausbleiben. Die Formel für den Erfolg junger, relativ kapitalschwacher Firmen kann daher nur sein, eine Strategie zu verfolgen, die auf ertragreiche Geschäftszweige ausgerichtet ist. Der Großteil der vorhandenen Mittel sollte obendrein dafür aufgewendet werden, die gebotenen Produkte und Dienstleistungen ständig zu verbessern. Allgemein spricht man auch von einer Konzentration auf Kernkompetenzen.

Das Management sollte aggressiv, konsequent und vorausschauend handeln. Aggressivität kommt vor allen Dingen im Kampf um Marktanteile zum Ausdruck. Das Management eines jungen Unternehmens muss permanent bestrebt sein, einen Vorsprung gegenüber Wettbewerbern zu erreichen oder – falls ein solcher bereits vorhanden ist – diesen auszubauen. Insbesondere dort, wo qualifiziertes Personal das größte Asset eines Unternehmens darstellt, etwa im Bereich Softwareprogrammierung, kann es beispielsweise zu erbitterten Kämpfen um Spezialisten kommen. Aggressivität äußert sich in diesem Fall etwa durch die aktive Abwerbung von Fachkräften, wodurch einem Wettbewerber beträchtlicher Schaden zugefügt werden kann.

Durch welche Eigenschaften sollten sich die Manager junger Wachstumsunternehmen auszeichnen?

Woran lässt sich konsequentes Handeln festmachen? Zwei Beispiele: Konsequent ist es, einen unprofitablen Unternehmensbereich umgehend abzustoßen oder aufzulösen. Genauso konsequent ist es, die Herstellung eines Produktes einzustellen, wenn sich dessen Umsätze deutlich zurückentwickeln oder – was noch schlimmer wiegt – keine Gewinne mehr mit dem Produkt erzielen lassen. Managern fällt es mitunter sehr schwer, entsprechend konsequent zu handeln. Das gilt insbesondere dann, wenn ein Geschäftsbereich auf ihre Initiative hin geschaffen oder ein Produkt erst auf ihren Wunsch hin eingeführt wurde. Die Schließung der unprofitablen Abteilung oder die Einstellung der Produktion eines Ladenhüters kommt dem Eingeständnis eines Fehlers gleich, was der ganzen Situation eine besondere Problematik verleiht.

Kommen wir zu unserer letzten, oben genannten Managementeigenschaft, vorausschauendes Handeln. Auch hier ein Beispiel: Für Unternehmen im High-Tech-Bereich, zum Beispiel der Chip-Produktion, ist es lebenswichtig, Trends frühzeitig zu erkennen. Wer beispielsweise eine neue Technologie unterschätzt und sich nicht frühzeitig damit befasst, kann binnen weniger Monate den Anschluss an die Konkurrenz verlieren.

Starkes internes Wachstum

Genauso wichtig kann es für junge Unternehmen in Wachstumsbranchen sein, frühzeitig strategische Partnerschaften mit bereits etablierten Unternehmen einzugehen oder gar aussichtsreiche Übernahmekandidaten aufzuspüren. Damit kommen wir zu Punkt drei auf unserer Kriterienliste, dem Kapitel Übernahmen. Es ist einleuchtend, dass Firmen ein besonders rasches Umsatzwachstum auch durch Übernahmen erreichen können – man kauft quasi die Umsätze anderer Firmen ein, was schneller geht und vielleicht sogar weniger kapitalaufwendig ist, als entsprechende Umsatzsteigerungen aus eigener Kraft zu erreichen. Akquisitionen machen besonders dann Sinn, wenn ein Markt sehr stark unterteilt (fragmentiert) ist. Ein Beispiel ist die Bäckereibranche mit mehreren zehntausend Verkaufsstellen in Deutschland. Je mehr Filialen (zu angemessenen Kosten) durch eine Zentralbäckerei beliefert werden können, desto günstiger ist die Broterstellung. Die Übernahme von Filialen dürfte hier der einfachste und billigste Weg sein, um seine Umsätze zu steigern und die angesprochenen Synergieeffekte bei der Broterstellung zu aktivieren.

Genauso kann sich eine Übernahme dann auszahlen, wenn der Übernahmekandidat über einen sehr attraktiven Kunden- oder Personalstamm verfügt. Hier gilt ähnliches wie zuvor: Die Abwerbung der Kunden/Mitarbeiter kann sich als sehr zeitaufwendig und teuer erweisen, vielleicht würde sie gar in den meisten Fällen misslingen. Übernimmt man hingegen einen attraktiven Wettbewerber, bekommt man eine Garantie dafür, dass Kunden und Mitarbeiter ins »eigene Lager« wechseln. Doch Vorsicht: Eine Übernahme birgt immer Integrationsrisiken. Es ist schon vorgekommen, dass ein Großteil der Kunden/Mitarbeiter unmittelbar nach Firmenübernahmen zur Konkurrenz, also zu unbeteiligten Dritten, gewechselt sind. Die Unsicherheit darüber, wie es mit dem fusionierten Unternehmen weitergeht (Verfolgt die neue Führung dieselben Ziele wie das alte Management? Stehen Entlassungen an? etc.), war einfach zu hoch und es erwies sich für Kunden/Mitarbeiter als weniger riskant, gleich zu einem anderen Anbieter/Arbeitgeber zu wechseln. Im Fall der Übernahme von Dr. Solomon Inc. durch Network Associates waren die Auswirkungen fatal: Nach einem Jahr waren alle Mitarbeiter von Dr. Solomon zu anderen Unternehmen gewechselt.

Übernahmen bergen weitere Gefahren, die meistens erst nach einigen Wochen und Monaten offensichtlich werden. Es kann bei-

Auch in High-Tech-Branchen kann es sinnvoll sein, wenn Firmen durch Übernahmen wachsen. Dadurch lassen sich gegebenenfalls Entwicklungs- und Personalbeschaffungskosten in Millionenhöhe einsparen.

spielsweise sein, dass Produktionsverfahren oder Produkte nicht so zusammenpassen, wie man das ursprünglich erwartet hatte. Synergieeffekte, mit denen oftmals überzogene Kaufpreise gerechtfertigt werden, greifen dann nicht, was die beteiligten Firmen in eine bedrohliche Lage bringen kann. Generell sollten Anleger daher Unternehmen bevorzugen, die überdurchschnittliche Umsatzsteigerungen aus eigener Kraft erbringen, also durch überlegene Geschäftsideen, einen überragenden Mitarbeiterstamm oder fortschrittliche Technologien. In diesem Fall spricht man auch von organischem Wachstum.

Umsatz- und Gewinnwachstum aus eigener Kraft bezeichnet man auch als »Organisches Wachstum«.

Konservative Bilanzierungsmethoden

Nun zum vorletzten Punkt des Kriterienkataloges (siehe Abbildung auf Seite 27), den Bilanzierungs- und Bewertungsmethoden. Die Art und Weise, wie Firmen ihre Bilanzen aufstellen und Bewertungen vornehmen, lässt gegebenenfalls Rückschlüsse auf die Qualität der Unternehmen, aber auch die Glaubwürdigkeit des Managements zu. Zur Verdeutlichung möchten wir hier erneut auf zwei Beispiele zurückgreifen. Im ersten Fall geht es um die Behandlung von Aufwendungen, die im Zusammenhang mit der Produktion von Software entstehen. Im zweiten Fall befassen wir uns mit dem Bilanzierungszeitpunkt von Fertigungsaufträgen.

Behandlung von Softwareaufwendungen

Einige Unternehmen am Neuen Markt erstellen ihre Bilanzen nach denselben Regeln, die auch für Nasdaq-Gesellschaften gelten, nämlich nach den so genannten **US-G**eneral **A**ccepted **A**ccounting **P**rinciples (kurz: US-GAAP). Das kommt nicht von ungefähr und ist im Wesentlichen auf drei Punkte zurückzuführen:

1. Die Verantwortlichen am Neuen Markt verlangen von allen Firmen eine Bilanzierung entweder nach den **I**nternational **A**ccounting **S**tandards (»IAS«) oder aber nach US-GAAP.
2. Die oberste Börsenaufsichtsbehörde der USA, die **S**ecurities and **E**xchange **C**ommission (SEC), bietet Aktiengesellschaften bisher hingegen überhaupt keine Wahlmöglichkeit. Alle Firmen, die den Gang an die Nasdaq anstreben, müssen nach US-GAAP bilanzieren (IAS werden nicht akzeptiert).
3. Da sich viele der Gesellschaften am Neuen Markt – insbesondere High-Tech-Firmen – eine Börsenzulassung an der Nasdaq offenhalten möchten, wählen sie oftmals schon von Beginn der Börsennotiz an US-GAAP als maßgebliche Bilanzierungsregeln.

Zurück zum Ausgangspunkt. Die US-GAAP erlauben im Falle von Softwareaufwendungen – zum Großteil handelt es sich dabei um Personalkosten –, diese entweder

- als Aktivposten in der Bilanz anzusetzen und anschließend über mehrere Jahre abzuschreiben, oder aber,
- sofort als Aufwand in der Gewinn- und Verlustrechnung zu verbuchen.

Große renommierte Softwarehäuser verzichten ausnahmslos auf die Aktivierung von Softwareentwicklungskosten!

Vorgehensweise eins scheint auf den ersten Blick sinnvoller: Softwareentwicklungskosten belasten den Gewinn des Unternehmens erst dann, wenn auch Einnahmen aus dem Verkauf der Software entstehen. Das heißt, der Gewinn wird in der Entwicklungszeit nicht übermäßig reduziert, da die Kosten über künftige Perioden verteilt und so mit Einnahmen aus dem Verkauf der Software verrechnet werden können. Trotzdem greifen große Softwarehäuser wie Microsoft oder Intershop nicht auf diese Möglichkeit zurück. Sie bevorzugen Vorgehensweise zwei, und setzen die Kosten sofort im Jahr der Entstehung in der Gewinn- und Verlustrechnung an. Diese Methode gilt als konservativ (»vorsichtig«) und wird von den meisten Aktienanalysten bevorzugt. Wie lässt sich das erklären? Als besonders vorsichtig ist Methode zwei deshalb einzustufen, weil niemand im Voraus sagen kann, ob Softwareentwicklungsarbeiten jemals von Erfolg gekrönt sein werden, das heißt, ob ein Unternehmen jemals Umsätze mit der hergestellten Software erzielen kann. Ganz im Gegenteil: Nur wenige Programme werden zu wirklichen Absatzrennern. Wenn Software nach jahrelanger Entwicklungsarbeit endlich Marktreife erreicht, ist sie oftmals schon veraltet. Es kann auch sein, dass Wettbewerber parallel Produkte entwickeln und auf den Markt bringen, die leistungsfähiger sind oder eine höhere Kompatibilität mit vorhandenen Systemen aufweisen. Bei der Auswahl von Softwareaktien sollten Anleger daher Firmen bevorzugen, die auf eine Aktivierung von Entwicklungsaufwendungen verzichten und alle Kosten sofort ergebniswirksam verrechnen. Dadurch ist ausgeschlossen, dass zukünftige Erträge durch übermäßige Abschreibungen belastet werden.

Bilanzierungszeitpunkt von Fertigungsaufträgen/Umsatzanerkennung

Der zweite Sachverhalt ist mit dem ersten in gewisser Weise vergleichbar. Hier geht es darum, wann eingehende Aufträge in der Bilanz bzw. der Gewinn- und Verlustrechnung eines Unternehmens erfasst werden sollten. Man spricht in diesem Fall auch von der *Umsatzanerkennung* (»Revenue Recognition«). Die US-GAAP räumen

Firmen erneut Wahlrechte ein. Einfach dargestellt lassen sich die Regeln für die Umsatzanerkennung wie folgt beschreiben: Die Buchung eines Umsatzerlöses bei Vertragsunterzeichnung ist prinzipiell dann möglich, wenn a) der Zahlungseingang sicher ist (Kunde war in der Vergangenheit zahlungsfähig und ist es auch in Zukunft) und b) das zu liefernde Produkt nachweislich funktioniert und zum Beispiel bei früheren Aufträgen oder Probeläufen einwandfrei funktioniert hat. Bei vorsichtiger Bilanzierung würde man Umsatzerlöse hingegen nicht sofort bei Vertragsunterzeichnung buchen, sondern schrittweise erst nach dem Abschluß einzelner Projektabschnitte. Insbesondere bei Projekten, die sich über Monate oder gar Jahre hinziehen, ist eine schrittweise Buchung sinnvoll. Schließlich ist es zum Beispiel möglich, dass bei vom Lieferanten verschuldeten Projektverzögerungen Konventionalstrafen fällig werden, die die Erlöse des Produzenten am Ende erheblich schmälern. Bei der sichersten und daher vorsichtigsten Bilanzierungsmethode bucht man Umsätze deshalb erst dann, wenn tatsächlich Geld geflossen ist. Zu diesem Sachverhalt findet man in einem Analysebericht eines deutschen Softwareherstellers folgendes:

Potenzielle Einnahmen aus Softwarelizenzierungsverträgen werden erst bei Lieferung der Software gebucht, und zwar unter folgenden Voraussetzungen:

- Der Zahlungseingang gilt als wahrscheinlich.
- Alle Zahlungen aus dem Lizenzvertrag werden binnen eines Jahres fällig.
- Die Lizenzgebühr steht in der Höhe genau fest und ist daher vorab bestimmbar.
- Einnahmen aus Softwareverkäufen an Zwischenhändler werden erst dann gebucht, wenn der Verkauf an den Endabnehmer erfolgt ist.

Auch hier gilt: Anleger sollten Firmen bevorzugen, die zu sehr konservativen Bilanzierungsmethoden tendieren. Das erspart einem böse Überraschungen in späteren Jahren.

Bei den US-GAAP handelt es sich normalerweise um sehr anlegerorientierte Bilanzierungsvorschriften. Trotzdem sollten Investoren die wichtigsten Bilanz- und GuV-Angaben auch bei solchen Jahresabschlüssen genau überprüfen, die nach US-Regeln erstellt wurden.

Bewertungsverfahren für Wachstumsaktien

Wie viel Gewinn erzielt ein Wachstumsunternehmen aus der gewöhnlichen Geschäftstätigkeit?

In diesem Abschnitt möchten wir auf Bewertungsverfahren für Wachstumsaktien eingehen. Hierbei werden die Gewinn- und Umsatzzahlen einzelner Unternehmen genauer durchleuchtet und außerdem die Angaben in den Bilanzen der Firmen untersucht. Schließlich ziehen wir noch Marktwerte (Börsenwert der ausstehenden Aktien und Anleihen) als Maßstab für die Unternehmensbewertung heran. Die Abbildung gibt einen Überblick über die gängigen Verfahren zur Unternehmensbewertung.

Im Auswahlprozess, den wir bis hierher beschrieben haben, standen zum Teil zwar auch Zahlen im Mittelpunkt, diese bezogen sich aber in erster Linie auf die Branche bzw. den Gesamtmarkt und nicht auf die Unternehmen selbst. In den Geschäftsberichten der Firmen haben wir nicht darauf geschaut, welche Ergebnisse dort im Einzelnen zu finden sind, sondern vielmehr, wie die Bilanzierung vorgenommen wird, zum Beispiel wie die Entwicklungskosten von Software angesetzt werden. Außerdem haben wir qualitative Merkmale, wie die Fähigkeit der Manager, ein Unternehmen vorausschauend zu führen, geprüft (siehe auch Abbildung auf Seite 37).

Ertragsgrößen

Wer ein Unternehmen in Augenschein nimmt, sollte zunächst in Erfahrung bringen, wieviel Gewinn oder Verlust aus dem gewöhnli-

Bisher	**Jetzt**
▸ Unternehmensbewertung in erster Linie aufgrund qualitativer Größen.	▸ Unternehmensbewertung mittels quantitativer Größen (in erster Linie Ertragskennzahlen).
▸ Beurteilung erfolgt oftmals „aus dem Bauch" heraus und erfordert viel Gespür für künftige Entwicklungen.	▸ Die Bewertung erfolgt nach objektiven Kriterien; allerdings sind die Größen manipulierbar.
▸ Geschäftsberichte werden herangezogen, um Bilanzansätze zu prüfen und um herauszufinden, inwieweit Bewertungsspielräume genutzt werden.	▸ Bilanz und GuV sind wichtige Datenlieferanten; Einsatz aber begrenzt, da nicht zukunftsorientiert.
▸ Relevant ist vor allem das Umsatzpotenzial der gesamten Branche. Hieraus lässt sich das Potenzial des einzelnen Unternehmens herleiten. Quelle: Branchenanalysen	▸ Das Unternehmen bzw. die Zahlen des Unternehmens stehen im Vordergrund. Quelle: Unternehmensanalysen

chen, man sagt auch operativen Geschäft, Jahr für Jahr resultiert. Nur diese Größe lässt Rückschlüsse auf die wirkliche Leistungsfähigkeit und damit auf künftige Gewinne des Unternehmens zu. Auch sind Vergleiche mit der Konkurrenz nur dann aussagekräftig, wenn das Ergebnis aus operativer Tätigkeit als Indikator herangezogen wird. Bei einem Computerproduzenten sollte man zum Beispiel fragen, wie viel Geld mit der Herstellung und dem Verkauf von Computern nach Abzug aller Kosten verdient wird. Unbedeutend hingegen sind Gewinne und Verluste, die aus betriebsfremden, außergewöhnlichen oder einmaligen Ereignissen resultieren, etwa aus Börsenspekulationen, dem Verkauf einer Lagerhalle, einer Steuerrückzahlung oder einem Versicherungsfall.

Wer ein Unternehmen analysieren und hierzu Zahlen aus dem Jahresabschluss heranziehen möchte, steht darüber hinaus vor dem Problem, dass diese durch bilanzpolitische Maßnahmen verwässert werden können. Der Bilanzgewinn beispielsweise ist maßgeblich von den jeweils gewählten Abschreibungs- und Rückstellungsmethoden abhängig und kann daher von Unternehmen zu Unternehmen auf ganz unterschiedliche Art und Weise zustande kommen.

Kurzum: Der Jahresabschluss als solcher lässt kaum Rückschlüsse auf die tatsächliche Gewinnsituation einer Unternehmung zu. Aus diesem Grund suchen Analysten permanent nach Kennzahlen, mit denen sich die hier skizzierten Probleme eliminieren lassen. Die bekanntesten Ertragsgrößen, die für Unternehmensbewertungen herangezogen werden, sind das Ergebnis je Aktie, der Cash-Flow und das EBITDA.

Ergebnis je Aktie. Die aus Aktionärssicht wichtigste Größe bei der Unternehmensbewertung ist der Gewinn, der pro Aktie während der kommenden Jahre anfällt. Von Jahr zu Jahr steigende Gewinne führen normalerweise auch zu steigenden Aktienkursen. Hochprofitable Unternehmen sind in der Lage, Investitionen in neue Maschinen, in neues Hightech-Equipment und qualifizierte Mitarbeiter zu tätigen, um so ihren Marktvorsprung weiter auszubauen und vielleicht sogar vollkommen neue Geschäftsfelder zu erschließen. Insbesondere in Wachstumsbranchen ist es sehr wichtig, dass Unternehmen schnell profitabel werden, da sie die Gewinne zur Finanzierung neuer Investitionen unbedingt benötigen. Ansonsten wachsen sie langsamer, als es die Nachfrage verlangt, verlieren Marktanteile und den Anschluss an die Wettbewerber und scheiden auf kurz oder lang aus dem Markt aus. Kurzum: Die Profitabilität ist essenziell für das Überleben eines Unternehmens. Je höher die künftigen Gewinne einer Aktiengesellschaft über dem Marktdurchschnitt liegen, desto besser für den Aktionär. Die geeignete Gewinngröße für Unternehmensbewertungen ist das sogenannte Ergebnis je Aktie. Hierbei handelt es sich jedoch nicht um den anteiligen, nach bilanzrechtlichen Vorschriften ermittelten Jahresüberschuss pro Aktie, sondern um eine modifizierte Gewinngröße. In Deutschland versteht man unter dem Ergebnis je Aktie normalerweie das DVFA/SG-Ergebnis. Hierbei handelt es sich um ein Berechnungsschema, das von der **D**eutschen **V**ereinigung für **F**inanzanalyse und **A**nlageberatung (DVFA) in Zusammenarbeit mit der **S**chmalenbach-**G**esellschaft (SG) entwickelt wurde. Bei dem DVFA/SG-Ergebnis handelt es sich um ein von Sondereinflüssen bereinigtes Jahresergebnis, das besser als der ausgewiesene Jahresüberschuss geeignet ist, um

Wer sich an Wachstumsunternehmen beteiligt, sollte daher nicht damit rechnen, auf absehbare Zeit Dividendenzahlungen zu erhalten.

- den Ergebnistrend eines Unternehmens im Zeitablauf aufzuzeigen (das Ergebnis liefert eine klar definierte Ausgangsbasis für die Schätzung künftiger Gewinne);
- Vergleiche zwischen verschiedenen Unternehmen zu ermöglichen.

Bei der Berechnung des DVFA/SG-Ergebnisses wird der Jahresüberschuss aus der Bilanz zum Beispiel um außerordentliche Aufwendungen und Erträge (= für die geschäftlichen Aktivitäten untypische und nur selten anfallende Positionen) oder um periodenfremde Aufwendungen und Erträge bereinigt. Insbesondere sollen auch solche Erfolgskomponenten eliminiert werden, die aus der Anwendung von Bilanzierungs- und Bewertungsregeln sowie aus Ermessensspielräumen resultieren. Deutschen Unternehmen wird empfohlen, das DVFA/SG-Ergebnis zusätzlich zum Jahresüberschuss/-fehlbetrag im Jahresabschluss auszuweisen.

Ermittlungsschritte DVFA/SG-Ergebnis

1. Jahresüberschuss/-fehlbetrag
2. Bereinigung um Ingangsetzungsaufwendungen
3. Bereinigungspositionen im Anlagevermögen
4. Bereinigungspositionen im Umlaufvermögen
5. Bereinigungspositionen bei den Passiva
6. Bereinigung von Fremdwährungs- und sonstigen Einflüssen
7. Summe der zu berücksichtigenden Korrekturen
8. Ergebnis nach DVFA/SG (Gesamtunternehmen)
9. Ergebnis nach DVFA/SG ohne Anteile Dritter
10. Adjustiertes Ergebnis nach DVFA/SG je Aktie ohne Anteile Dritter
11. Ergebnis nach DVFA/SG je Aktie »voll verwässert«
12. Adjustiertes Ergebnis je Aktie im Falle von Kapitalmaßnahmen

Quelle: Steiner, M., Bruns, C., Wertpapiermanagement, 7. Auflage, 2000, S. 224.

Das Ergebnis je Aktie kann für ein abgeschlossenes Geschäftsjahr konkret berechnet werden, was bei Anlageentscheidungen jedoch kaum weiterhilft. Letztere müssen an künftigen Gewinnen orientiert werden, wobei wiederum Probleme auftreten, da man im voraus gar nicht weiß, wie viel Umsatz ein Unternehmen in den kommenden Jahren erzielen wird, wie hoch die Aufwendungen sein werden und was schließlich unterm Strich übrig bleibt. Professionelle Unternehmensanalysten sorgen hier für Abhilfe. Sie stellen regelmäßig Gewinnschätzungen für die Zukunft an, auf die auch Privatanleger zurückgreifen können.

Mit der Ermittlung des DVFA/SG-Ergebnisses sollten sich »Normalanleger« nicht beschäftigen. Sie können sich im Regelfall auf die Zahlen verlassen, die zum Beispiel im Internet veröffentlicht werden.

Whisper-Numbers

Neben den offiziellen Analystenschätzungen existieren sogenannte Whisper-Numbers (»Flüsterzahlen«). Hierbei handelt es sich ebenfalls um Schätzungen von Marktexperten. Die Zahlen besitzen jedoch keinen offiziellen Status. Vielmehr hören sich Börsendienste nahezu täglich im Markt um, um aktuelle Schätzungen einzuholen. Der Vorteil gegenüber den offiziellen Analystenschätzungen: Die Prognosen liegen aufgrund ihrer hohen Aktualität meist näher an den tatsächlich veröffentlichten Ergebniszahlen. Anleger finden Whisper-Numbers im Internet zum Beispiel unter www.whispernumbers.com.

Im Internet findet man die Gewinnschätzungen für alle Nasdaq-Unternehmen auf der Seite www.nasdaq.com. Wer die entsprechenden Schätzungen für Neuer-Markt-Gesellschaften sucht, kann zum Beispiel auf die Homepage von Onvista (www.onvista.de) zurückgreifen (siehe dazu auch Abschnitt Aktien aus dem Netz).

Cash-Flow. Eine bekannte Kennzahl, die den Jahresüberschuss/-fehlbetrag um Abschreibungen und Rückstellungen und damit »mani-

Bewertung von Wachstumsunternehmen

Whisper-Numbers im Internet.

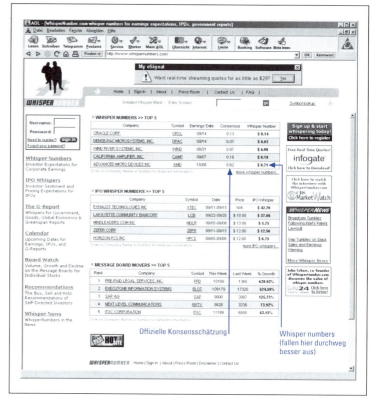

Offizielle Konsensschätzung

Whisper numbers (fallen hier durchweg besser aus)

pulationsanfällige« Größen bereinigt, ist der Cash-Flow. Der Cash-Flow repräsentiert den in einer Periode aus eigener Kraft erwirtschafteten Überschuss der Einnahmen über die Ausgaben. Man könnte auch vom Umsatz-Überschuss sprechen.

Bei der Berechnung des Cash-Flow unterscheidet man zwischen einer direkten und einer indirekten Methode. Das Unternehmen selbst kann den Cash-Flow direkt berechnen, indem es die finanzwirksamen Aufwendungen von den finanzwirksamen Erträgen abzieht. Außenstehende müssen jedoch den indirekten Weg einschlagen, wie er nebenstehend beschrieben wird.

Der Cash-Flow wird berechnet, um festzustellen,
- ob ein Unternehmen aus eigener Kraft Investitionen tätigen kann;
- wie viel Geld für Investitionen, zur Schuldentilgung und zur Ausschüttung an Aktionäre vorhanden ist.
- ob Konkursgefahren bestehen. Schließlich wird ein über die Jahre hinweg negativer Cash-Flow in aller Regel zum Konkurs des betreffenden Unternehmens führen.

Obwohl der Cash-Flow eigentlich eine finanzwirtschaftliche Größe ist, also Einnahme- und Ausgabeströme misst, wird er im Rahmen der Aktienanalyse immer häufiger auch als Ertragskennzahl herangezogen. Anleger werden schnell feststellen, dass in der Praxis relativ viele Wege existieren, den Cash-Flow zu ermitteln. Ausgangspunkt sämtlicher Rechnungen, die durch Außenstehende (etwa Analysten)

Bewertungsverfahren für Wachstumsaktien

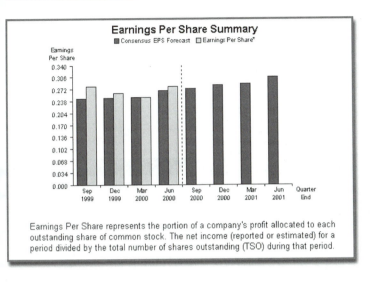

Ergebnisse vergangener Quartale sowie Ergebnisschätzungen zur Amgen-Aktie im Internet

vorgenommen werden, ist der Jahresüberschuss bzw. -fehlbetrag aus der Gewinn- und Verlustrechnung. Um die einfachste Form des Cash-Flows zu berechnen – oder genauer – um den Jahresüberschuss/-fehlbetrag um wesentliche bilanzpolitische Maßnahmen zu bereinigen, werden alle Abschreibungen und Rückstellungen zum Jahresüberschuss hinzuaddiert, die innerhalb der Rechnungsperiode vorgenommen wurden.

Jahresüberschuss/-fehlbetrag
+ Abschreibungen
± Veränderungen der Pensionsrückstellungen
± Veränderungen des Sonderpostens mit Rücklagenanteil
= **Cash-Flow** (einfachste Form)

Diese Form des Cash-Flows hat für Analysezwecke Vorteile, da sie wegen der Herausrechnung von Abschreibungen und Rückstellungen vom Unternehmen schwieriger zu »manipulieren« ist. Die Berechnung des Cash-Flows – ganz unabhängig davon, welche Form wir gerade betrachten – bereitet für Außenstehende normalerweise erhebliche Schwierigkeiten. Gerade für Privatanleger ist es fast unmöglich, die notwendigen Zahlen aus dem Jahresabschluss zu ermitteln. Für Abhilfe sorgt eine Vorschrift, die besagt, dass alle börsennotierten Unternehmen seit dem letzten Jahr eine Cash-Flow-Rechnung veröffentlichen müssen. Der Cash-Flow wird also immer vom Unternehmen selbst berechnet und im Jahresabschluss publiziert.

Firmen, die auf gute Beziehungen zu Anlegern setzen, also ihre »Investor Relations« pflegen, veröffentlichen den Cash-Flow und alle sonstigen anlegerrelevanten Zahlen per se, zum Beispiel im Internet. Für börsennotierte Wachstumsunternehmen gilt das fast ausnahmslos.

Cash-Flow-Rechnung aus einem Jahresabschluss. Problemlos auch im Internet abrufbar.

Konzern-Kapitalflussrechnung:
für die Zeit vom 01. September 1999 bis zum 31. Mai 2000

nach US-GAAP	01.09.1999 31.05.2000 in €	01.09.1999 31.05.2000 in DM
Jahresüberschuss	1.407.139	2.752.125
Berichtigung für die Überleitung des Konzern-Ergebnisses zum Cashflow aus betrieblicher Tätigkeit:		
Abschreibungen	146.430	286.392
Ertrag/Aufwand ohne Ein-/Auszahlung	-34.434	-67.348
Ergebnis aus Verkauf von Anlagevermögen	4.421	8.646
Ergebnis aus Verkauf von Wertpapieren (available-for-sale)	-94.596	-185.014
Veränderung der Forderungen aus Lieferungen und Leistungen	-2.481.899	-4.854.172
Unfertigen Projekte	0	0
Sonstigen Vermögensgegenstände und Rechnungsabgrenzungsposten	-535.608	-1.047.558
Aktiven latenten Steuern	605.949	1.185.133
Verbindlichkeiten	830.481	1.624.280
Rückstellungen	1.509.845	2.952.999
Passiven Rechnungsabgrenzungsposten	-67.554	-132.124
Cashflow aus der betrieblichen Tätigkeit	**1.290.173**	**2.523.359**
Kauf von Sachanlagen und Immat. Vermögenswerten, netto	-360.134	-704.360
Kauf von Finanzanlagen	-585.000	-1.144.160
Kauf von Wertpapieren (available-for-sale), netto	-31.192.324	-61.006.883
Cashflow aus der Investitionstätigkeit	**-32.137.457**	**-62.855.403**
Einzahlung ausstehender Einlagen	25.000	48.896
Einzahlung auf neu ausgegebene Stammaktien (Erlös aus dem Börsengang)	29.700.000	58.088.151
Kosten des Börsengangs	-1.664.852	-3.256.167
Cashflow aus der Finanzierungstätigkeit	**28.060.148**	**54.880.880**
Veränderung der liquiden Mittel	**-2.787.136**	**-5.451.164**
Liquide Mittel zu Beginn der Periode	3.144.388	6.149.889
Liquide Mittel am Ende der Periode	357.252	698.725

EBITDA. In den USA verwenden Analysten das EBITDA (ausgesprochen »ebit di-äi«) schon seit Jahren bei der Unternehmensbewertung. Die Abkürzung steht für »**E**arnings **B**efore **I**nterest, **T**ax, **D**epreciation and **A**mortization« und kennzeichnet eine Ertragszahl, bei der das Ergebnis der gewöhnlichen Geschäftstätigkeit – nicht der Jahresüberschuss/-fehlbetrag – um Faktoren wie Steuern, Abschreibungen und betriebsfremde Einnahmen und Ausgaben bereinigt wird. Die Kennzahl setzt sich international immer stärker durch und ist heute in fast jedem Analysebericht zu finden.

Vom Begriff her würden wir Deutschen sowohl Depreciation als auch Amortization normalerweise mit »Abschreibung« übersetzen. Angelsachsen unterscheiden jedoch begrifflich zwischen Abschreibungen auf den Firmenwert (Amortization) und Abschreibungen auf reale Vermögensgegenstände (Depreciation). Deshalb heißt die Kennzahl im Regelfall EBITDA. Hin und wieder findet man aber auch die Bezeichnung EBDIT.

> Ergebnis der gewöhnlichen Geschäftstätigkeit (**E**arnings)
> \+ Nettozinszahlungen (**I**nterest)
> \+ Steuern (**T**axes)
> \+ Abschreibungen (**D**epreciation/**A**mortization)
> = **EBITDA** (vereinfachte Darstellung)

Viele Unternehmen, insbesondere High-Tech-Gesellschaften, weisen in ihrer Gewinn- und Verlustrechnung das EBITDA aus. Anleger brauchen dann die gerade skizzierte Bereinigungsrechnung gar nicht selbst vornehmen, da sie die Kennzahl direkt dem Jahresabschluss entnehmen können. Folgende Übersicht zeigt eine Gewinn- und Verlustrechung der SAP AG in vereinfachter Form.

Positionsbezeichnung	in Millionen D-Mark
Umsätze	6.020
Materialkosten	–606
Personalkosten	–2.075
Sonstige Produktionseinnahmen	+80
Sonstige Produktionsausgaben	–1.645
EBITDA	**1.774**
Abschreibungen	–195
EBIT	**1.579**
Zinseinnahmen	56
Zinsaufwendungen	–4
Einnahmen von Tochterunternehmen	4
Abschreibungen/Wertberichtigungen auf Finanzanlagevermögen	–3
Sonstige Finanzeinkünfte	1
Finanzergebnis	**55**
EBT (Ergebnis der gewöhnlichen Geschäftstätigkeit vor Steuern)	**1634**
Steuern	708
Nettoergebnis der gewöhnlichen Geschäftstätigkeit	**925**

> **Frühindikator**
>
> Das Heranziehen des EBITDA zur Bewertung von Wachstumsunternehmen ist immer dann sinnvoll, wenn unterm Strich noch kein Gewinn erzielt wird. Das EBITDA ist gegebenenfalls schon lange Zeit vor dem Jahresüberschuss positiv, so dass es bereits relativ früh Aussagen über die Ergebnisse der eigentlichen Geschäftstätigkeit junger Unternehmen zulässt.

EBITDA zeigt einem Anleger, ob das Unternehmen aus seiner gewöhnlichen Geschäftstätigkeit einen Überschuss erzielt. Gerade bei jungen Firmen bzw. neuen Geschäftsmodellen ist diese Kennzahl ein wichtiger Bewertungsmaßstab. Sobald nämlich das EBITDA positiv ist, überschreitet ein Unternehmen die Schwelle zur Profitabilität. Die Geschäftsidee scheint aufzugehen.

Im Folgenden werden wir die beiden eingangs skizzierten Bewertungsverfahren, also Barwertmethoden und Multiplikatormodelle, näher erläutern und – soweit möglich – ihre Aussagekraft an Praxisbeispielen demonstrieren.

Barwertmethoden

> Beim Barwert handelt es sich um ein mathematisches Modell, das für Wertpapiere mit begrenzter Laufzeit, zum Beispiel Anleihen, noch recht praktikabel ist. Im Falle von Aktien kann das Barwert-Modell jedoch nur grobe Anhaltspunkte für den »fairen Wert« einer Aktie liefern.

Kommen wir zunächst zu den so genannten Barwertmethoden. Zumindest theoretisch können Anleger den Kurs einer Aktie bestimmen, indem sie alle zukünftigen Zahlungsströme, also Dividendenzahlungen und Erlöse aus der Veräußerung von Unternehmenseigentum, auf den heutigen Tag abzinsen. Auf diese Weise beantworten sie die Frage: Was sind die künftigen Zahlungen, die aus dem Kauf der Aktie resultieren, heute wert? Das Ergebnis ist der sogenannte Barwert oder der »theoretisch richtige« Wert einer Aktie.

Ein Beispiel: Wenn eine Aktiengesellschaft in einem Jahr einen Euro Dividende zahlt, so ist diese Zahlung für den heutigen Wert der Aktie natürlich relevant, da sie aus dem Besitz des Papiers resultiert. Allerdings ist die künftige Dividendenzahlung heute deutlich weniger als einen Euro wert. Wie hoch der Wert tatsächlich ist, hängt von verschiedenen Faktoren ab, insbesondere vom Zinssatz für 1-Jahres-Termingeld und von der Sicherheit, mit der die Zahlung voraussichtlich eintritt. Solange Sparer davon ausgehen können, die Dividendenzahlung in Höhe von einem Euro mit hundertprozentiger Sicherheit zu bekommen, brauchen sie nur den Zinssatz für 1-Jahres-Termingeld zu kennen, um den Barwert der Dividendenzahlung festzustellen. Angenommen, der einjährige Zinssatz liegt derzeit bei drei Prozent, dann ist die Dividendenzahlung in Höhe von einem Euro heute $1/1{,}03 = 0{,}97$ Euro wert. Anders ausgedrückt: Wenn ich

Bewertungsverfahren für Wachstumsaktien 45

in einem Jahr über einen Euro verfügen möchte, kann ich heute 0,97 Euro zu drei Prozent als Termingeld anlegen (Alternative A) oder aber die Aktie kaufen, die mir einen Euro Dividende verspricht (Alternative B) – die Aktie kostet allerdings viel mehr als 0,97 Euro, da sie nicht nur das Recht auf eine einzige Dividendenzahlung verbrieft, sondern den Anspruch auf sehr viele Dividenden verkörpert, die das Unternehmen in Zukunft noch ausschütten wird. Falls wir nicht ganz sicher sein können, ob wir die Dividendenzahlung tatsächlich bekommen können, müssen wir zu dem einjährigen Zins einen Risikoaufschlag hinzuaddieren. Bei einem Risikoaufschlag von zum Beispiel 10 Prozentpunkten erhalten wir im nebenstehenden Beispiel einen Barwert (»fairen Wert«) von 1/1,13 = 0,88 Euro.

Je länger der Zahlungsstrom einer Aktie, das heißt, je öfter wir in Zukunft Dividenden erwarten können, desto mehr einzelne Dividenden-Barwerte müssen wir berechnen und desto höher ist der aktuelle Kurs der Aktie. Erhalten wir beispielsweise zusätzlich zum Euro im ersten Jahr einen weiteren Euro Dividende in zwei Jahren und gehen unverändert von einem Zinssatz in Höhe von 10 Prozent aus, so ergibt sich ein aktueller Wert beider Dividendenzahlungen in Höhe von $1/1{,}10 + 1/(1{,}10^2) = 1{,}74$ Euro. Das ist jedoch noch längst nicht der Kurs der Aktie. Um diesen exakt berechnen zu können, müsste man im Voraus alle künftig eingehenden Gewinne kennen und außerdem jenen Betrag, der bei einem eventuellen Verkauf der Aktiengesellschaft in der Zukunft an die Anteilseigner zurückfließt.

Die Berechnung des Barwertes verdeutlicht, dass künftige Gewinne bei der Unternehmensbewertung im Mittelpunkt stehen

Barwert

Was sind künftige Gewinne, die je Aktie anfallen, und eventuell entstehende Veräußerungserlöse (AG wird aufgelöst oder an ein anderes Unternehmen verkauft), die auf eine einzelne Aktie entfallen, aus Sicht eines Aktienkäufers heute wert?

Das Barwertmodell wird hier nur grob umrissen. In den vorgenannten Beispielrechnungen haben wir Dividendenzahlungen herangezogen, um den Gegenwartswert zu berechnen. Die zur Ausschüttung gelangenden Dividenden spiegeln zwar die Barrückflüsse an den Aktionär wider. Man darf jedoch nicht vergessen, dass auch reinvestierte Gewinne dem Aktionär durch einen anschließend höheren Vermögenswert und damit einen normalerweise steigenden Aktienkurs zugute kommen. Als sinnvoller erscheint es daher, nicht geschätzte, künftige Dividendenzahlungen abzuzinsen, sondern die Ergebnisse je Aktie, die man in Zukunft Jahr für Jahr erwartet.

Bei der Barwertberechnung unterstellt man im Regelfall obendrein, dass eine Aktiengesellschaft für einen unendlichen Zeitraum besteht und niemals verkauft oder aufgelöst wird. In die Kalkulation fließen dann ausschließlich die künftig anfallenden Gewinne je Aktie ein. Veräußerungserlöse werden nicht weiter berücksichtigt.

> Barwert = Summe aller künftigen Gewinne, die zuvor jeweils auf den heutigen Zeitpunkt »abgezinst« (abdiskontiert) werden

Discounted-Cash-Flow-Methode

Die Barwertberechnung mittels Diskontierung künftiger Gewinne (»Ergebnis je Aktie«) nennt man auch Ertragswertverfahren. Daneben existiert die sogenannte *Discounted-Cash-Flow-Methode*. Hier wird nicht das Ergebnis je Aktie, sondern der je Aktie frei zur Verfügung stehende Cash-Flow (»Free Cash-Flow«) abgezinst.

Als Vorteil dieser Vorgehensweise wird oft angeführt, dass der Cash-Flow als bilanzpolitisch nicht beeinflussbare Größe eine bessere Aussagekraft für langfristig orientierte Betrachtungen, insbesondere Barwertmodelle, besitzt. Die meisten Shareholder-Value-Ansätze greifen ebenfalls auf den Disounted-Cash-Flow zurück, um den Gegenwartswert einer Unternehmung zu bestimmen.

Real-Options-Modell als Ergänzung zur Discounted-Cash-Flow-Methode

Unternehmensbewertungen können nach Meinung vieler Experten durch sogenannte Real-Optionen (»real options«) verbessert werden. Die Basis der Unternehmensbewertung bildet unverändert die Discounted-Cash-Flow-(DCF-)Methode. Zusätzlich versucht man jedoch, bestimmte Handlungsalternativen, die ein Unternehmen im gegenwärtigen Zeitpunkt besitzt, zu bewerten. Da die Handlungsalternativen aus Managementsicht Optionen (»Real-Optionen«) darstellen und – ähnlich wie Aktien oder Anleihen – zu Zahlungsströmen in der Zukunft führen, ziehen Analysten zur Bewertung der Alternativen herkömmliche Optionspreismodelle aus der Finanzmathematik heran, zum Beispiel die Black-Scholes-Formel. Im letzten Schritt wird dann der per Optionspreismodell berechnete Wert der Optionen dem Unternhmenswert nach DCF-Methode zugeschlagen, um so zum Gesamtwert zu gelangen.

Ein Beispiel für eine Real-Option: Etwa fünf Millionen Menschen haben sich als Mitglieder einer Internet-Seite registrieren lassen und sind per E-Mail direkt erreichbar. Bisher nutzt die Internet-Seite nur eine einzige Einnahmequelle, Werbe-Banner. Sie hat aber die Option, genau wie ähnlich geartete Internet-Seiten, auch Waren an die registrierten Mitglieder zu verkaufen. Da die besagte Internet-Seite schon heute positive Cash-Flows generiert, lässt sich der (theoretische) Wert des Unternehmens durch Fortschreibung der gegenwärtigen Cash-Flows und anschließende Abzinsung der Cash-Flow-Reihe problemlos ermitteln. Um den Wert einschließlich der gegebenen Möglichkeit, auch Waren über das Internet zu verkaufen, zu berechnen, würde man nun die genannte Option gesondert bewerten und den ermittelten »Preis« zum Unternehmenswert nach DCF-Methode hinzuaddieren.

Betrachtet man die bei bei den Barwertmodellen gemachten Annahmen (künftige Gewinne bzw. Cash-Flows, Zinssätze und Risikoprämien werden Jahre im Voraus geschätzt) wird klar, wie schwierig es ist, den fairen Kurs einer Aktie mit Hilfe von Barwertmodellen zu bestimmen. Ausnahmslos jede der genannten Größen ist mit Unsicherheiten behaftet. Anleger müssen die zukünftigen Erträge schätzen, was genauso für die zukünftigen Zinssätze gilt, und sich außerdem einen realistischen Risikoaufschlag überlegen. Die genannten Größen werden von einer Vielzahl unterschiedlicher Faktoren beeinflusst, etwa die Managementqualität, die künftige Kostenstruktur oder das Konkurrenzumfeld.

Multiplikatormodelle

In der Praxis gibt es eine ganze Reihe an Kennzahlen, mit denen die Ertragslage eines Unternehmens transparent dargestellt werden kann. Die bekannteste dürfte das Kurs-Gewinn-Verhältnis (KGV) sein. Daneben haben sich das Kurs-Cash-Flow-Verhältnis und die so genannten EV/EBITDA-Ratio als maßgebliche Bewertungskennziffern durchgesetzt. In jüngster Zeit zieht man darüber hinaus sehr häufig Hilfsgrößen heran, um Unternehmenswerte besser beurteilen zu können. Als Bewertungsgrößen werden mangels Gewinn und oftmals nur geringer Umsätze etwa monatliche Zugriffszahlen oder die Anzahl der registrierten Mitglieder herangezogen. Die hier aufgeführten Kennzahlen nennt man auch Multiplikatoren, doch dazu im Folgenden mehr.

Anleger, die beim Kauf von Wachstumsaktien keine allzu großen Risiken eingehen möchten, sollten sich ausschließlich an Firmen beteiligen, die bereits profitabel sind.

Unternehmenswert und Aktienkurs als wichtigste Bezugsgröße. Bevor wir die Berechnung der einzelnen Multiplikatoren durchführen und die Ergebnisse interpretieren, müssen wir zunächst die Bezugsgrößen, das heißt die Größen im Zähler der jeweiligen Multiplikator-Formel, vorstellen. Der Grund: Multiplikatoren stellen immer einen Zusammenhang zwischen dem Gesamtwert einer Unternehmung bzw. deren Aktienkurs sowie einer zweiten Größe, etwa dem Cash-Flow, dem EBITDA, dem Umsatz oder dem Ergebnis je Aktie, her. Der Unternehmenswert/Aktienkurs taucht im Zähler der Multiplikatorformel auf, die Bezugsgröße im Nenner.

$$\text{Multiplikator} = \frac{\text{Unternehmenswert}}{\text{Bezugsgröße (z.B. Ergebnis oder Umsatz)}} = \frac{\text{Aktienkurs}}{\text{Bezugsgröße}} \quad \text{(z.B. Ergebnis je Aktie oder Umsatz je Aktie)}$$

Wo Anleger die Bezugsgröße finden können, haben wir bereits beschrieben. Jetzt werfen wir einen genaueren Blick auf den Unternehmenswert. Bei allen Multiplikatormodellen wird der Unternehmenswert aus aktuellen Börsenkursen abgeleitet. Multiplikatoren werden daher – im Gegensatz zu den oben beschriebenen Barwerten – nicht mit dem Ziel ermittelt, einen Wert für das Unternehmen zu berechnen.

> **Multiplikator als Vergleichsmaßstab**
>
> In erster Linie dienen Multiplikatoren dazu, die Bewertungen verschiedener Unternehmen einer Branche miteinander zu vergleichen. Allerdings ist es auch möglich, den Wert eines Unternehmens indirekt über Multiplikatoren zu schätzen: Bewertet die Börse einen Kunden der Deutschen Telekom mit rund 2.000 Euro, dann hat ein neues Telekommunikationsunternehmen, das bereits vor seinem Börsengang über 1.000.000 Kunden verfügt, einen theoretischen Wert von etwa zwei Milliarden Euro.

Der Wert wird vielmehr als gegeben hingenommen. Aber wozu dann die Multiplikatorberechnung? Die Zahlen sollen Anlegern helfen, den Börsenwert eines Unternehmens besser beurteilen zu können: Ist das Unternehmen im Vergleich zu anderen Firmen aus der Branche teuer (= relativ hoher Multiplikatorwert) oder billig (= relativ niedriger Multiplikatorwert)?

> Multiplikatoren = Vergleichsgrößen: Wie teuer oder billig ist ein Unternehmen im Vergleich zu anderen Firmen aus der Branche?

Anstelle des Begriffs Marktkapitalisierung benutzt man häufig das englische Kürzel Market-Cap, was für »Market-Capitalization« steht.

Multiplikatoren können entweder für das ganze Unternehmen oder auch auf eine einzelne Aktie der betreffenden Gesellschaft heruntergebrochen werden. Im ersten Fall setzt man die Marktkapitalisierung eines Unternehmens im Zähler ein und zum Beispiel den Unternehmensgewinn im Nenner, im zweiten Fall den Kurs einer einzelnen Aktie sowie – bezogen auf das Beispiel – das Ergebnis je Aktie.

> **Fall 1:** Multiplikator auf Unternehmensbasis:
> Marktkapitalisierung (= Anzahl Aktien × Börsenkurs) / Bezugsgröße (z. B. Unternehmensgewinn)
>
> **Fall 2:** Multiplikator auf Basis einer einzelnen Aktie:
> Aktienkurs / Bezugsgröße je Aktie (z. B. Ergebnis je Aktie)

Neben dem reinen Börsenwert einer Aktiengesellschaft, also der Marktkapitalisierung, gibt es eine zweite Größe, die bei der Multiplikatorberechnung eventuell im Zähler eingesetzt wird, der sogenannte Enterprise Value. Er drückt aus, wie viel man für ein Unternehmen im ganzen ausgeben muss, um es *schuldenfrei* (!) zu erwerben: Wer eine börsennotierte Aktiengesellschaft kaufen möchte, hat über zwei Dinge Gewissheit: Erstens kennt er den Preis, den er gegenwärtig (mindestens) für das Unternehmen zahlen muss, nämlich die Marktkapitalisierung. Und zweitens steht auch der Wert der Schulden fest, die das Unternehmen künftig noch zu begleichen hat. Sind alle Verbindlichkeiten in Form von Anleihen verbrieft, braucht man nur die Börsenkurse der Schuldverschreibungen aufzuaddieren, um zur Summe der Schulden zu gelangen. Unter der Voraussetzung, dass sich Aktien- und Anleihekurse durch die Übernahme nicht verändern, ergibt sich der wirkliche Marktwert einer Aktiengesellschaft – die Angelsachsen sprechen auch vom Enterprise Value – folgendermaßen:

> Enterprise Value: Wie viel muss man für ein Unternehmen im Ganzen gerade ausgeben, um es schuldenfrei übernehmen zu können?

> Enterprise Value = Marktkapitalisierung + Marktwert der Nettoschulden (= Schulden ./. Bankguthaben)

Die offenen Verbindlichkeiten werden zur Marktkapitalisierung hinzugezählt, nicht abgezogen. Als Wertmaßstab dienen zum Beispiel Börsenkurse für Anleihen, die dem Barwert aller künftigen Zins- und Tilgungszahlungen entsprechen. Nehmen wir an, sämtliche Schulden wären tatsächlich in Form von Anleihen verbrieft und der Unternehmenskäufer würde im Zeitpunkt der Übernahme alle ausstehenden Schuldverschreibungen mit einem Schlag an der Börse erwerben. Dann würden alle Verbindlichkeiten im Grunde genommen gegenüber dem Unternehmen selbst bestehen, was nichts anderes heißt, als das die Gesellschaft von all ihren Schulden befreit wäre.

Sind Barbestände bzw. Kontoguthaben vorhanden, muss man diese zur Berechnung des Enterprise Value von der Marktkapitalisierung subtrahieren. Das ist verständlich. Schließlich bekommt jemand, der ein Unternehmen zum Börsenkurs kauft, Zugriff auf sämtliche Guthaben. Er wird also Eigentümer des vorhandenen Geldes. In Deutschland ist der Enterprise Value eine relativ neue Größe, die jedoch auch hier immer öfter bei der Unternehmensbewertung herangezogen wird.

> **Mehrere Kennzahlen benutzen**
>
> Anleger sollten sich bei der Unternehmensbewertung niemals auf eine einzelne Kennzahl verlassen. Ein umfassendes Bild kommt erst dann zustande, wenn man ein Unternehmen aus mehreren Blickwinkeln unter die Lupe genommen hat. Auch Vergleiche mehrerer Aktiengesellschaften aus einer Branche sollten auf einer ganzen Reihe von Kennzahlen basieren. Nur so werden Stärken und Schwächen der einzelnen Unternehmen aufgedeckt und zuverlässige Aussagen möglich.

Häufig verwendet man für das KGV auch den angelsächsischen Begriff Price-Earnings-Ratio, oder kurz P/E.

Gewinnmultiplikator: KGV. Der erste Multiplikator, den wir hier berechnen möchten, ist das *Kurs-Gewinn-Verhältnis*, kurz KGV. Es lässt sich ganz einfach bestimmen, indem man den Aktienkurs durch den Gewinn pro Aktie, genauer: das Ergebnis je Aktie, dividiert. Auf das gleiche Ergebnis kommen wir, wenn wir die Marktkapitalisierung der Unternehmung durch den Unternehmensgewinn teilen.

$$KGV = \frac{\text{Aktienkurs}}{\text{Gewinn pro Aktie}} = \frac{\text{Marktkapitalisierung}}{\text{Gewinn}}$$

Im Regelfall ist es jedoch nicht notwendig, das KGV eines Unternehmens selbst zu ermitteln. Denn für die meisten Aktiengesellschaften werden nicht nur Unternehmensdaten, sondern auch aktuelle KGVs im Internet veröffentlicht.

Geschätze KGVs sind im Grunde genommen aussagekräftiger, da Gewinnaussichten mitberücksichtigt werden. An der Börse wird die Zukunft gehandelt, nicht die Gegenwart und nicht die Vergangenheit.

Normalerweise findet man gleich mehrere KGVs: Zum einen das KGV für das abgelaufene Geschäftsjahr, das auf den tatsächlich vorliegenden Gewinnen basiert (sogenanntes trailing P/E). Und zum anderen KGVs für die kommenden Jahre, die allesamt mit Hilfe von Gewinnschätzungen für die Zukunft berechnet werden. Geschätzte KGVs kennzeichnet man normalerweise mit dem Kürzel »e« (= estimated). Amerikaner sagen auch »Forward P/E« zu dieser Größe.

Im Zähler setzt man sowohl bei der Berechnung des aktuellen KGV als auch bei der Berechnung der geschätzten Kennzahlen den aktuellen Börsenkurs ein. Geschätzt wird also nur der Gewinn, nicht jedoch der künftige Kurs.

$$\text{Trailing P/E} = \frac{\text{aktueller Kurs}}{\text{Gewinn aus letztem Jahresabschluss}} \qquad \text{Forward P/E} = \frac{\text{aktueller Kurs}}{\text{Gewinnschätzung}}$$

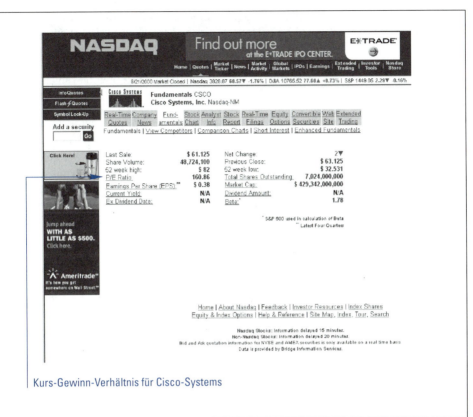

Kurs-Gewinn-Verhältnis für Cisco-Systems

Vorsicht bei Schätzungen

Kennzahlen, die auf Schätzungen basieren, bergen die besondere Gefahr, dass sie schon nach kurzer Zeit revidiert werden müssen. In der Praxis kommt es nur allzu häufig vor, dass professionelle Analysten Gewinnschätzungen bereits nach einigen Wochen widerrufen, weil sich die Ausgangsbedingungen entscheidend verändert haben. Bei Unternehmen, die bisher noch keine Gewinne erwirtschaften konnten – und das trifft für viele Wachstumsunternehmen zu –, sind Schätzungen noch schwieriger anzustellen. Niemand weiß, ob die Firmen überhaupt jemals in die Gewinnzone gelangen. Anleger können KGVs daher nur bedingt zur Bewertung von Wachstumsaktien heranziehen.

Zur Interpretation des KGV: Für das Biotech-Unternehmen Amgen ergibt sich am 15.9.2000 ein KGV von 63,2 (Gewinn der zurückliegenden vier Quartale: 1,07 Dollar pro Aktie; Kurs am 15.9.: 67,625 Dollar). Im Vergleich dazu weist die Biotech-Gesellschaft Biogen zum selben Zeitpunkt ein KGV von 29,98 auf (Gewinn: 2,07 Dollar, Kurs: 62,0625 Dollar). Welche der beiden Aktien ist günstiger bewertet? Zieht man ausschließlich das KGV als Bewertungsmaßstab heran, so ist Biogen billiger bewertet und damit günstiger als die Amgen-Aktie. Warum? Nun, bei einem KGV von über 60 zahlen Anleger für einen Dollar Gewinn, den Amgen in den zurückliegenden Monaten erwirtschaftet hat, mehr als 60 Dollar. Bei Biogen legen sie für einen Dollar Gewinn weniger als die Hälfte hin, nämlich 29,98 Dollar. Oder anders ausgedrückt: Wenn Amgen den gesamten Gewinn in diesem Jahr als Dividende ausschüttet, und sich der Gewinn in den kommenden Jahren nicht verändert (und immer wieder in voller Höhe ausgeschüttet wird), so müssen Amgen-Aktionäre über 60 Jahre warten, bis sie ihre Anfangsinvestition durch Gewinnausschüttungen zurückerhalten. Bei Biogen verkürzt sich dieser Zeitraum auf etwa 30 Jahre. In Relation zur Amgen-Aktie ist der Titel von Biogen derzeit daher sehr günstig bewertet.

Dieser Vergleich ist legitim, sofern die betrachteten Unternehmen aus ein und derselben Branche stammen, wie im vorliegenden Beispiel der Fall. Sobald Anleger jedoch verschiedene Sektoren unter die Lupe nehmen, werden sie feststellen, dass die KGVs von Branche zu Branche zum Teil erheblich voneinander abweichen. Dieser Sachverhalt soll noch einmal mit Hilfe der beiden vorgenannten Unternehmen sowie zwei Firmen aus den Bereichen »Internet-Hardware« und »Software« demonstriert werden. Die Aktien aus der Biotechnologiebranche erscheinen viel günstiger als die Werte aus den anderen Sektoren.

Unternehmen	Amgen	Biogen	Sun Microsystems	Siebel Systems
Branche	Biotech	Biotech	Internet-Hardware	Software
KGV am 15. 09. 2000	63,2	29,98	103,73	330

* Alle KGVs auf Basis der Kurse vom 15. 09. 2000

Vorsicht bei branchenübergreifenden KGV-Vergleichen

Sofern sich die KGVs einzelner Firmen aus ein und derselben Branche voneinander unterscheiden, liegt das an den Firmen selbst – das heißt, eine Firma ist potenziell besser als die andere (zum Beispiel weil sie besser gemanagt wird). Sofern die Firmen jedoch aus verschiedenen Branchen stammen, kommen unterschiedliche KGVs zwar auch aufgrund der unterschiedlichen Unternehmenssituationen zustande, aber zusätzlich auch aufgrund der unterschiedlichen Bedingungen innerhalb der Branchen. Bei KGV-Vergleichen sollte man den Brancheneffekt herausrechnen, um auf faire Ergebnisse zu kommen (der Gewinn eines Autoherstellers kommt ganz anders zustande als der einer Bank – dementsprechend hat auch das KGV eine andere Wertigkeit). Für Abhilfe sorgt das sogenannte Price-Earnings-to-Growth-Ratio.

Dynamisches KGV oder PEG. Bei einem sektorübergreifenden KGV-Vergleich werden branchenspezifische Unterschiede, insbesondere die Wachstumsraten der einzelnen Branchen, nicht berücksichtigt. Um entsprechende Einflüsse auf das KGV auszumerzen, verwenden Analysten heute immer häufiger eine modifizierte Kennzahl, das so genannte dynamische KGV oder Price-Earnings-to-Growth-Ratio (kurz: PEG; man könnte auch sagen »Kurs-Gewinn-Verhältnis in Relation zum Wachstum«). Diese Kennzahl kommt insbesondere bei Unternehmen mit überdurchschnittlichen Wachstumsraten zur Anwendung. Bei der Berechnung des PEG teilt man ganz einfach das herkömmliche KGV durch die Rate, mit der der Gewinn eines Unternehmens von Jahr zu Jahr voraussichtlich wachsen wird.

$$PEG = \frac{KGV}{Wachstum} = \frac{PE}{Growth}$$

Grundsätzlich gilt: Je höher die künftige Wachstumsrate, desto größer kann das KGV heute ausfallen, oder besser: desto teurer darf ein Unternehmen heute relativ bewertet sein. Denn ein im Vergleich zu anderen Gesellschaften sehr hohes, künftiges Gewinnwachstum kann das hohe KGV von heute durchaus rechtfertigen. Die PEGs von Unternehmen aus Wachstumsbranchen liegen häufig nicht höher als die PEGs von Gesellschaften aus althergebrachten Branchen, zum Beispiel Automobilherstellern. Das hohe KGV wird dann durch die hohe Wachstumsrate relativiert.

Das PEG ist für Wachstumsaktien zweifelsohne die wichtigste Bewertungskennziffer.

Firma (Branche)	Infineon (Hardware)	Deutsche Bank (Banken)	DaimlerChrysler (Auto)
KGV	49,78	18,90	8,84
Wachstumsrate	53,24%	19,61%	4,39%
PEG	0,94	0,96	2,01

Stand: 15.09.2000, Quelle: Onvista

Um festzustellen, ob ein Unternehmen im Vergleich zur Konkurrenz und in Relation zu Firmen aus anderen Branchen fair bewertet ist, können Anleger auf die Faustformel »KGV = Langfristiges Wachstum« zurückgreifen. Dies entspricht einem PEG von 1. Ist das KGV größer als das langfristige Wachstum, ist das PEG größer als eins. Ein Unternehmen gilt dann als relativ teuer. Ein PEG von unter eins hingegen zeigt eine günstige Bewertung an. Das Gewinnwachstum ist dann größer als das KGV, was von Analysten als Kaufsignal gesehen wird.

Wer das PEG als Bewertungsmaßstab heranzieht, sollte jedoch nicht nur auf die Zahl als solche schauen, sondern auch einen Blick auf die Komponenten werfen, die zur Berechnung eingeflossen sind. Ein PEG von unter 1, und damit eine günstige Unternehmensbewertung, kann sich verständlicherweise bei ganz verschiedenen Wachstumsraten und KGVs ergeben. Dazu ein Beispiel: Unternehmen A mit einem KGV von 15 und einer Wachstumsrate von 20 Prozent hat ein PEG von 0,75. Das gleiche gilt in etwa für Unternehmen B, das ein KGV von 10 und eine Wachstumsrate von 13 Prozent vorweisen kann. Nehmen wir an, die KGVs seien folgendermaßen zustande gekommen:

	aktueller Kurs	aktuelle Gewinnschätzung	KGV	Gewinnwachstumsrate	PEG
Unternehmen A	450 Euro	30 Euro	15	20 %	0,75
Unternehmen B	100 Euro	10 Euro	10	13 %	0,77

Wir stellen fest, dass Unternehmen A mit einer viel höheren Rate wächst, als das Unternehmen B. Sofern beide Gesellschaften aus der gleichen Branche stammen, ist es angebracht, die Gründe dafür zu hinterfragen. Was macht es A möglich, schneller zu wachsen als B? Weist B vielleicht Schwächen auf, die ein angemessenes Wachstum verhindern? Besteht bei B die Gefahr, eines Tages den Anschluss ans Branchenwachstum zu verpassen und damit die gegenwärtige Marktstellung zu verlieren? Es wird deutlich, dass die alleinige Betrachtung von PEGs zu Fehlschlüssen führen kann.

Cisco Systems und Microsoft – die weltweit größten Wachstumsunternehmen im Vergleich.

Ein Praxisbeispiel: Wir wollen den Einsatz des PEG einmal an zwei Unternehmen aus unterschiedlichen Bereichen demonstrieren. Zum einen schauen wir auf den Softwarehersteller Microsoft, zum anderen auf das weltweit größte Unternehmen Cisco Systems, Produzent von Internet-Infrastruktur. Die Firma Microsoft weist im Juni 2000 ein KGV von 35,52 auf (auf Basis der geschätzten Gewinne für 2001). Für Cisco beträgt die entsprechende Größe 90,80. Der Unterschied in der Bewertung der beiden Unternehmen fällt sehr deutlich aus, könnte jedoch gerechtfertigt sein, wenn das Wachstum bei Cisco Systems in Zukunft viel höher ist als bei Microsoft. Analysten schätzen die langfristigen Gewinnwachstumsraten beider Unternehmen auf 25 Prozent (Microsoft) und 30 Prozent (Cisco) pro Jahr. Über das PEG stellt man nun eine weitere Relation zwischen beiden Firmen her. Für Microsoft ergibt sich ein PEG von 1,4208 und für Cisco ein PEG von 3,0267. Folgendes wird deutlich: Zieht man das PEG als entscheidendes Auswahlkriterium heran, erscheint der gegenwärtige Kurs von Cisco als viel zu hoch, da die künftig erwarteten Gewinnsteigerungen die aktuelle Bewertung nicht rechtfertigen können. Anders ausgedrückt: Selbst das um das Wachstum bereinigte KGV, also das PEG, ist immer noch viel höher als bei Microsoft. Hierbei darf man nicht vergessen, dass Microsoft mit einem PEG von über 1 bereits als teuer gilt.

Jim Slater, Finanzanalyst aus Großbritannien und der »Erfinder« der Kennzahl, hat einige Punkte festgelegt, die Anleger bei PEG-Vergleichen unbedingt beachten sollten:

Genaue Informationen zu Jim Slater findet man im Internet unter www.global-investor.com/slater/

1. Die Kennziffer PEG kann im Grunde genommen nur bei wirklichen Wachstumsunternehmen verwendet werden. Das Wachstum muss kontinuierlich sein und darf sich nicht auf einige Ausnahmeperioden mit überdurchschnittlichem Wachstumsraten beschränken. Damit ein Unternehmen als Wachstumsunternehmen eingestuft werden kann, sollte es mindestens über vier Jahre hinweg kontinuierlich über Branchendurchschnitt gewachsen sein.
2. Ein niedriges PEG ist nicht unbedingt ein Kaufsignal. Idealerweise sollten auch die Bedingungen »Markt- und Technologieführer«, »hoher Cash-Flow«, »geringer Schuldenstand« sowie »Strom an positiven Unternehmensnachrichten« erfüllt sein.
3. PEGs, die auf sehr hohen KGVs basieren, sind mit Vorsicht zu genießen. Die Mischung »hohe aktuelle Kurse« bei gleichzeitig »hohen *geschätzten* Wachstumsraten« ist sehr gefährlich. Die kleinste Negativnachricht, etwa das Unterschreiten einer Gewinnprognose um ein paar Cents pro Aktie, kann zu einem rasanten Kurssturz führen. Relativ zuverlässig ist das PEG nur bei KGVs zwischen 12 und 20, so zumindest die Meinung des Erfinders.
4. Das PEG basiert im Regelfall auf geschätzten Wachstumsraten. Je mehr Analysten zum Wachstum eines Unternehmens befragt wurden und je näher die Schätzungen beieinander liegen (man könnte auch sagen: Je geringer die Standardabweichung), desto höher die Qualität des PEG. Vergleichbares gilt natürlich auch für Gewinnschätzungen, die ins KGV einfließen.

Dividendenrendite. Neben dem KGV existiert eine weitere, althergebrachte Kennzahl zur Aktienbewertung, die Dividendenrendite. Für Firmen, die Dividenden zahlen, kann die Kennzahl folgendermaßen bestimmt werden:

$$\text{Dividendenrendite in \%} = \frac{\text{Dividende je Aktie}}{\text{Kurs}} \times 100\%$$

Da Wachstumsunternehmen im Regelfall keine oder nur sehr geringe Dividendenzahlungen leisten, ist die Kennzahl für die Bewertung entsprechender Firmen unbrauchbar.

Kurs-Cash-Flow-Verhältnis. Analog zum Kurs-Gewinn-Verhältnis kann man auch ein Kurs-Cash-Flow-Verhältnis, kurz KCV, berechnen:

$$KCV = \frac{\text{Aktienkurs}}{\text{Cash-Flow pro Aktie}} = \frac{\text{Marktkapitalisierung}}{\text{Cash-Flow}}$$

Die Kennziffer beantwortet eine ähnliche Frage wie das KGV: Wie viele Jahre muss ein Aktionär warten, bis sein Kapitaleinsatz, nämlich der heute gezahlte Aktienkurs, aus dem aktuellen Cash-Flow finanziert werden kann? Um die Zahl besser interpretieren zu können, könnte man hier einfach die Annahmen treffen, dass

- der Cash-Flow künftig unverändert ist,
- der Cash-Flow in voller Höhe als Dividende an die Aktionäre ausgeschüttet wird und
- der Wert der künftigen Ausschüttungen dem Gegenwartswert entspricht.

Generell gilt: Je höher das KCV, desto teurer eine Aktie. Da das KCV um Abschreibungen usw. bereinigt ist, kann die Unternehmensbewertung mit dieser Kennziffer ein ganz anderes Bild ergeben als jene mit Hilfe des KGV.

> Das EV/EBITDA-Ratio erleichtert den Vergleich von Aktiengesellschaften aus verschiedenen Ländern, da die Einflüsse unterschiedlicher Abschreibungsmethoden und Steuersätze eliminiert werden.

Ergebnismultiplikator: EV/EBITDA-Ratio. Bei der Berechnung des EV/EBITDA-Ratios wird der schon auf Seite 49 angesprochene Enterprise Value in Relation gesetzt zum operativen Betriebsergebnis, dem EBITDA.

EV/EBITDA-Ratio = Enterprise Value/EBITDA

Auch das EV/EBITDA-Ratio ist dem KGV in seiner Interpretation sehr ähnlich. Ein relativ hoher EV/EBITDA-Multiplikator lässt auf eine vergleichsweise teure Aktie schließen, ein relativ geringes hingegen zeigt eine günstige Bewertung an. Bei Unternehmensvergleichen kommt es aber leider nur allzu häufig vor, dass KGV und EV/EBITDA zu widersprüchlichen Aussagen führen.

Das EV/EBITDA-Ratio lässt sich relativ gut im Zusammenhang mit Wachstumsraten interpretieren. Allgemein gilt: Ein niedriges EV/EBITDA-Ratio bei überdurchschnittlichen Wachstumsraten deutet auf eine günstige Bewertung hin. Der Haken an der Sache: Unglücklicherweise besitzen die meisten Unternehmen mit sehr geringen Ratios ein ebenso geringes Wachstumspotenzial. Für zuverlässige Aussagen reicht das EV/EBITDA-Ratio allein also ebenfalls nicht aus.

Umsatzmultiplikator: Cap/Sales-Ratio. Während das KGV den meisten Anlegern längst ein Begriff sein dürfte, ist das so genannte Cap/Sales-Ratio (kurz C/S-Ratio) eine relativ neue Bewertungskennziffer, die insbesondere bei Hightech-Werten angewendet wird. Bei der Ermittlung dieser Zahl setzt man einfach die Marktkapitalisierung (**C**apitalization) eines Unternehmens ins Verhältnis zum Umsatz (**S**ales).

$$\text{Umsatzmultiplikator} = \frac{\text{Marktkapitalisierung}}{\text{Umsatz}}$$

Je höher das Ergebnis, desto teurer und riskanter ist eine Aktie im Vergleich zu anderen Firmen derselben Branche. Sofern wir das C/S-Ratio auf eine einzelne Aktie herunterbrechen, ergibt sich der Umsatz pro Aktie. Man könnte auch vom Kurs-Umsatz-Verhältnis (kurz: KUV) sprechen. Bereits an dieser Begriffsgebung wird die Nähe zum Kurs-Gewinn-Verhältnis (kurz KGV) deutlich. Analysten fragen sich, wie viele Euro Marktteilnehmer gerade für einen Euro Umsatz ausgeben. Da bei Wachstumsfirmen oftmals kein Gewinn vorhanden ist, bedient man sich ganz einfach des Umsatzes, um eine dem KGV vergleichbare Kennziffer zu bekommen. Ein KUV von 50 sagt beispielsweise aus, dass Marktteilnehmer derzeit 50 Euro für einen Euro Umsatz zu zahlen bereit sind. Bis ihr Kapitaleinsatz durch Umsätze gedeckt wird, müssen sie – sofern sich an den Ausgangsbedingungen künftig nichts ändert – fünfzig Jahre warten. Einen Überschuss über das eingesetzte Kapital hinaus haben sie bis dahin jedoch längst noch nicht erzielt. Bis die Gewinne je Aktie den Einstandskurs decken, dürften unter den gegebenen Bedingungen noch weitere Jahrzehnte ins Land ziehen.

Wer eine Aktie mit 50er-KUV erwirbt, muss schon reichlich Wachstumsfantasie mitbringen und dem Unternehmen künftig die Entstehung von ausreichend Gewinnen zutrauen. Ein Beispiel: Das Internet-Unternehmen Critical Path Inc., Anbieter von Business-Services, wies im Juli 1999 eine Marktkapitalisierung von 1,54 Mrd. US-Dollar auf. Der 98er-Umsatz betrug 897.000 US-Dollar (bei einem Verlust von 11,4 Mio. US-Dollar!). Hieraus ergab sich ein C/S-Ratio von

1,54 Mrd. US-Dollar/0,000897 Mrd. US-Dollar = 1.716,83

Das Kurs-Umsatz-Verhältnis sollte wirklich nur in Ausnahmefällen für Unternehmensbewertungen herangezogen werden.

Der Chart zeigt, dass der Aktienkurs von Critical Path trotz des extrem hohen C/S-Ratios im Juli 2000 bis zum März 2000 noch deutlich angestiegen ist.

Der Börsenwert beträgt das 1.717fache des Umsatzes. Anleger, die eine Aktie mit derart hohem KUV erwerben möchten, gehen sehr hohe Risiken ein. Unter den gegebenen Bedingungen müssten sie 1.717 Jahre warten, bis der Umsatz je Aktie den gegenwärtigen Aktienkurs deckt.

Generell lässt sich sagen, je niedriger das C/S-Ratio, desto günstiger ist eine Aktie bewertet. Das C/S-Ratio darf jedoch in keinem Fall als einziges Auswahlkriterium angesehen werden. Seine Aussagekraft kann zwar durch Zeitreihenvergleiche (wie hoch war das C/S-Ratio vor einem, vor zwei oder drei Jahren?) sowie durch Gegenüberstellungen mit direkten Wettbewerbern gesteigert werden. Dennoch liefert es nur grobe Anhaltspunkte für die Gewinnfantasien, die die Marktteilnehmer derzeit mit der betreffenden Aktie verbinden.

Profitabilität ist letzten Endes die einzig ausschlaggebende Größe

Wählt man den Umsatz eines Unternehmens als Hauptbewertungskriterium, kann das zu fatalen Fehlentscheidungen führen. Ein anschauliches Beispiel: Eine Internet-Firma handelt auf ihrer Homepage mit US-Dollar. Sie bietet einen Dollar für nur fünfzig Cents an – das Unternehmen verschenkt also 50 Cents an jeden Surfer, der das Angebot wahrnimmt und einen Dollar kauft. Sobald sich das in der Internet-Gemeinde herumspricht, wird der Umsatz des Unternehmens rasant in die Höhe schnellen. Abhängig davon, über wie viel Kapital die Internet-Seite verfügt, kann der Umsatz vielleicht sogar über Wochen oder

Bewertungsverfahren für Wachstumsaktien 59

Monate rasant gesteigert werden. Irgendwann ist jedoch Schluss. Dann ist das Kapital aufgezehrt und die Internet-Seite muss das Angebot vom Netz nehmen. Bis dahin hat das Unternehmen für jeden verkauften US-Dollar einen halben US-Dollar Verlust gemacht.

Abhängig von der Kapitalausstattung kann der Umsatz während der Verkaufszeit ein Niveau von mehreren hundert Millionen Dollar erreicht haben. Das Unternehmen steht am Ende der Aktion jedoch mit leeren Händen dar, hat das gesamte Eigenkapital verbrannt, und muss – mangels Masse – Konkurs anmelden. Das Beispiel ist freilich übertrieben, aber gar nicht so weit von der Realität entfernt. Mit hohen Zugriffszahlen, die auch das zuvor beschriebene Internet-Unternehmen zweifelsohne hätte vorweisen können, und rasant steigenden Umsätzen wollten schon viele Internet-Start-ups Anleger locken. Oftmals wird auch noch auf das hohe Potenzial für Werbeeinnahmen hingewiesen. Der Verkauf von Werbeflächen, auch hier wäre unsere Internet-Seite aufgrund der hohen Zugriffszahlen wahrscheinlich sehr erfolgreich gewesen, hätte aber lediglich den Effekt gehabt, dass das Unternehmen noch einige Monate länger Zeit gehabt hätte, um noch mehr Dollars für 50 Cents je Stück verkaufen zu können.

Vorsicht bei Umsatzangaben. Die Vorstände junger Wachstumsunternehmen haben die Bedeutung des Umsatzes für die Unternehmensbewertung längst erkannt. Sie versuchen mit allen Mitteln, möglichst hohe *Quartalsumsätze* in ihren Geschäftsberichten auszuweisen. Besonders aggressiv gehen dabei Internet-Unternehmen vor. Wir haben hier insgesamt fünf Beispiele aufgeführt, die Anlegern zeigen, was nach geltendem US-Bilanzierungsrecht möglich ist, um den Umsatzzahlen auf »legale« Weise etwas auf die Sprünge zu helfen.

1. Bruttoumsatz statt Provision

Internet-Firmen, die als Mittler zwischen zwei Parteien treten und zum Beispiel Werbeanzeigen im Namen eines Dritten verkaufen, setzen mitunter den gesamten Verkaufserlös (hier: Anzeigenpreis) in der eigenen Gewinn- und Verlustrechnung an. Eigentlich fließt ihnen aber nur ein Teil des Umsatzes, zum Beispiel eine anteilige Vermittlungsprovision, zu. Der Umsatz der Mittler wird dadurch zum Teil recht deutlich erhöht, obwohl es sich beim Großteil der angesetzten Geldbeträge nur um einen »durchlaufende Posten« handelt. Beispiel: Die Internet-Werbeagentur Doubleclick setzt den gesamten Umsatz für vermittelte Werbeflächen in der eigenen Gewinn- und Verlustrechnung an. Nach Abrechnung mit jenen Unternehmen, die die Werbeflächen eigentlich zur Verfügung stellen – Doubleclicks Aufwendungen erhöhen sich in diesem Moment –, verbleibt aber nur eine Provision in Höhe von 25 Prozent der Gesamtumsätze in den Büchern der Werbeagentur. Doubleclicks Umsätze fallen auf dem Papier viermal höher aus, als sie tatsächlich sind.

Die nebenstehenden Beispiele zeigen, dass das Kurs-Umsatz-Verhältnis in jedem Fall mit Vorsicht zu genießen ist!

2. Umsatz durch Tauschgeschäfte

Unter Internet-Portalen ist es üblich, sich gegenseitig Werbeflächen zu vermieten. Dies erfolgt oft in Form eines Tauschgeschäftes – das heißt, es fließt kein Geld zwischen den beiden beteiligten Firmen. Dennoch setzen die Kontrahenten in vielen Fällen sowohl die Erträge (= Erhöhung der Umsätze) als auch die Kosten der Transaktion an. Erfolgen die Transaktionen im selben Quartal, so gleichen sie sich gegenseitig aus und haben keinerlei Auswirkung auf den Nettoerlös. Beispiel: Bei StarMedia und iVillage, zwei Internet-Portalen, machen Tauschgeschäfte zum Teil 25 Prozent der Umsätze aus. Die Firmen schalten gegenseitig Internet-Banner auf ihren Internet-Seiten, ohne dass dabei jemals Geld fließt. Der Nettoerlös ist Null.

3. Umsatz durch Gutscheine

Einige Internet-Einzelhändler versenden regelmäßig Gutscheine an ihre Kunden. Entstehen daraufhin Umsätze, so wird der Warenwert nicht selten in voller Höhe in der GuV angesetzt, auch wenn nur ein Teil der Waren tatsächlich bezahlt wird (bezahlt wird nur der Warenwert minus dem Wert des Gutscheins). Den Wert des Gutscheins buchen die Unternehmen als Aufwand (»Marketingkosten«) gegen. Mit Hilfe von Gutscheinen können die Umsätze daher sehr leicht in die Höhe getrieben werden, auch wenn niemals Geld in entsprechendem Umfang von den Kunden an die Einzelhändler fließt. Beispiel: CDNow hat mehrmals rechtzeitig eine Woche vor Quartalsende 10-Dollar-Gutscheine versendet. Hat ein Kunde daraufhin für 50 Dollar CDs gekauft und den Gutschein miteingereicht, so wurden 50 Dollar als Umsatz in der GuV angesetzt und 10 Dollar als Aufwand verbucht. Der Nettoerlös betrug also nur 40 Dollar.

Gutscheine sind ein beliebtes Mittel, um Umsätze zu stimulieren.

4. Umsatz inklusive Versandkosten

Internet-Einzelhändler verbuchen Versandkosten oftmals als eigenen Umsatz, auch wenn die Leistung durch Dritte erbracht wird. Die Kosten werden gleichzeitig als Aufwand verbucht, sodass der Nettoerlös Null ist.

5. Aktien als Gegenleistung

Unter Internet-Firmen werden Werbebanner zum Teil mit Aktienpaketen bezahlt. Der Umsatz wird dabei in voller Höhe erfasst, auch wenn die Aktienpakete im Laufe der Zeit an Wert verlieren. Beispiel: Amazon hat Drugstore.com eine Verkaufsfläche für drei Jahre für 105 Millionen Dollar vermietet. Als Gegenleistung bekam Amazon Aktien von Drugstore.com. Die Wertpapiere kosteten damals noch 28 Dollar je Stück. Heute sind sie noch ganze sechs Dollar wert.

Vergleiche nur bei ähnlichen Business-Modellen zulässig. Neben den gerade beschriebenen Möglichkeiten, ein wenig Augenwischerei bei den Umsätzen zu betreiben und damit die Aussagefähigkeit des Umsatzmultiplikators zu schwächen, sollten Anleger bei der Berechnung und Nutzung von Umsatzmultiplikatoren einen weiteren Aspekt beachten: Der Vergleich dieser Kennzahlen ist nur bei Unternehmen zulässig, die in etwa dieselben Tätigkeiten ausüben oder besser: identische Geschäftsmodelle besitzen. Der Grund dafür ist nicht auf den ersten Blick ersichtlich. Erst wenn man genauer auf die Gewinnspannen verschiedener Branchen/Geschäftsmodelle schaut, wird deutlich, dass ein Euro Umsatz in sehr unterschiedlich hohen Netto-Gewinnen resultieren kann. Die nebenstehende Tabelle zeigt die durchschnittlichen Nettogewinnspannen einiger ausgewählter Internet-Bereiche.

Internet-Sparte/ -Geschäftsmodell	Netto-Gewinnspanne
Portale	21 bis 35 Prozent
Contentanbieter	21 bis 32 Prozent
Services	10 bis 21 Prozent
Internet-Einzelhändler	3 bis 14 Prozent

Es zeigt sich, dass der Umsatz eines Portals aus Anlegersicht eine deutlich höhere Wertigkeit besitzt als der Umsatz eines Internet-Einzelhändlers. Der Gewinn je einem Euro Umsatz kann bei einem Internet-Einzelhändler im Extremfall um 32 Cents unter demjenigen eines Portals liegen. Ähnliche Differenzen existieren auch in anderen Branchen bzw. zwischen anderen Geschäftsmodellen. Der Umsatz eignet sich daher nicht als Bewertungsmaßstab für Firmen aus verschiedenen Bereichen.

AMAZON.COM, INC.
Statements of Operations
(in thousands, except per share data)
(unaudited)

	Three Months Ended June 30		Six Months Ended June 30	
	2000	1999	2000	1999
Net sales	$577,876	$314,377	$1,151,765	$608,019
Cost of sales	$441,812	$246,846	$887,567	$475,696
Gross profit	$136,064	$ 67,531	$264,198	$132,323

Weder im Geschäftsabschluss noch in den Quartalsberichten wird näher aufgeschlüsselt, wie sich der Umsatz zusammensetzt. Weitere Details müssen Anleger telefonisch oder per E-Mail bei der Investor-Relations-Abteilung erfragen.

Wir stellen fest, dass die Bewertung mit Multiplikatormodellen nicht unproblematisch ist. Eine einzelne Zahl liefert normalerweise keine zuverlässigen Anhaltspunkte und führt gegebenenfalls zu Fehlentscheidungen. Dennoch ist die Existenz der genannten Kennziffern durchaus gerechtfertigt. Schließlich bekommen Anleger, die gleich mehrere Zahlen heranziehen und auch deren Zustandekommen näher unter die Lupe nehmen, einen viel besseren Eindruck von den Ertragsstrukturen der in Augenschein genommenen Unternehmen. Um die Werte zu berechnen, sind sie gezwungen, sich intensiv Gedanken über die jeweils in Augenschein genommenen Aktien zu machen und sich mit der Zukunft der betreffenden Unternehmen auseinanderzusetzen.

Die Branchen am Neuen Markt

Einleitung

Ein grundlegendes Verständnis der einzelnen Wachstumsbranchen ist unabdingbar, um als Anleger erfolgreich an den Börsen Neuer Markt und Nasdaq agieren zu können. In diesem Kapitel möchten wir die wichtigsten Sektoren beschreiben. Wir haben uns entschieden, insgesamt sieben Branchen vorzustellen und ihre Besonderheiten aufzuzeigen. Die Auswahl der Branchen erfolgte anhand ihrer Bedeutung am Neuen Markt in Deutschland, wobei das Börsenkapital im April 2000 als maßgeblicher Auswahlfaktor diente.

Branche	Gewicht nach Marktkapitalisierung	Seite im Buch
Internet	26,2 %	Seite 87
Technologie (Hardware, Spezialmaschinenbau)	15,7 %	Seite 135/139
Software	13,2 %	Seite 115
Medien und Unterhaltung	11,1 %	Seite 105
Telekommunikation	10,9 %	Seite 128
IT-Services	7,0 %	Seite 81
Biotechnologie	6,9 %	Seite 65
Finanzdienstleistungen	5,5 %	
Medizintechnologie & Gesundheit	2,0 %	
Industriedienstleistungen	1,6 %	

Quelle: Commerzbank, Stand: April 2000

Nach einer Branchenbeschreibung werden wir jeweils ein Unternehmen aus jedem Sektor unter die Lupe nehmen, um das Geschäftsfeld zu durchleuchten und Stärken und Schwächen darzustellen. Wirtschaftszweige, aus denen nur ein einziges oder relativ wenige Unternehmen am Neuen Markt vertreten sind, das gilt etwa für den Bereich Finanzdienstleistungen, werden nicht weiter berücksichtigt.

Hinweis: Die von uns gewählte Brancheneinteilung weicht von der offiziellen Branchenindex-Struktur des Neuen Marktes ein wenig ab. Zum Beispiel ist die von uns als Hardware bezeichnete Branche in der offiziellen Einteilung als Technology ausgewiesen.

Wie sind die folgenden Abschnitte aufgebaut

- Beschreibung der Branche
- Fragen zur Unternehmensbewertung
- Fallstudie/Unternehmensportrait
- Wachstumstreiber/Wachstumshemmer

Biotechnologie

Definition

Was genau ist eigentlich Biotechnologie? Der ungarische Argrar-Ökonom Kark Ereky benutzte das Wort zum ersten Mal im Jahr 1919. Er bezeichnete damit alle Arbeitsprozesse, bei denen Produkte mit Hilfe von lebenden Organismen erzeugt werden. Die Definition ist im Laufe der Zeit mehrmals verfeinert worden. Ein Beispiel aus einem amerikanischen Lexikon (William Baines: Biotechnology from A to Z, 2nd Edition 1998, Oxford University Press): »Biotechnologie bezeichnet die Herstellung von Produkten mit Hilfe von Materialien, die aus lebenden Organismen stammen (z. B. Enzyme) sowie Rohstoffen, die von lebenden Organismen selbst erzeugt werden (etwa gummiartige Materialien aus Algen, sogenannte Polymer, oder Biomasse). Darüber hinaus werden bei biotechnologischen Produktionsprozessen schwerpunktmäßig neuartige, oftmals computergestützte Techniken eingesetzt, wohingegen traditionelle (z. B. manuelle) Verfahren keine große Rolle spielen.« Das *Oxford English Dictionary* lehnt sich ebenfalls sehr stark an diese Begriffsabgrenzung: »Die Biotechnologie ist eine Technologie, die moderne Produktionsverfahren verwendet, um Organismen, insbesondere Mikroorganismen, sowie ihre biologischen Prozesse nutzbar zu machen.«

> Wer sich sehr intensiv mit der Biotech-Branche und Biotech-Aktien auseinandersetzen möchte, dem sei das Buch »Die Biotechnologie-Aktie. Investieren in den Markt der Zukunft« empfohlen. Es ist 2000 im Ueberreuther-Verlag erschienen.

»Biotechnologie ist ein interdisziplinäres Gebiet von Natur- und Technikwissenschaften«

Unter Biotechnologie versteht man die Anwendung biologischer Leistungen in der industriellen Produktion und in anderen technischen Prozessen, z. B. der Abwasserreinigung. Sie ist die integrierte Anwendung von Mikrobiologie, Biochemie, Genetik und Verfahrenstechnologie mit dem Ziel, die technische Nutzung des Potenzials von Mikroorganismen, Zell- und Gewebekulturen sowie Teilen davon (z. B. Enzymen) zu erreichen.

Auszug aus Fritsche, Wolfgang: Mikrobiologie, Jena, 1. Auflage 1990

Um an dieser Stelle den Sprung zur Praxis zu schaffen, möchten wir die Biotechnologie als Bereich umschreiben, in dem Wissenschaft und moderne Technologien zusammengeführt werden, um die Kenntnisse über lebende Systeme für praktische Zwecke einsetzbar zu machen.

Zusammenhang zwischen Bio- und Gentechnologie

Viele Firmen, die der Biotechnologie-Branche zugeordnet werden, sind auf dem Gebiet der Genforschung tätig (»Gentechnologie«). Abbildung und Legende verdeutlichen den Zusammenhang zwischen Bio- und Gentechnologie.

Gen- und Biotechnologie verschmelzen immer mehr miteinander.

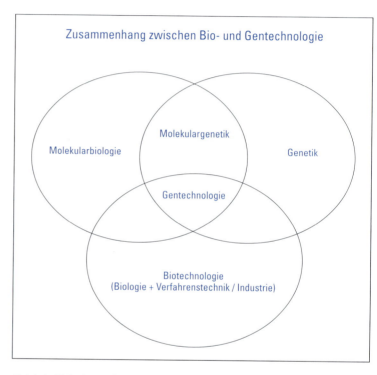

Molekularbiologie: Biochemie (biologisch-chemische Abläufe in Zellen) der großen Moleküle. Große Moleküle sind auf der einen Seite Proteine (Eiweiße, Enzyme) und auf der anderen Seite Nucleinsäuren. Nucleinsäuren sind die Bausteine der Chromosomen und damit der Gene, also der Erbsubstanz (= **D**esoxyribo**n**ukleins**ä**ure, kurz DNS bzw. DNA mit A für **A**cid, zu deutsch Säure). Der Teil der Molekularbiologie, der sich speziell mit Genen befasst, und somit für die Gentechnologie von Bedeutung ist, heißt Molekulargenetik.

Genetik: = Vererbungslehre; Wissenschaft der Gesetze von der Übertragung von Merkmalen bzw. der diese Merkmale tragenden Gene von einer Generation auf die nächste. Mendel hatte zwar erkannt, dass es Gene geben muss, die für die Ausprägung bestimmter Merkmale verantwortlich sind. Auch kannte er die Gesetzmäßigkeiten, nach denen Merkmale vererbt werden. Doch hatte niemand zu seiner Zeit eine Vorstellung davon, aus welcher Materie Gene bestehen. Erst zur Mitte des 20. Jahrhunderts entschlüsselten Wissenschaftler den Aufbau der DNS. Molekularbiologen besitzen die notwendigen Werkzeuge, um Gene zu untersuchen und zu manipulieren. Dadurch entwickelte sich die klassische Genetik zur modernen molekularen Genetik, die in der Lage ist, Gene tatsächlich zu entschlüsseln und gezielt zu verändern.

Gentechnologie: Im weitesten Sinne die gezielte Veränderung des Genoms (= Gesamtheit aller Gene eines Organismus) durch Einsatz moderner Forschungsverfahren. Unter Gentechnologie versteht man heute vor allen Dingen die Übertragung von Genen zwischen unterschiedlichen Organismen bzw. Lebewesen (Beispiel: menschliche Zellen werden von Tieren produziert). Ein derartiger Gentransfer kommt in der Natur (fast) nie vor. Mit Hilfe der Molekularbiologie lassen sich die natürlichen Barrieren überwinden. So können die für die Insulin-Produktion zuständigen Gene des Menschen in Bakterien eingesetzt werden. Diese Bakterien setzt man dann wiederum biotechnologisch für die Herstellung von Insulin ein. Die Gentechnologie ist also ein Instrument der Biotechnologie. Die Gentechnologie steht oftmals in der öffentlichen Kritik, da sie es ermöglicht, Pflanzen, Tiere und auch Menschen gentechnisch zu manipulieren. Auch das Klonen von Lebewesen fällt in den Bereich der Gentechnologie.

Eine derart weit gefasste Definition des Begriffs bezieht bestimmte Vorgänge in der chemischen Industrie, der Pharma- und der Agrarindustrie mit ein und umfasst Einsatzfelder der Biotechnologie im Umweltschutz (Bekämpfung von Ölverschmutzungen durch Mikroorganismen, Beseitigung industrieller Abfälle durch künstlich erzeugte Bakterien usw.) sowie der Pflanzen- oder Tierzucht. Es deutet sich bereits an, dass ein breites Spektrum an Unternehmen direkt und indirekt mit der Biotechnologie-Branche in Verbindung steht.

Das erste Biotech-Unternehmen, Genentech (kurz für **gen**etic **en**gineering **tech**nology), wurde 1976 gegründet. Genentech spezialisierte sich auf die Herstellung menschlichen Insulins mit Hilfe von Gentechnologie und brachte 1982 sein erstes Produkt, Humulin, auf den Markt. Ein weiteres, weltweit bekanntes Biotech-Unternehmen ist *Amgen* (kurz für **a**pplied **m**olecular **gen**etics) – ebenfalls eine Gesellschaft aus den USA –, die 1981 gegründet wurde. Amgen ist heute die größte Biotech-Gesellschaft weltweit. Der Erfolg ist im Wesentlichen auf zwei Produkte zurückzuführen. Auf der einen Seite Epogen, einem Mittel zur Förderung der Produktion roter Blutkörperchen, und auf der anderen Seite Neupogen, einem Medikament, das für die vermehrte Produktion weißer Blutkörperchen sorgt und so das Immunsystem stärkt. Derzeit beträgt Amgens Marktkapitalisierung knapp 70 Milliarden US-Dollar. Der Jahresumsatz belief sich im Jahr 1999 auf etwa 3,3 Milliarden Dollar.

In der Zwischenzeit gibt es über tausend Biotech-Unternehmen weltweit. Nicht alle sind an einer Börse gelistet. Die meisten Biotech-Firmen findet man nach wie vor in den USA, genauer: auf den Kurszetteln der Nasdaq. Europäische Biotech-Unternehmen, insbesondere börsengelistete, kommen bisher vor allen Dingen aus Großbritannien. Schon jetzt ändert sich das Bild jedoch nachhaltig. »Einrichtungen« wie der Neue Markt bieten jungen Biotech-Startups nun endlich auch in Kontinentaleuropa die Möglichkeit, Aufmerksamkeit auf sich zu ziehen und große Kapitalmengen über die Börse zu beschaffen.

Als Geburtsjahr des Biotech-Sektors könnte man 1953 bezeichnen – das Jahr, in dem James Watson und Francis Crick zum ersten Mal auf die molekulare Zusammensetzung der DNA stießen. Von da an waren die Voraussetzungen – zumindest theoretisch – gegeben, genetische Veränderungen an der Erbsubstanz von Lebewesen und Pflanzen durchzuführen und beispielsweise Gene von einem Lebewesen in ein anderes zu verpflanzen.

Branchenstruktur

Die Biotech-Branche ist relativ intransparent. Zu zahlreich und voneinander verschieden sind die dort vorhandenen Tätigkeitsfelder. Schon bei der Betrachtung einer einzelnen Biotech-Firma fällt es dem Außenstehenden schwer, auf den ersten Blick alle Bereiche zu erfassen, in denen das Unternehmen tätig ist. Es ist daher auch fast ausgeschlossen, der Biotech-Branche eine schlüssige und dauerhafte Struktur zu verleihen. Eine Möglichkeit der Unterteilung liefern zum Beispiel die Einsatzfelder der Biotechnologie. Die einzelnen Sparten eines derartigen Rasters würden dann etwa Pflanzen-, Tierzucht, Umweltschutz und Humanmedizin lauten. Für Anleger besonders interessant sind Biotech-Firmen, die neue Medikamente gegen menschliche Krankheiten entwickeln. Entsprechend kann man eine Unterteilung von Biotech-Firmen nach Krankheiten vornehmen: Unternehmen X entwickelt Medikamente gegen Krebs. Gesellschaft Y betätigt sich im Bereich Diabetes und Firma Z erforscht die Ursachen für Neurodermitis, um endlich eine wirksame Arznei gegen diese weit verbreitete Krankheit herzustellen. So makaber eine derartige Einteilung auch sein mag, sie ist durchaus hilfreich und für An-

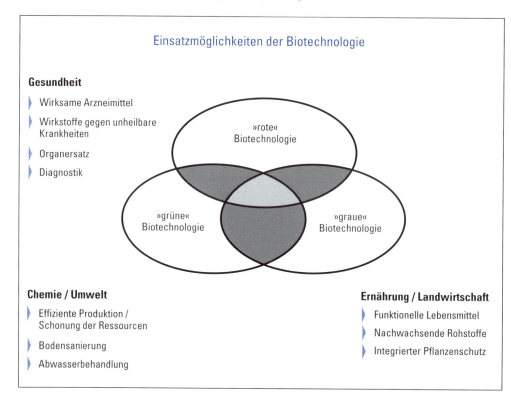

eger tatsächlich von großer Relevanz. Denn seltene Krankheiten bieten Unternehmen kaum Möglichkeiten, Geld mit einem Medikament gegen diese Krankheiten zu verdienen. Demgegenüber verkörpern Arzneien zur Behandlung von »Volkskrankheiten« (z. B. Heuschnupfen) ein riesiges Marktpotenzial. Die Einteilung der Biotech-Branche nach Krankheiten hat für Anleger außerdem einen weiteren bedeutenden Vorteil. Schon auf den ersten Blick wird nämlich deutlich, welche und vor allen Dingen wie viele Firmen miteinander im direkten Wettbewerb stehen.

Trotz allem ist die hier vorgestellte Einteilung nicht der Weisheit letzter Schluss. Das Problem: Viele Unternehmen entwickeln gleichzeitig oftmals mehrere Arzneien, zum Beispiel sowohl Medikamente gegen Krebs als auch gegen Multiple Sklerose oder Neurodermitis.

Was sind Biochips?

In den letzten Jahren kommt es mehr und mehr zu einer Verschmelzung von Informations- und Biotechnologie. Im Jahre 1993 wurden das erste Mal so genannte Biochips entwickelt. Hierbei handelt es sich – einfach ausgedrückt – um kleine Plättchen aus Silikon oder Glas, auf denen mehrere hunderttausend Genproben systematisch angeordnet werden können. Mit Hilfe von Biochips wird es möglich, in kürzester Zeit Genanalysen vorzunehmen. Dazu gibt man eine unbekannte Genprobe (»Zielsubstanz«, englisch: target) auf die Oberfläche des Chips. Auf dem Chip vorhandene, den Forschern bekannte Genproben gehen mit der Zielsubstanz Verbindungen ein. Dadurch kann man ziemlich genau feststellen, was für eine Substanz letzten Endes vorliegt.

Bei der Entwicklung von Biochips machen sich Forscher die Erkenntnis zu Nutze, dass die DNS aus zwei Strängen besteht (man spricht auch von einer »Doppelhelix«). Die beiden DNS-Stränge wiederum setzen sich aus sogenannten Basen zusammen, insgesamt sind es vier: Adenin (A), Guanin (G), Cytosin (C) und Thymin (T). Werden zwei getrennte DNS-Stränge zusammengeführt, gehen die Basen Verbindungen ein (A bindet sich immer mit T und C immer mit G). Auf einem Biochip bringt man nun einzelne DNS-Stränge systematisch auf. Durch die Hinzugabe einer Genprobe kann diese mit den vorhandenen DNS-Strängen abgeglichen werden. Ob und welche Verbindungen eingegangen wurden, lässt sich mit Hilfe von besonderen Farbstoffen (Fluoreszenzen) und Laserstrahlen sichtbar machen. Die Überprüfung der Verbindungen wird dabei natürlich nicht mit dem bloßen Auge durchgeführt, sondern mittels hochleistungsfähiger Hard- und Software.

Ein Beispiel: Auf einem Biochip werden Gene installiert, die unterschiedliche Krankheitsbilder auslösen. Um herauszufinden, ob jemand die potenziell schädlichen oder krankheitsauslösenden Gene besitzt, bringen Forscher im nächsten Schritt Genproben dieser Person auf den Biochip auf. Der Chip wird anschließend einer speziellen Behandlung (insbesondere Erhitzung und Waschung) unterzogen. Dies führt dazu,

Bill Gates ist davon überzeugt, dass die Biotechnologie auch Unternehmen aus der Informationstechnologie überdurchschnittliches Wachstum bescheren wird. Er hat bereits mehrere Millionen Dollar in junge Unternehmen investiert, die an der Entwicklung von Biochips arbeiten.

dass sich die schädlichen Gene der zu untersuchenden Person mit den schädlichen Genen, die wiederum auf dem Chip fixiert sind, verbinden, und dadurch identifiziert werden können. Dadurch kann zum Beispiel festgestellt werden, ob jemand ein erhöhtes Risiko besitzt, im Laufe seines Lebens an Brustkrebs zu erkranken oder Diabetes zu entwickeln. Die Person kann dann entsprechende Vorsorgemaßnahmen ergreifen, um die Erkrankung entweder frühzeitig zu erkennen (zum Beispiel durch regelmäßige Vorsorgeuntersuchungen) oder gar zu vermeiden (zum Beispiel durch Gewichtsreduktion).

Durch die Möglichkeit, Genproben auf einem Biochip abzugleichen – hierbei ist die Überprüfung mehrerer hunderttausender Moleküle binnen Minuten möglich –, lassen sich Forschungszeiten und damit Forschungskosten drastisch reduzieren. Da Biochips insbesondere in der Genforschung und der Diagnostik eingesetzt werden können, ist das Marktpotenzial in den kommenden Jahren gigantisch. Einer der führenden Hersteller für Biochips ist Affymetrix aus den USA.

Eine eindeutige Zuordnung eines Biotech-Unternehmens zu einer bestimmten Krankheit ist daher nahezu ausgeschlossen. Darüber hinaus sind nicht alle Firmen direkt »krankheitsbezogen« tätig. Die Firma Qiagen beispielsweise entwickelt Säuren, um die DNA damit zu reinigen. Qiagen-Produkte eignen sich aus diesem Grund für nahezu alle anderen Bitoech-Unternehmen, die an Medikamenten auf Genbasis arbeiten. Aufgrund der universellen Anwendbarkeit seiner Produkte fällt Qiagen damit durch das eng gesteckte »Krankheiten-Raster«.

Eine recht praktikable Einteilung der Biotechbranche zeigt das nebenstehende Schaubild.

Die Struktur der Biotech-Branche
- Unternehmen, die Medikamente entwickeln/herstellen (Beispiele: Amgen, Chiron, Biogen, Genentech, Immunex, Medimmune)
- Unternehmen, die die Funktionsweise von Genen untersuchen und sich Gene patentieren lassen (Celera, Human Genome Sciences, Incyte, Millennium, Genset, Genome Therapeutics)
- Unternehmen, die Gentherapien entwickeln (Transgene, Mologen, Avigen, Chiron, Valentis, Medigene)
- Unternehmen, die Antikörper katalogisieren (Cambridge Antibody Technology, Morphosys, Medarex, Abgenics)
- Unternehmen, die als Zulieferer für andere Biotechfirmen tätig sind, etwa Hersteller von Laborausrüstung, DNA-Chips, Reinigungssubstanzen usw. (Qiagen, Orchid Biosciences, Affymetrix, Evotec, Pe-Biosystems)
- usw.

Biotech-Unternehmen aus Sicht des Anlegers

In diesem Abschnitt möchten wir ausschließlich solche Biotech-Unternehmen näher unter die Lupe nehmen, die sich schwerpunktmäßig mit der Entwicklung von Arzneimitteln beschäftigen. Traum all dieser Firmen ist es, ein Medikament mit einem jährlichen Umsatzpotenzial von einer Milliarde US-Dollar und mehr zu entwickeln. Eine Arznei, mit der dieses Ziel tatsächlich erreicht wird, nennen die Angelsachsen auch »blockbuster drug«, was man mit »Knüller-Medikament« übersetzen könnte. Bis zur Entwicklung eines solchen Produktes – wenn es denn jemals gelingt – muss ein

Biotech-Unternehmen einen langen und steinigen Weg beschreiten. Im Vergleich zur traditionellen Pharmabranche hat sich die Entwicklungszeit für Medikamente mit Hilfe der Biotechnologie im Durchschnitt zwar von zwölf auf ungefähr sieben Jahre verkürzt. Dennoch sind für die Überbrückung eines entsprechenden Zeitraums sehr große Kapitalmengen erforderlich. »Sieben Jahre und 200 Millionen US-Dollar – das ist es, was ein biotechnologisches Produkt braucht, bis es in der Apotheke steht«, so sagte einmal ein amerikanischer Analyst und lag damit nicht ganz falsch (zumindest vor Jahren). Heute schätzt man die durchschnittlichen Kosten für die Entwicklung eines Medikamentes auf 300 bis 500 Millionen US-Dollar. Der Prozess dauert nach Angaben der US-Gesundheitsbehörde FDA im Durchschnitt 8,5 Jahre (siehe auch folgenden Abschnitt). Für Anleger, die in ein junges Biotech-Unternehmen einsteigen, können sich die Jahre bis zur Produkteinführung zu einer wahren Achterbahnfahrt entwickeln: Am Anfang steht immer die Euphorie, dass der Start-up tatsächlich in der Lage ist, ein neuartiges Medikament zu entwickeln oder ein vorhandenes nachhaltig zu verbessern. Bereits nach einigen Wochen kommen die Anleger dann aber wieder zur Besinnung. Skepsis macht sich breit, ob das Unternehmen die hochgesteckten Erwartungen tatsächlich erfüllen kann – der Aktienkurs geht das erste Mal deutlich zurück. Anschließend kommt es im Regelfall zu einer Seitwärtsbewegung. Deutliche Kursanstiege sind erst dann wieder zu verzeichnen, wenn das Eingehen einer Partner-

Die Abbildung zeigt den Kursverlauf von Amgen innerhalb der letzten zehn Jahre (logarithmierte Darstellung). Nach mehreren »Durststrecken« konnte das Unternehmen seit Ende 1998 überdurchschnittlich vom jüngsten Biotech-Boom profitieren.

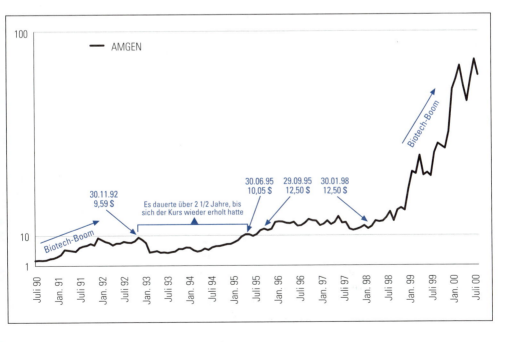

schaft mit einem großen Pharmakonzern bekanntgegeben wird oder das junge Unternehmen zum potenziellen Übernahmekandidaten reift. Der ganze Zyklus wiederholt sich normalerweise mehrere Male. Ob der Kurs nach fünf oder sechs Jahren dann noch mal einen kräftigen Aufwärtsschwung erlebt oder letzten Endes ins Bodenlose fällt, hängt natürlich vom Entwicklungsstand des Medikamentes ab: Hat die Arznei nach dieser Zeit alle Testphasen durchlaufen und erhält sie sogar die Genehmigung der Gesundheitsbehörde, bekommt der Kurs noch mal einen ordentlichen Schub. Bei Ablehnung hingegen gehen Unternehmen und Aktionäre schweren Zeiten entgegen.

Die Wahrscheinlichkeit, dass am Ende überhaupt kein marktfähiges Produkt aus der Pipeline kommt, liegt bei über 90 Prozent, was anders herum heißt: Von 100 in die klinische Phase gebrachten Medikamenten können am Ende weniger als zehn wirklich verkauft werden. Da sich insbesondere kleinere Biotech-Firmen in der Regel auf die Entwicklung weniger Produkte beschränken, ist die Gefahr des Scheiterns hier besonders groß.

Das Zulassungsverfahren von Medikamenten in den USA

Das amerikanische Gesundheitsministerium trägt die Bezeichnung »Federal Drug Administration«, kurz FDA.

Für die Hersteller von Arzneimitteln sind die Vereinigten Staaten der wichtigste Zielmarkt weltweit. Hier werden jährlich mehr als 40 Prozent des gesamten Weltabsatzes mit Medikamenten erzielt. Aufgrund der hohen Bedeutung für viele Biotechunternehmen möchten wir uns an dieser Stelle mit dem Zulassungsverfahren für Medikamente in den USA beschäftigen. Verantwortlich für die Genehmigung von Medikamenten ist die **F**ederal **D**rug **A**dministration (FDA), genauer eine Abteilung innerhalb dieser Regierungsstelle, das **C**enter for **D**rug **E**valuation and **R**esearch, kurz CDER.

Die Erfahrungen der FDA zeigen, dass es etwa achteinhalb Jahre dauert, bis ein Medikament alle Hürden genommen hat und letzten Endes zum öffentlichen Vertrieb zugelassen werden kann. Für den Hersteller des Medikamentes ist das Zulassungsverfahren mit einem enormen finanziellen und verwaltungstechnischen Aufwand verbunden. Die Kosten für die Entwicklung eines Medikamentes werden heute auf rund 300 bis 500 Millionen US-Dollar geschätzt.

Am Anfang steht die sogenannte »vorklinische« Forschung (»Pre-Clinical Research«), die sich im besten Falle über wenige Monate erstreckt, genauso aber auch mehrere Jahre beanspruchen kann. »Vorklinisch« heißt, dass alle Tests und Versuchsreihen noch ohne »menschliche Probanden« stattfinden. Vielmehr handelt es sich hier um Grundlagenforschung im Reagenzglas, um Tests an Zellkulturen und tierischen Organen, aber auch um Versuche mit lebenden Tieren, bei denen die Verträglichkeit neu entwickelter Substanzen überprüft wird. In den Tierversuchen liegt das Augenmerk auf der toxikologischen Wirkung sowie auf den Fragen:

- Wie nimmt der Körper die Substanzen auf?
- Wie zersetzt sich die Substanz innerhalb des Körpers? Wie wird sie innerhalb des Körpers verteilt? Wie schnell geht die Verteilung vor sich?
- Welche Wechselwirkungen mit anderen Stoffen entstehen?
- Werden die Stoffe wieder ausgeschieden oder im Körper eliminiert? Wenn sie ausgeschieden werden, in welcher Form treten sie wieder aus?

Amerikaner sprechen in diesem Zusammenhang auch von ADME-Tests, wobei A für »**a**bsorption« (Aufnahme), D für »**d**istribution« (Verteilung), M für »**m**etabolism« (Stoffwechsel) und E für »**e**xcretion« (Ausscheidung, Absonderung) steht. Ziel der vorklinischen Forschung ist es, die pharmazeutische und toxikologische Wirkung einer Substanz genau festzustellen, um Schäden in späteren Versuchen mit Menschen in jedem Falle ausschließen zu können. Natürlich stehen auch wirtschaftliche Aspekte hinter einer sorgfältigen Grundlagenforschung. Denn nur wenn die neue Substanz nachhaltige pharmakologische Wirkungen zeigt, lohnen sich weitere Forschungsschritte für ein Unternehmen.

Während der vorklinischen Forschungen stellt die FDA mindestens folgende Anforderungen an die Hersteller von Medikamenten:

1. Entwicklung eines pharmakologischen Profils der neuen Arznei (Art und Aufbau, Wirkungen, Anwendungsgebiete)
2. Feststellung der toxikologischen Wirkungen bei mindestens zwei verschiedenen Tierarten (im Regelfall Nage- und Säugetier)
3. Durchführung von »Giftigkeitstests« über Zeiträume von zwei Wochen bis drei Monaten, abhängig vom vorgesehenen Verschreibungszeitraum des Medikamentes.

»ADME-Tests«: Wie wird eine medizinische Substanz vom Körper aufgenommen, wie im Körper verteilt? Welche Wechselwirkungen treten im Körper auf? Wie wird sie wieder ausgeschieden?

Begriffe rund um die Arzneimittelforschung

Pharmakologie: Wissenschaft von Art und Aufbau der Heilmittel, ihren Wirkungen und Anwendungsgebieten; Arzneimittelkunde, Arzneiordnungslehre.

Pharmakokinetik: Teilgebiet der Pharmakologie. Untersucht den Einfluss des Organismus auf Arzneistoffe.

Quelle: Pschyrembel – Klinisches Wörterbuch, 257. Auflage 1994

Nach Abschluss der erfolgreichen, vorklinischen Forschung reicht der Medikamentenhersteller eine sogenannte **Investigational New Drug** Application, kurz IND, bei der FDA ein. Dieser Antrag ist unbedingt notwendig, wenn die neue Arznei in Tests an Menschen ausprobiert werden soll. Die IND ist der Zwischenschritt zwischen vorklinischer Forschung (Versuchsreihen ohne menschliche Probanden) und klinischer Forschung, in der ein neues Medikament erstmals an Menschen ausprobiert werden darf. Zur gleichen Zeit wird normalerweise auch ein Patent für die neue Arznei angemeldet.

IND = Investigational New Drug Application

Die IND ist kein Antrag auf eine Vermarktungserlaubnis im herkömmlichen Sinne. Vielmehr muss sie eingereicht werden, um ein noch nicht zugelassenes Medikament über die Staatsgrenzen transportieren zu dürfen. Und das wiederum ist normalerweise unumgänglich, damit eine große Zahl an Forschungseinrichtungen im ganzen Land mit der Durchführung klinischer Tests beauftragt werden kann. Die IND sollte Daten und Informationen über drei Bereiche enthalten:

- Pharma- und toxikologische Wirkung in Tieren: Hierbei handelt es sich – grob gesagt – um die gesammelten Ergebnisse der vorklinischen Studien.
- Herstellungsverfahren: Angaben darüber, wie sich das Medikament zusammensetzt, wie es hergestellt und der Produktionsprozess überwacht wird. Es muss sicher gestellt sein, dass das forschende Unternehmen in der Lage ist, das Medikament in großen Mengen und bei gleichbleibender Qualität herstellen zu können.
- Klinisches Testverfahren: Wie sollen die klinischen Tests aufgebaut sein? Werden die Probanden außergewöhnlichen Risiken ausgesetzt? Welche Personen sind für die Durchführung der Tests verantwortlich? Welche Qualifikation bringen die Verantwortlichen mit?

Die FDA hat 30 Tage Zeit, die IND zu überprüfen und den Prozess gegebenenfalls zu stoppen. Sofern keinerlei oder nur geringe Einwände bestehen, kann nach Ablauf der Frist mit den *klinischen Tests* begonnen werden. Die klinische Forschung umfasst insgesamt drei Phasen.

Beschäftigen wir uns zunächst mit Phase 1. Hier wird das Medikament zum ersten Mal an Menschen ausprobiert. Die Testgruppe besteht gewöhnlich aus 20 bis 80 Personen. Dabei kann es sich um kranke Menschen handeln, die unter jener Krankheit leiden, gegen die das neue Medikament eingesetzt werden soll. Normalerweise werden aber gesunde Freiwillige für die ersten Tests herangezogen (im Regelfall Männer im Alter von 18 bis 50 Jahren). Im Rahmen dieser frühen Studien mit menschlichen Probanden sollen insbeson-

Genehmigungsprozess eines Medikamentes in den USA

Vorklinische Phase

- Grundlagenforschung im Reagenzglas
- Tests an Zellkulturen und tierischen Organen
- Versuche mit lebenden Tieren

Investigational New Drug Application
Nach Abschluss der vorklinischen Phase muss der Medikamentenhersteller einen Antrag bei der Genehmigungsbehörde (FDA) einreichen. Hierin muss die Verträglichkeit („Ungiftigkeit") nachgewiesen werden. Erst wenn die FDA die Erlaubnis erteilt, darf das Medikament an Menschen ausprobiert werden.

Klinische Phase (Versuchsphase mit menschlichen „Probanden")

Schritt 1:
Verträglichkeitsprüfung mit ca. 20-80 Freiwilligen

Schritt 2:
Wirksamkeit des Medikamentes wird an mehreren hundert Patienten getestet. Ein besonderer Blick gilt möglichen Nebenwirkungen.

Schritt 3:
Test des Medikamentes an mehreren tausend Patienten (Wie wirkt das Medikament in der Masse? Welche Nebenwirkungen treten auf?)

New Drug Application
Nach erfolgreichem Abschluss der klinischen Phase reicht der Medikamentenhersteller einen weiteren Antrag bei der FDA ein, in dem er um landesweite Vertriebszulassung bittet. Erst nach Genehmigung durch die FDA darf das Medikament vermarktet werden.

Medikament ist für den Handel freigegeben

Gesamtdauer: ca. 8,5 Jahre, Gesamtkosten: 300 – 500 Millionen US-Dollar

---

dere die Wechsel- und Nebenwirkungen der Arznei im menschlichen Körper festgestellt werden, aber natürlich auch die pharmakologischen Effekte. Um die notwendige Dosis für spätere Behandlungen herauszubekommen und um die Dosis von vornherein möglichst gering zu halten, werden die Tests mit sehr kleinen Mengen begonnen. Sobald das Medikament erste Wirkungen zeigt, wird die Menge in kleinen Schritten erhöht, bis der gewünschte Behandlungseffekt eintritt.

In Phase 2 wird der Kreis der Probanden deutlich erhöht. Insgesamt nehmen mehrere hundert Patienten, also Menschen, die tatsächlich an der zu behandelnden Krankheit leiden, teil. Das hat seinen Grund, da im Mittelpunkt der Phase 2 ganz eindeutig die pharmakologische Wirkung der neuen Arznei steht. Man überprüft also die Wirksamkeit durch Anwendung am Patienten. Aufgrund der höheren Probandenzahl liegt das Augenmerk auch auf Nebenwirkungen, die bei der kleineren Testgruppe in Phase 1 vielleicht noch nicht aufgetreten sind.

Nachdem die Wirksamkeit des Medikamentes in Phase 2 tatsächlich belegt werden konnte und sich die Behandlung mit dem Medikament als weitgehend ungefährlich erwiesen hat, werden Tests an mehreren hundert oder gar mehreren tausend weiteren Personen durchgeführt. Aufgrund der großen Stichprobe stellt es sich jetzt noch einfacher dar, das Auftreten von Nebenwirkungen bei einer breiten Verwendung des Medikamentes in der Bevölkerung zu schätzen (Wie oft tritt eine bestimmte Nebenwirkung unter den Testpersonen auf? Tritt sie nur bei bestimmten Typen auf oder sind fast alle Probanden von ihr betroffen?). Auch Aussagen über die Wirksamkeit des Medikamentes bei einer Vielzahl unterschiedlicher Menschen

Die Abbildung fasst die wesentlichen Schritte des Medikamentenzulassungsverfahrens noch einmal zusammen.

Unter dem Link »clinical trials« auf der Amgen-Homepage kann man sich über die gegenwärtig laufenden klinischen Testverfahren bei Amgen informieren.

können jetzt immer präziser und zuverlässiger gemacht werden. Das ist besonders wichtig, um bessere Anhaltspunkte für die Nutzen-Risiko-Relation des neuen Medikamentes zu bekommen, die letzten Endes ausschlaggebend für die Zulassung ist (Nebenwirkungen haben sehr viele Arzneien. Ihr hoher Nutzen rechtfertigt es aber, gewisse Risiken bei der Einnahme einzugehen.)

Die FDA kann zu jedem Zeitpunkt innerhalb der klinischen Forschung (Phase 1 bis 3) einen sofortigen Stopp verfügen. Dabei kann sie eine Beendigung des gesamten Prozesses verlangen oder aber auch einzelne Versuchsreihen stoppen. Anlass für einen Abbruch sind insbesondere Sicherheitsbedenken oder das Abweichen des Herstellers von den in der IND gemachten Angaben. Das Risiko, dass ein Medikament sogar in der 3. Testphase noch scheitert, ist sehr hoch.

NDA = New Drug Application (Antrag auf Zulassung eines Medikamentes zum landesweiten Vertrieb)

Nach Phase 3 ist das Zulassungsprozedere noch nicht beendet. Zum Abschluss müssen Medikamentenhersteller eine sogenannte **N**ew **D**rug **A**pplication (NDA) bei der FDA einreichen. Hierin bittet ein Hersteller um die Vertriebszulassung des neuen Medikamentes in den USA. Wesentlicher Bestandteil der NDA bildet eine Zusammenfassung der vorliegenden Ergebnisse aus der vorklinischen sowie der kompletten klinischen Testphase. Hinzu kommen eine detaillierte Beschreibung der Zusammensetzung des Produktes sowie des Produktionsverfahrens. Aufgrund der New Drug Application müssen sich die Mitarbeiter des FDA ein umfassendes Bild über das neue Medikament bilden können. Hierbei stehen folgende Fragen im Vordergrund:

1. Ist die neue Arznei sicher? Zeigt sie die gewünschte Wirkung im vorgesehenen Einsatzfeld? Überwiegt der Nutzen die potenziellen Gefahren?
2. Ist die Produktbeschreibung (Beipackzettel etc.) ausreichend? Werden alle Nebenwirkungen erfasst? Falls nicht, was sollte geändert/hinzugefügt werden?
3. Sind die Produktionsverfahren und alle Kontrollmechanismen so ausgerichtet, dass die Qualität des Produktes (Stärke, Reinheit etc.) auf lange Sicht gewährleistet werden kann?

Die Food and Drug Administration prüft die NDA sorgfältig und erteilt, sofern keine wesentlichen Mängel entdeckt wurden, die Vertriebserlaubnis. In bestimmten Fällen besteht die Möglichkeit, das Zulassungsverfahren zu verkürzen oder an bestimmten Stellen zu modifizieren. Darauf wollen wir hier aber nicht weiter eingehen.

Bewertungskriterien

Wer ernsthaft ins Auge fasst, sich Biotechnologie-Aktien zuzulegen, der sollte einige Grundregeln beachten. Die Basis für ein gut positioniertes Biotech-Unternehmen bildet in erster Linie natürlich ein Team aus hochqualifizierten Wissenschaftlern. Die Beurteilung des Teams fällt Außenstehenden, insbesondere Privatanlegern, natürlich sehr schwer. Hier kann aber ein Blick auf die bestehenden Partnerschaften des Biotech-Unternehmens überaus hilfreich sein. Normalerweise hat jeder Start-up bereits beim Börsengang einen großen Pharmakonzern an seiner Seite, der ihn bei der Entwicklung, Herstellung und Vermarktung von Arzneien unterstützt. Im Gegensatz zu einem Außenstehenden können Pharmaunternehmen, die im Regelfall selbst große Forschungsabteilungen unterhalten, sehr gut beurteilen, welche Aussichten eine bestimmte Biotech-Gesellschaft bietet und von welcher Qualität das dazugehörige Forscherteam ist. Große Konzerne werden ihr Geld tendenziell nur in erstklassige Biotech-Firmen stecken. Anleger können oftmals schon an den Kooperationsvereinbarungen erkennen, wie wichtig ein junges Unternehmen von seinen potenziellen Partnern eingestuft wird. Die Deals umfassen für gewöhnlich regelmäßige Zahlungen zur Stärkung der Forschungskapazitäten, darüber hinaus Zusatzzahlungen, wenn gesteckte Ziele in der Forschung erreicht werden, und eine Beteiligung an allen Verkäufen, die bei Marktreife des Produktes abgewickelt werden. Bekannte Partnerunternehmen junger Biotech-Start-ups sind etwa Procter and Gamble, Johnson and Johnson, Merck, Pfizer, Eli Lilly oder Schering.

Anlegern ist es leider kaum möglich, sich einen Einblick in die Forschungsabteilung eines Biotech-Unternehmens zu verschaffen.

Produkt-Pipeline eines Biotech-Unternehmens

Markenname	Bestandteil	Partner	Krankheit	Entwicklungsstand	Kommentar
Miguard	Frovatriptan	Elan/Menarini	Migräne	Letzte Prüfung	Genehmigung für das 1. Quartal 2000 erwartet
noch keiner	VML588	Roche	Akutes Nierenversagen	Teststufe 1 abgeschlossen	Teststufe 2 startet im vierten Quartal '99
noch keiner	VML600	3M Pharmac.	Hepatitis C	Teststufe 1 abgeschlossen	Teststufe 2 startet im 1. Halbjahr 2000
noch keiner	VML530	Abbott	Asthma	In Teststufe 1	Abschluß der Teststufe 1 im 1. Halbjahr 2000

Bei der Bewertung einer Biotech-Gesellschaft im Arzneimittelbereich müssen Anleger außerdem hinterfragen, ob das Unternehmen ein vollkommen neuartiges Medikament entwickelt oder aber eine wirksamere Arznei gegen eine bestimmte Krankheit herstellen

> Läuft der Patentschutz für ein bestimmtes Medikament aus, sind die Wettbewerber des ehemaligen »Patentinhabers« normalerweise daran interessiert, das Produkt in die eigene Produktpalette aufzunehmen und vielleicht zu günstigeren Preisen anzubieten als zuvor. Produkte, die aufgrund nachgeahmter Patente entstehen, nennt man auch »Generika«.

möchte. Im letzten Fall sind Konkurrenzprodukte am Markt und die Chancen, sich gegen die Wettbewerber behaupten zu können, von vornherein geringer. Was aus Anlegersicht letzten Endes besser ist kann jedoch nicht pauschal beantwortet werden. Die Herstellung eines Me-too-Produktes – das Medikament ist in ähnlicher Form bereits vorhanden – hat vor allen Dingen dann seine Berechtigung, wenn die im Markt vorhandenen Produkte tatsächlich deutliche Schwächen aufweisen oder schon seit Jahren nicht mehr auf den neuesten Stand gebracht worden sind. Die Absatzchancen sind dann ganz ähnlich geartet wie bei einem vollkommen neuen Medikament gegen eine Krankheit mit vergleichbarem Verbreitungsgrad. Unterscheidet sich das neue Medikament voraussichtlich jedoch kaum von den vorhandenen, bedarf es einer außerordentlichen Marktstellung und Vertriebsmacht, um sich mit dem Mee-too-Produkt am Markt durchsetzen zu können. Die entscheidende Frage ist, wer hier mit wem in direkte Konkurrenz tritt. Muss sich ein kleines Biotech-Unternehmen mit Hilfe eines mittelmäßigen Partnerunternehmens gegen einen Pharmariesen behaupten, sind die Aussichten, einen beachtlichen Marktanteil zu gewinnen, sehr gering.

Im zweiten Fall – die Entwicklung eines neuartigen Produktes – gehen Biotech-Firmen ebenfalls sehr große Risiken ein. Zum Beispiel dürfte die Chance, tatsächlich ein wirksames Mittel gegen die Immunschwäche AIDS oder Lungenkrebs zu entwickeln, sehr gering ausfallen. Allerdings muss dazu gesagt werden, dass in derartigen Bereichen auch solche Medikamente hervorragende Marktchancen besitzen, die das Leiden der Patienten deutlich verringern können oder den Fortgang der Krankheit drastisch verlangsamen. Tendenziell dürfte aber die Gefahr, vor Marktreife mit einem Medikament zu scheitern, bei der Entwicklung vollkommen neuartiger Produkte viel größer sein, als bei der Verbesserung bereits vorhandener Medikamente. Im letzten Fall fängt man schließlich nicht bei Null an, sondern kann die Erfahrungen der Konkurrenz nutzen und aus deren Fehlern lernen.

Bewertungsfragen zu Biotech-Firmen

- **Forschungsteam:** Wie setzt sich das Team zusammen? Wer ist Leiterin/Leiter der Forschungsabteilung? Woher kommt sie/er (Konkurrenzunternehmen, Universität)? Welche Erfahrungen in der praktischen Forschung kann die Person vorweisen?
- **Marketingpartner:** Steht schon fest, welche Konzerne das Unternehmen als Marketingpartner gewinnen kann? Wenn ja, welche Marktstellung haben die potenziellen Partner inne, wie stark ist ihr Vertrieb? Gehören die Firmen zur Top-Five der Pharma-Bran-

che oder stammen sie eher aus dem Mittelfeld? Wie erfolgreich sind die Kooperationen der potenziellen Partner in der Vergangenheit gelaufen?
Spezialgebiet: Auf welches Gebiet hat sich das Biotech-Unternehmen spezialisiert (Krebs, Aids, Organversagen usw.)? Geht es um Krankheiten, die eine breite Masse von Menschen betreffen, oder eher um seltene Krankheitsbilder? Bestehen Chancen, das aufgrund der Produktionsverfahren, mit denen das Unternehmen arbeitet, Medikamente entstehen, die viel effektiver sind als vorhandene? Ist der potenzielle Nutzen für das Gesundheitssystem des Landes vielleicht sogar sehr groß?
Produkte: Wie viele Produkte hat das Unternehmen insgesamt in der Pipeline? Handelt es sich um Me-too-Produkte oder um etwas vollkommen Neuartiges? In welcher Phase befinden sich die einzelnen Medikamente? In der ersten klinischen Testphase (zehn Prozent Chance auf Marktreife) oder in der dritten (75 Prozent Chance auf Marktreife)?

Case Study: Qiagen

Unternehmensbeschreibung. Qiagen ist der weltweit führende Anbieter von Technologien zur Trennung und Reinigung von Nukleinsäuren (DNS). Das Unternehmen fungiert daher in erster Linie als Zulieferer für viele andere Firmen seiner Branche, was ihm ein besonders großes Wachstumspotenzial einräumt.

Nachhaltigkeit des Geschäftsmodells. Die Bedingung »Nachhaltigkeit des Geschäftsmodells« ist im Falle Qiagens zweifelsohne erfüllt, da das Unternehmen als Zulieferer in einer sehr attraktiven Branche tätig und gleichzeitig Weltmarktführer auf seinem Spezialgebiet ist. Qiagen setzt die Qualitätsstandards auf dem Gebiet der DNA-Analyse und ist derzeit etwa siebenmal größer als der nächste Konkurrent.

Management. Das Management Qiagens hat sehr gute Kontakte und genießt in der Branche einen erstklassigen Ruf.

Organisches Wachstum. Das Unternehmen wächst vor allen Dingen organisch, weist dabei überdurchschnittlich hohe Wachstumsraten auf und besitzt Kooperationsverträge mit Affymetrix (führender Entwickler von Biochips), Becton Dickinson und Abbott. Qiagen hat ungefähr 300 Chemikalien zur DNA-Aufbereitung und Analyse entwickelt. Weitere Fantasie erhält Qiagen durch umfangreiche Aktivitäten in der Genom-Forschung. Die Basis dafür legte die strategisch bedeutsame Akquisition von Rapigene. Das Unternehmen führt sogenannte SNP-Analysen durch. Dabei handelt es sich um die Analyse

Bei den Case Studies innerhalb dieses Buches handelt es sich **nicht** um Kaufempfehlungen für die betreffenden Aktiengesellschaften. Die Unternehmen erfüllen zwar die von den Autoren formulierten Kriterien für Wachstumsunternehmen. Eine Antwort auf die Frage, ob der aktuelle Kurs gerechtfertigt ist oder zu hoch/zu niedrig ausfällt, liefern die Autoren mit den Case Studies jedoch nicht.

von Punktmutationen auf Genen, die für Medikamentennebenwirkungen verantwortlich sind.

Bilanzierung. Qiagen erstellt seine Jahresabschlüsse nach US-GAAP. Das Unternehmen bilanziert eher konservativ.

Bewertung. Die Bewertung fällt im Vergleich zu Unternehmen aus anderen Hochtechnologiebranchen sehr hoch aus. Innerhalb des Biotechnologiesektors und angesichts der extrem hohen Kurse, die für viele unprofitable Biotech-Unternehmen gezahlt werden, erscheint Qiagen jedoch eher fair bewertet.

Finanzdaten:

Jahr	Umsatz	Gewinn je Aktie	KGV
2001	289 Mio. USD	0,26 USD	192,8

Quelle: Robertson Stephens, Kursbasis: 50,13 US-Dollar am 15.8.2000

Viele Experten halten die Biotechnologie-Branche für die bedeutendste in diesem Jahrhundert. Auf dem Gebiet der Medikamentenentwicklung bzw. der Bekämpfung von Krankheiten erwarten sie in den kommenden Jahrzehnten bahnbrechende Ergebnisse.

Die Aussichten der Biotech-Branche auf einen Blick

Wachstumstreiber	Wachstumshemmer
▸ Die Entschlüsselung des menschlichen Erbgutes liefert die Grundlage, um immer mehr Krankheiten gezielt bekämpfen zu können. Neue Medikamente lassen sich einfacher entwickeln als zuvor.	▸ Die Risiken der Biotech-Branche bleiben für Investoren auch weiterhin unberechenbar, was die Investitionstätigkeit hemmt und die Kapitalbeschaffung nicht ganz einfach macht.
▸ Entwicklungsdauer und -kosten bei Medikamenten werden sich in den nächsten Jahren deutlich reduzieren, was zu höheren Gewinnen bei Medikamentenherstellern führen wird.	▸ Gesetzliche Auflagen und Forschungsrestriktionen benachteiligen insbesondere deutsche Firmen in vielen Bereichen der Genforschung.
▸ Neue staatliche Förderprogramme schaffen Anreize für Forschung und Entwicklung und stimulieren den Innovationsprozess.	▸ Boykotte von gentechnisch behandelten Pflanzen können die Existenz jener Firmen bedrohen, die sich intensiv mit der Zucht solcher Pflanzen beschäftigen.

IT-Services

Definition

Zunächst zur Begriffserklärung: Unter Informationstechnologie (IT) versteht man im weitesten Sinne Computerhard- und -software sowie Kommunikations- und Datenübertragungsequipment (Telefonanlagen, Internet-Infrastruktur usw.). Da man das englische Wort »Services« ganz einfach mit Dienstleistungen übersetzen kann, umschreibt die Bezeichnung »IT-Services« kurz gesagt alle Dienstleistungen mit Bezug auf die genannten Produkte. In die Branche IT-Services gehören alle Unternehmen, die ihre Kunden – zumeist sind das Geschäftskunden, also andere Unternehmen und Selbständige – beim Einsatz von Informationstechnologie unterstützen. Ihr Ziel ist es, immer mehr Prozesse innerhalb der betreuten Einheiten (Produktionsanlagen, Verwaltungsgebäude etc.) zu automatisieren.

> Die Automatisierung möglichst vieler Prozesse innerhalb eines Unternehmens heißt im Fachjargon Business Process Engineering. IT-Dienstleister spielen dabei eine sehr wichtige Rolle.

Die Leistungen eines IT-Service-Unternehmens erstrecken sich von der Beratung und Strategieentwicklung über die Planung neuer Systeme bis hin zur Umsetzung, das heißt der Integration neuer Hard- und Software in das Tagesgeschäft der Kunden. Doch damit nicht genug. Vor dem eigentlichen Beratungsprozess erfolgt im Regelfall eine umfassende Bestandsaufnahme. Hierdurch möchte man den Übergang von vorhandener IT auf neue Systeme möglichst lückenlos gestalten, wodurch im Regelfall hohe Umstellungskosten vermieden oder zumindest deutlich reduziert werden können.

Eine besonders wichtige Funktion für ihre Kunden erfüllen IT-Service-Unternehmen jedoch erst nach der Installation neuer Hard- und Software. Dann nämlich kümmern sie sich um Mitarbeiterschulungen, nehmen arbeitsplatzspezifische Programm- und Hardwaremodifikationen vor oder beantworten laufend Fragen der Systemnutzer (Help-Desk-Funktion). Insbesondere große Softwareanbieter wie SAP, Oracle oder Lotus sind auf die Unterstützung von IT-Service-Unternehmen angewiesen. Die Softwarehersteller selbst konzentrieren sich auf die Entwicklung und ständige Verbesserung hochwertiger Unternehmenssoftware und schalten Dienstleister ein, um die Programme beim Kunden installieren und die Betreuung vor Ort vornehmen zu lassen. Im Regelfall agieren IT-Service-Unternehmen obendrein als Vertriebspartner und Produktberater. Da sie die Kunden der Softwarehersteller sehr gut kennen, können sie auch bei Produktentwicklung und -absatz hervorragende Hilfestellung leisten.

> Firmen, die sich auf die Integration neuer Hard- und Software spezialisiert haben, nennt man auch Systemintegratoren

> Experten gehen davon aus, dass für jede DM, die ein Unternehmen in den Kauf von SAP- oder Oracle-Software steckt, noch einmal fünf bis zehn DM an Beratungskosten anfallen.

Ein Aufgabenfeld mit zunehmender Bedeutung ist das Auslagern von Personal- und sonstigen Ressourcen. Rechnerkapazitäten bei-

Die Übertragung von hochsensiblen Daten auf externe Rechner ist derzeit noch mit hohen Sicherheitsrisiken verbunden, was viele Firmen davon abhält, tatsächlich externe IT-Kapazitäten zu nutzen.

spielsweise können sowohl vor Ort im Unternehmen selbst geschaffen werden, als auch an einer anderen Stelle irgendwo auf unserem Globus. Möglich wird das durch hochleistungsfähige Internet-Technologien. Alle Daten, die von den Mitarbeitern eines Unternehmens bearbeitet werden müssen, können problemlos über das »Telefonnetz« an ein zentrales Datencenter irgendwo in der Welt übertragen werden. Die Bearbeitung erfolgt dann auf den dort vorhandenen Computern und nicht mehr im Unternehmen selbst. Letzteres kann darauf verzichten, teure Computerhardware anzuschaffen und die Rechner anschließend permanent aufzurüsten. Dafür ist der IT-Dienstleister verantwortlich. Natürlich ist der gebotene Service nicht umsonst. Dennoch gestaltet sich das Auslagern von Ressourcen vor allen Dingen für kleinere Unternehmen letzten Endes oftmals günstiger als die Eigeninstallation. Schließlich können die zentral geschaffenen Rechnerkapazitäten von vielen Firmen gleichzeitig genutzt werden, wodurch sich die Anschaffungs- und Unterhaltungskosten auf mehrere Nutzer aufteilen lassen. Die Anwendungen der Deutschen Bank beispielsweise können auf demselben Equipment laufen, wie die von anderen Banken oder sogar Firmen aus anderen Branchen.

Unternehmen, die anderen Firmen die Auslagerung elektronischer Prozesse und Anwendungen (englisch: applications) anbieten, tragen die Bezeichnung *Application Service Provider* (ASPs). Zunehmend stellen ASPs auch Software online zur Verfügung. Benötigt jemand für einen bestimmten Zweck ein spezielles Programm, kann er dieses im Regelfall bei einem externen Diensteanbieter »ausleihen«. Letzterer hat die Lizenzgebühren für das Programm an den Softwarehersteller entrichtet und stellt es nun wiederum seinen Kunden für einen vereinbarten Zeitraum (oder die Erledigung der jeweiligen Aufgabe) zur Verfügung. Die Bereitstellung von Software erfolgt über die Infrastruktur des Internets. Vorteil für den Kunden: Er braucht sich die – vielleicht nur selten erforderliche – Software nicht selbst zu kaufen, erhält jeweils die neueste Version und kann möglicherweise unter mehreren Programmen auswählen. Der Anwender kann sich dabei sogar auf den Bezug gewisser Programmteile beschränken.

Application Service Provider stellen ihre Dienste derzeit hauptsächlich Unternehmen zur Verfügung. In Zukunft dürfte sich das jedoch nachhaltig ändern. Dann werden auch immer mehr Privathaushalte über das Internet mit Computer-Programmen und Up-Dates versorgt.

Im Falle von IT-Service-Unternehmen kann man daher eine Unterscheidung treffen in solche,

- die ihre Kunden direkt vor Ort betreuen und sich intensiv um das interne Kommunikations- und Informationssystem desselben kümmern, und solche,
- die Hard- und Software in einem Datencenter bereitstellen und ihren Kunden die Möglichkeit geben, darauf zuzugreifen bzw. Programme abzurufen.

IT-Services

Angesichts der IT-Anforderungen moderner Unternehmen ist die Nachfrage nach Dienstleistern in diesem Bereich extrem groß. Allein in Deutschland gibt es über 2000 IT-Service-Unternehmen. Mit etwa 50 Firmen ist erst ein Bruchteil am Neuen Markt gelistet.

Einnahmequellen und Bewertung

IT-Service-Unternehmen beziehen ihre Einnahmen hauptsächlich aus der Inrechnungstellung von Gebühren etwa für Schulungen, der Installation von Hard- und Software oder arbeitsplatzspezifischen Modifikationen. Rechnungsempfänger sind die Systemnutzer, also jene Unternehmen, die neue Hard- und Softwaresysteme mit Hilfe der IT-Dienstleister haben installieren lassen. In der Anfangsphase (Bestandsaufnahme/Beratung) rechnen IT-Service-Unternehmen für ihre Mitarbeiter normalerweise Tagessätze ab, für einen »Senior IT-Consultant« etwa 2.500 Mark pro Tag. Bereits diese Zahl lässt vermuten, dass das Geschäftsfeld Beratung sehr profitabel ist. Die Tagessätze schwanken, je nach Aufgabengebiet des Mitarbeiters, zwischen 800 und 5.000 DM. Die Bezahlung richtet sich nach dem Nutzen, den die Mitarbeiter des IT-Service-Unternehmens ihren Kunden bringen. Die Tagessätze für die strategische Beratung (Beratung des Unternehmensvorstandes) fallen am höchsten aus, da hier – auf lange Sicht – der (vermeintlich) größte Mehrwert für den Kunden geschaffen wird. Die Tagessätze sind ebenfalls relativ hoch, wenn technologisches Know-how gefragt ist, also Spezialwissen über Rechnersysteme oder Softwaremodifikationen. Je einfacher die Tätigkeit ist, desto geringer tendenziell die Tages- und Stundensätze und desto geringer auch die Gewinnspannen. Sofern beispielsweise die Dienstleistung eines IT-Service-Unternehmens nur darin besteht, PCs aufzustellen oder einfache Programme zu installieren, kann es kaum hohe Sätze von seinen Kunden verlangen. Noch schlechter stellt sich die Situation dar, wenn ein Dienstleister als Weiterverkäufer von Hard- oder Software auftritt und einen Großteil seines Umsatzes aus dem reinen Weiterverkauf bezieht. Da die verkauften Produkte sehr homogen und ihre Preise leicht vergleichbar sind – man denke etwa an einen PC oder an eine Telefonanlage –, lassen sich auch hier lediglich geringe Preisaufschläge durchsetzen.

Der Trend in der IT-Service-Branche geht weg von Tagessätzen hin zu Festpreisen. Das ist mit dem Wunsch der meisten Kunden zu begründen, bei Hard- und Softwareumstellungen eine feste Planungsgrundlage zu haben.

Weil bei den Erlösen und Gewinnspannen bei IT-Dienstleistungen deutliche Unterschiede auftreten, sollten Anleger, die IT-Service-Unternehmen analysieren möchten, einen genauen Blick auf die Umsatzzusammensetzung werfen – man könnte auch sagen – sie sollten die »Qualität des Umsatzes« prüfen. Sehr negativ ist es beispielsweise zu bewerten, wenn ein IT-Service-Unternehmen einen Großteil seines Umsatzes aus dem Verkauf von Hardware erzielt. Wie oben

Qualität des Umsatzes ausschlaggebend

schon angedeutet, sind die Margen in diesem Bereich aufgrund de Wettbewerbsdrucks sehr gering – ein überdurchschnittliches Gewinnwachstum daher ausgeschlossen. Ähnlich schlecht stellt sich die Situation dar, wenn die Dienstleistungen rund um Produkte erbracht werden, die kein überdurchschnittliches Umsatzwachstum erwarten lassen.

Hier kann sogar das Lesen im Kleingedruckten eines Geschäftsberichts hilfreich sein. Beispielsweise ist es für ein IT-Service-Unternehmen, das sich auf den Verkauf und die Aufstellung von Hardware spezialisiert hat, im Regelfall lukrativer, Netzwerkequipment wie Server, Router oder Switches zu installieren als herkömmliche PCs.

Maßgeblichen Einfluss auf die künftige Entwicklung eines IT-Service-Unternehmens hat darüber hinaus dessen Branchenspezialisierung. Firmen, die überwiegend in wachstumsschwachen Wirtschaftszweigen tätig sind, etwa der Baubranche oder der Landwirtschaft, haben naturgemäß Schwierigkeiten, ihre Umsätze überdurchschnittlich zu steigern. Die Zahl der Unternehmen in wachstumsschwachen Branchen ist oftmals rückläufig und damit auch die Zahl potenzieller Kunden für IT-Dienstleister. Deutliche Gewinnsteigerungen sind nur durch eine Ausweitung der Kundenbasis, etwa durch Übernahmen oder aggressives Abwerben, möglich. Auf lange Sicht dürften hier nur die größten Wettbewerber überleben. IT-Dienstleister in wachstumsstarken Branchen befinden sich hingegen in einem deutlich positiveren Umfeld. Wer beispielsweise Telekommunikationskonzerne oder große Banken betreut, hat sehr gute Chancen, Umsätze und Gewinne in den kommenden Jahren überdurchschnittlich auszuweiten.

Besonders vielversprechend sind obendrein IT-Service-Unternehmen, bei denen ein großer Teil des Umsatzes auf internetbezogene Projekte zurückzuführen ist. Die Nachfrage dürfte in den kommenden Jahren gigantisch sein, da mittelfristig kein Unternehmen um einen eigenen Internet-Auftritt – sei es nur eine eigene (Präsentations-)Homepage – herumkommen wird.

IT-Service-Unternehmen haben im Vergleich zu Herstellern bestimmter Produkte den Vorteil, dass sie nicht von der Absatzentwicklung eines oder weniger Produkte abhängig sind. Sie können sich sehr schnell – zum Beispiel durch Personalweiterbildungen – auf aktuelle Trends einstellen, was sie weniger anfällig und als Investment weniger riskant macht. Wer Aktien eines führenden IT-Service-Unternehmens kauft, beteiligt sich (indirekt) am Wachstum der gesamten IT-Branche.

Marginalien:

IT-Service-Unternehmen, die sich auf die Installation von Standardsoftware konzentrieren, sind für gewöhnlich im Vorteil gegenüber Wettbewerbern mit Schwerpunkt auf hochspezialisierte, kundenspezifisch zugeschnittene Computer-Programme. Schließlich bedienen sie einen potenziell größeren Markt, können Projekte im Regelfall viel schneller umsetzen und sind vor unvorhersehbaren Komplikationen bei der Installation der Software weitestgehend gefeit.

IT-Service-Unternehmen am Neuen Markt, die sich auf das Internet spezialisiert haben (siehe auch »Internet-Services«), sind zum Beispiel Pixelpark, ID Media oder Kabel New Media. Wettbewerber an der Nasdaq sind Sapient, Scient und Razorfish.

Bewertungsfragen zu IT-Service-Unternehmen:

- **Umsatzstruktur:** Wie setzt sich der Umsatz zusammen? Wie viel Prozent der Erlöse stammen aus Geschäftsfeldern mit hohen Margen (z. B. strategische Beratung), wie viel aus solchen mit geringen Gewinnspannen (z. B. Verkauf von Hardware)?
- **Fokussierung:** Sind die Aktivitäten des Unternehmens überwiegend auf Bereiche mit hohen Gewinnspannen ausgerichtet bzw. wird der Großteil der freien Mittel in diese Bereiche investiert (z. B. Anwerbung von ausgewiesenen Fachleuten)?
- **Kritische Größe:** Hat das Unternehmen eine Größe und Marktstellung erreicht, in der es von potenziellen Kunden, aber auch renommierten Hard- und Softwareherstellern nahezu automatisch wahrgenommen wird? Bietet das Unternehmen genug Sicherheit und hat es genug Ansehen, um eine große Zahl an Fachkräften anheuern zu können?
- **Einsatz von Standardprodukten:** Sind die Dienstleistungen des Unternehmens auf weit verbreitete Hard- und Software ausgerichtet, oder agiert es eher in Marktnischen? Im letzten Fall sind die Gewinnspannen höher, da der Wettbewerbsdruck geringer ist. Dafür ist das Wachstum normalerweise aber auch begrenzt.
- **Produktausrichtung:** Welche Produkte stehen im Mittelpunkt? Handelt es sich um etablierte, weit verbreitete Hard- und Software oder um Spezialprodukte? Im letzten Fall gilt dasselbe wie im Punkt zuvor.

Case Study: Medion

Unternehmensbeschreibung. Medion verfügt über ein überaus erfolgreiches Unternehmenskonzept. Die Gesellschaft bietet dem »Nicht-Elektro-Fachhandel« hochwertige Elektronikprodukte (insbesondere PCs) an. Dabei offeriert Medion ein »Rundum-Service-Paket«, das Marketingdienstleistungen, Produktionsmanagement, Qualitätssicherung, Logistik und After-Sales-Service umfasst. Der größte Kunde von Medion ist Aldi, dessen PC-Angebote mehrfach für Aufsehen in Deutschland sorgten. Medion kümmert sich nicht selbst um die Produktion, sondern agiert vielmehr ausschließlich als Dienstleister zwischen Produzenten und Handel. Da Medion nur auftragsbezogen fertigen lässt, entstehen dem Unternehmen keine Lager- bzw. Abwertungsrisiken. Medion expandiert nun auch ins Ausland und hat dort bereits namhafte Kunden wie Carrefour und Tesco gewinnen können.

Bei den Case Studies innerhalb dieses Buches handelt es sich **nicht** um Kaufempfehlungen für die betreffenden Aktiengesellschaften. Die Unternehmen erfüllen zwar die von den Autoren formulierten Kriterien für Wachstumsunternehmen. Eine Antwort auf die Frage, ob der aktuelle Kurs gerechtfertigt ist oder zu hoch/zu niedrig ausfällt, liefern die Autoren mit den Case Studies jedoch nicht.

Medion ist zweifelsohne ein Exot in der IT-Services-Branche (genauso wie die direkten, jedoch deutlich kleineren Wettbewerber IPC oder 4MBO). Das Geschäftsmodell weicht von jenen, die wir in den vorangehenden Abschnitten beschrieben haben, deutlich ab. Typische IT-Service-Unternehmen am Neuen Markt sind etwa IDS Scheer, SVC oder TDS.

Nachhaltigkeit des Geschäftsmodells. Die Verkäufe von Unterhaltungs- und Konsumelektronik in dafür eigentlich untypischen Handelsgeschäften nehmen zu. Durch die spektakulären Aktionen vor Aldi hat sich Medion in der Branche einen sehr guten Ruf verschafft, wodurch es dem Unternehmen relativ leicht fallen dürfte, neue Kunden zu gewinnen. Da der Markt sehr groß ist – Jahr für Jahr werden Elektronikartikel für mehrere Milliarden Euro in Deutschland abgesetzt – und Medion eine Vorreiterposition innehat, ist die Nachhaltigkeit des Geschäftsmodells gegeben.

Management. Der Vorstand besteht aus dynamischen Managern, die Medion zu einem internationalen Unternehmen mit einem Umsatz von über einer Milliarde Euro gemacht haben.

Bilanzierung. Das Unternehmen bilanziert eher konservativ nach IAS.

Bewertung. Die aktuelle Bewertung fällt bereits sehr hoch aus. Der Aufschlag gegenüber Wettbewerbern lässt sich durch den First-Mover-Advantage zumindest teilweise rechtfertigen.

Finanzdaten:

Jahr	Umsatz*	Gewinn je Aktie*	KGV
2001	1.880 Mio. Euro	2,68	40,50

* Umsatz und Gewinn geschätzt.
Quelle: BHF, Kursbasis: 108,50 Euro am 15.08.2000

Der Lebenszyklus grundlegender Technologien wird schon jetzt immer kürzer, was zu einem fast permanenten Service-Bedarf bei der Installation neuer Hard- und Software führt.

Die Aussichten der IT-Service-Branche auf einen Blick

Wachstumstreiber

- Die Automatisierung von Produktions- und Verwaltungsprozessen in Unternehmen und Behörden wird weiter fortschreiten, was auch künftig einen hohen Bedarf an IT-Services garantiert.
- Die Hard- und Software wird künftig immer komplexer (Spracherkennungshard- und software, moderne Netzwerktechnologien etc.). Allein deshalb wird die Nachfrage nach IT-Dienstleistungen weiter steigen.
- Immer mehr Unternehmen werden IT-Dienstleistungen von externen Firmen beziehen. Der Grund: Herkömmliche Unternehmen haben Schwierigkeiten, qualifizierte IT-Kräfte anzuheuern.

Wachstumshemmer

- Der Mangel an IT-Kräften könnte zu steigenden Kosten und sinkenden Gewinnspannen führen. Allerdings trifft das nur dann zu, wenn die Kostenbelastung nicht in vollem Umfang an die Kunden weitergegeben werden kann.
- Viele IT-Dienstleistungsunternehmen sind von einer hohen Fluktuation betroffen. Da die Ausbildungskosten sehr hoch sind, kann das zu einer überdurchschnittlichen Kostenbelastung dieser Firmen führen.

Internet

Einleitung

Das Internet hat die Welt verändert – seine Ausweitung bis in den letzten Winkel der Erde ist absehbar. Schon heute ist man dabei, ganze Straßenzüge miteinander zu vernetzen. So können beispielsweise Lebensmittelbestellungen der einzelnen Haushalte gebündelt und zusammen angeliefert werden. Darüber hinaus wird es möglich sein, Strom- und Wasserzähler der beteiligten Häuser per Knopfdruck abzulesen oder Nachrichten auf einen Schlag an alle angeschlossenen Personen zu versenden. Das Internet verändert aber nicht nur unseren Lebensalltag. Besonders stark sind Unternehmen vom netzgetriebenen Fortschritt betroffen. Firmenlenker verbringen heute einen Großteil ihrer Zeit damit, spezielle Internet-Strategien zu entwickeln. Die meisten Manager haben erkannt, dass das Internet traditionelle Vertriebswege revolutioniert und eine Ignoranz des neuen Mediums zum Ruin führen kann.

Bill Gates warnte Manager schon vor Jahren: »Wer das Internet bei seinen Entscheidungen nicht berücksichtigt, egal aus welcher Branche er kommt, setzt seine Zukunft unweigerlich aufs Spiel.«

Aufgrund seiner überragenden Bedeutung für unser Leben stufen wir das Internet als eigenen Wirtschaftszweig ein. Im folgenden ordnen wir solche Unternehmen der Internet-Branche zu, die mehr als 50 Prozent ihres Umsatzes entweder

Andy Grove, Vorstandsvorsitzender der Intel Corp.: »In einigen Jahren wird es nur noch Internetunternehmen geben.«

a) durch den Verkauf von Produkten und Dienstleistungen erzielen, die für das Internet benötigt werden (damit sind zum Beispiel die Hersteller von Internethard- und -software wie Sun Microsystems oder Cisco Systems gemeint) oder

b) mehr als 50 Prozent ihres Umsatzes mit Hilfe des Internets erzielen – darunter verstehen wir insbesondere Internethandelsunternehmen, Internet-Auktionshäuser, Internet-Suchmaschinen usw.

Struktur der Internet-Branche

Ein Investment in Internet-Unternehmen ist weiterhin sehr vielversprechend, da die Branche auch in Zukunft mit überdurchschnittlichen Raten wachsen dürfte. Experten schätzen, dass sich weltweit mittlerweile mehrere tausend Firmen auf das Internet spezialisiert haben. Sie bauen Datenleitungen aus, entwickeln Software für Netzanwendungen, bieten ihren Kunden einen Zugang zum Internet

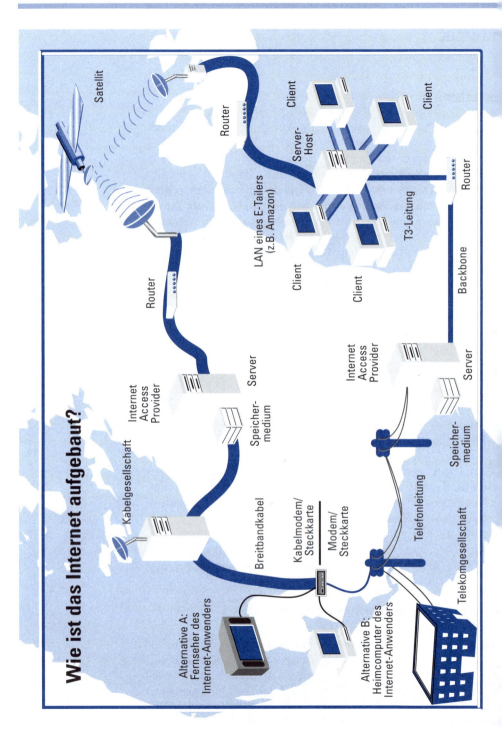

Übersicht über die Internet-Branche

Internet-Infrastruktur	Internet-Services	E-Commerce (EC)
▸ Hardware	▸ Anwenderservices	▸ Business-to-Consumer-EC (Internet-Einzelhandel)
▸ Software	▸ Unternehmensservices	▸ Business-to-Business-EC
▸ Sicherheit	▸ Endverbraucherservices	
	▸ Information- und Entertainment-Services („Infotainment")	

oder treiben dort Handel mit Waren und Dienstleistungen. Einige dieser Unternehmen sind am Neuen Markt gelistet. An der Nasdaq sind es rund vierhundert. Die ständig größer werdende Zahl an Internet-Unternehmen sorgt dafür, dass mittlerweile selbst Profi-Anlegern der Überblick verloren geht. Wer jedoch sein Geld in diesen Sektor investieren möchte, sollte sich unbedingt ein Bild davon machen, welche Tätigkeitsbereiche bisher im Internet anzutreffen sind. Die Abbildung oben zeigt die Struktur der Branche.

Der Internet-Sektor lässt sich grob in die Bereiche Internet-Infrastruktur, Internet-Services und E-Commerce unterteilen. Unter Internet-Infrastruktur verstehen wir sowohl die Netzwerkstruktur als solche, also etwa Kabel, Server, Bridges und Router, als auch Software, die zur Übertragung und Sicherung von Daten notwendig ist. Nach dieser Abgrenzung findet man im Bereich Infrastruktur

- Hardware-Hersteller – damit sind die Produzenten von Datenleitungen, Computer-Chips, Servern usw. gemeint –,
- Softwarelieferanten, also etwa Browser-Programmierer oder Hersteller von Software zur Übertragung von Video und Musik im Internet, und
- Unternehmen, die sich auf die Sicherung des Internet-Datenverkehrs spezialisiert haben.

Einen recht detaillierten Einblick in den Internet-Sektor liefert das Buch »Internet-Aktien – Investieren im Markt der Zukunft«. Es wurde von Johannes Schlütz und Andre Köttner – zwei Autoren des vorliegenden Buches – verfasst, und ist im Schäffer-Poeschel-Verlag erschienen.

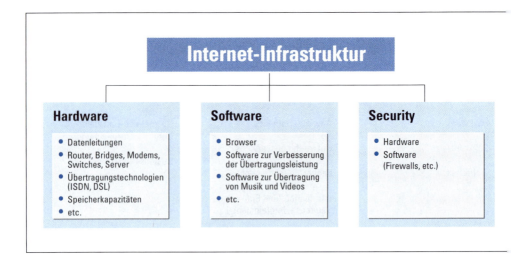

Die Grenzen verwischen

Die Grenzen zwischen reinen Internet-Unternehmen und den Produzenten herkömmlicher Hard- und Software verwischen zunehmend. Insbesondere große Softwareanbieter wie SAP oder Oracle richten ihre Produktpalette mehr und mehr aufs Internet aus. In einigen Jahren werden sie sich – was ihre Produkte angeht – kaum noch von Firmen wie Siebel oder Broadvision, die sich von vornherein auf Internet-Software spezialisiert haben, unterscheiden.

Der zweite große Bereich heißt Internet-Services und dürfte der umfassendste Internet-Sektor sein. Dienstleistungen, die im Internet und »rund ums Internet herum« erbracht werden können, sind sehr vielfältig. So kann im Grunde genommen jedermann eine eigene Homepage entwerfen und diese von einem speziellen Dienstleister, dem Webspace-Provider, ins Internet einstellen und verwalten lassen. Andere Unternehmen bieten umfangreiche Informationen im Internet an, man spricht hier auch von »Content-Providern«, oder geben Internet-Anwendern die Möglichkeit, tausende von Websites innerhalb von Sekunden nach bestimmten Suchbegriffen zu durchforsten (»Suchmaschinen«). Darüber hinaus gibt es Unternehmen im Internet, die potenzielle Käufer mit den Anbietern bestimmter Produkte und Dienstleistungen zusammenführen (»Elektronische Marktplätze für Endverbraucher«). Wieder andere suchen im Internet kostenlos nach günstigen Angeboten (»Shopping Bots«) oder veranstalten Online-Auktionen.

Kommen wir zum dritten Internet-Bereich, dem E-Commerce. Hier ist zu unterscheiden zwischen Consumer Commerce und Busi-

Wer besonders aussichtsreiche Unternehmen aufspüren möchte und gute Englischkenntnisse mitbringt, der fährt mit dem Lesen des Wall Street Journal Europe nicht schlecht. In der Vergangenheit wurde dort schon des öfteren auf eher unbekannte Firmen hingewiesen, die sich später zu wahren Börsen-Highflyern entwickelten.

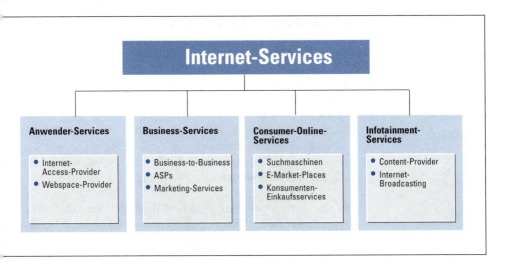

ness-to-Business (B2B)-E-Commerce. Der Begriff Consumer Commerce umschreibt den Verkauf von Gütern und Dienstleistungen an Endverbraucher über das Internet. Man könnte hier auch vom Internet-Einzelhandel sprechen. Demgegenüber bezieht sich B2B-E-Commerce ausschließlich auf Unternehmen, das heißt wenn Firmen untereinander Produkte und Dienstleistungen über das Internet handeln, umschreibt man das mit der englischen Bezeichnung B2B-E-Commerce. Wir gehen unten noch einmal sehr ausführlich auf das Thema ein.

Internet-Einzelhändler nennt man auch E-Tailer, abgeleitet von Retailer, dem englischen Worf für Einzelhändler

Aktuelle Entwicklungen im Internet

Das Internet entwickelt sich rasant weiter. Anleger, die neue Trends frühzeitig erkennen möchten, müssen sich daher permanent mit Informationen versorgen. Tageszeitungen (z. B. Die Welt, FAZ, Financial Times Deutschland), Fachmagazine (Computer Welt, Tomorrow) und insbesondere das Internet selbst können auf der Suche nach Neuigkeiten wertvolle Dienste leisten. Die sorgfältige Recherche zahlt sich im Regelfall aus. Wer beispielsweise bereits 1996 erkannt hat, dass das Fernsehkabel schon drei Jahre später zur Übertragung von Daten genutzt wird, konnte damit eine Menge Geld verdienen.

Zwei relativ junge Internet-Bereiche bestimmen seit Anfang 2000 die Schlagzeilen: Business-to-Business(»B2B«)-E-Commerce und Wireless Internet. Aufgrund der ständig wachsenden Zahl an Unternehmen in diesen Internet-Sub-Sektoren möchten wir beiden jeweils ein eigenes Kapitel widmen.

Business-to-Business-E-Commerce

Definition

Der Begriff B2B-E-Commerce umschreibt

- den Handel von Gütern und Dienstleistungen
- zwischen Unternehmen (herstellendes Unternehmen, Zwischenhändler, Unternehmenskunden)
- und zwar ausschließlich über das Internet (sofern die Produktrecherche zwar im Internet erfolgt, die Bestellung aber per Telefon, Fax oder Brief aufgegeben wird, fällt ein Geschäft nicht unter den Begriff B2B-E-Commerce).

Für den Internet-Handel zwischen Unternehmen wurden in den letzten Jahren spezielle Computer-Programme entwickelt, die man auch elektronische Handelsplattformen nennt. Von der Funktionsweise her sind die Programme durchaus mit denen beim elektronischen Handel mit Wertpapieren vergleichbar. Registrierte Teilnehmer sind in der Lage, alle gehandelten Produkte – bei B2B-Plattformen sind das etwa Rohstoffe oder Schrauben – auf ihrem Computer-Terminal anzeigen zu lassen. Daneben erscheinen die aktuellen Preise für die gezeigten Produkte, die sich aus den Kauf- und Verkaufsangeboten anderer Marktteilnehmer ergeben. Mit Hilfe von Datenleitungen sind alle beteiligten Unternehmen miteinander verbunden – und außerdem mit einem Zentralrechner, was bedeutet, dass in jedem der angeschlossenen Unternehmen ein Computer steht, der per Datenkabel sowohl mit den Computern der anderen Firmen verbunden ist als auch mit einem Zentralrechner, in dem alle Daten zusammenlaufen. Die angeschlossenen Teilnehmer können sich sämtliche Informationen aus dem Zentralrechner per Knopfdruck auf ihren Bildschirmen vor Ort anzeigen lassen. Dort finden sie zum Beispiel Auskünfte über die gehandelten Produkte und Dienstleistungen (z. B. Kurzbeschreibung, Ausstattungsmerkmale), die aktuellen Preise, Mindestabnahmemengen usw. An einen elektronischen Marktplatz für Baustoffe sind beispielsweise die Hersteller von Baumaterialien (Steine, Zement, Sand, Dachpfannen, Holz etc.) angeschlossen und genauso große Handwerksfirmen und Baustoffhändler, die die Produkte verarbeiten bzw. weiterverkaufen wollen. Die Bestellung von Baumaterialen über den B2B-E-Commerce-Marktplatz erfolgt online. Ein Händler, der beispielsweise 20.000 Betondachpfannen für sein Lager benötigt, klickt die Rubrik für Dachbaustoffe an, sucht dort nach dem günstigsten Angebot für die Pfannen und gibt seine Bestellung per Knopfdruck auf.

Auf Seite 93 werden alle im April 2000 geplanten B2B-E-Commerce Marktplätze der USA dargestellt. Einige dieser Marktplätze sind bereits mit Erfolg in Betrieb genommen worden.

Internet

Beteiligte Unternehmen	Software-Lieferant	Branche	Name	Einführungsdatum	Kommentar
Chevron, Texaco	Ariba	Öl/Energie	Petrocosm	19. Januar 2000	Eine der wenigen Internetbörsen, die bereits einen Vorsitzenden (CEO) ernannt haben.
DaimlerChrysler, Ford, General Motors	Commerce One, Oracle	Automobile	Covisint	25. Februar 2000	Hier wurde bisher weder Name noch Vorsitzender bestimmt. Auch die Beteiligungsstruktur ist vertraglich noch nicht geregelt. Die beteiligten Automobilhersteller verlangen eine Beteiligung an den Erlösen der Handelsplattform. Können die Konkurrenten Commerce One und Oracle miteinander kooperieren?
Cenex Harvest States Cooperative, Cargill, Dupont	noch nicht bekannt	Landwirtschaftliche Rohstoffe/Produkte zur Pflanzenzucht etc.	Rooster.com	2. März 2000	–
Chevron, McLane (Wal-Mart Tochter)	Oracle	Lebensmittel, insbesondere Snack-Food	Retailers-Market-Exchange	8. März 2000	Gehandelt werden Snacks, die man an Tankstellen und in Automaten kaufen kann.
Bestfoods, Colgate-Palmolive, Grocery Manufacturers of America, H.J. Heinz, Kraft Foods, Nestle USA, PepsiCo, Procter & Gamble	noch nicht bekannt	Konsumgüter	noch nicht bekannt	16. März 2000	Mit mehr als 50 beteiligten Unternehmen der größte Zusammenschluss dieser Art.
BAe Systems, Boeing, Lockheed Martin, Raytheon	Commerce One	Luftfahrt und Verteidigung	noch nicht bekannt	28. März 2000	Die beteiligten Partner schätzen das Internet-Handelsvolumen auf rund 70 Milliarden US-Dollar pro Jahr. Aber mit Airbus fehlt eines der wichtigsten Unternehmen der Branche. Honeywell und United Technologies arbeiten derzeit an einer separaten Internet-Börse (»MyAircraft.com«). General Electric ist ebenfalls bestrebt, einen eigenen Marktplatz in dieser Sparte zu errichten.
Albertsons, CVS, Kmart, Marks & Spencer, Safeway, Target, Walgreens	noch nicht bekannt	Einzelhandel	World Wide Retail Exchange	31. März 2000	Über ein Dutzend Firmen aus den USA und Europa sind am Aufbau der Börse beteiligt.
BP Amoco, Conoco, Dow Chemical, Mitsubishi, Royal Dutch/Shell, Unocal	Commerce One	Öl/Energie	noch nicht bekannt	11. April 2000	Die insgesamt 14 Partner haben sich bereit erklärt, einen großen Anteil ihrer Einkäufe von jährlich 125 Milliarden US-Dollar über die Internet-Börse abzuwickeln. Hier entsteht direkte Konkurrenz zu Petrocosm.
Cargill, Farmland Industries, Gold Kist, IBP, Smithfield Foods, Tyson Foods	noch nicht bekannt	Geflügel	noch nicht bekannt	11. April 2000	Jeder der Partner hat zugesagt, 20 Millionen Dollar in das Projekt zu investieren. Jeder wird im Aufsichtsrat vertreten sein. Im Sommer 2000 soll die Handelsplattform bereits funktionieren.

Quelle: The Industry Standard, April 2000

Die Tabelle zeigt Online-Marktplätze in stark fragmentierten Branchen, also in Wirtschaftszweigen, in denen sehr viele gleichstarke Wettbewerber nebeneinander existieren. Die Aussichten für Online-Marktplätze, hohe Umsätze zu erzielen, werden insbesondere für diese Branchen als sehr gut eingeschätzt.

Für viele Unternehmen ist die elektronische Abwicklung von Handelsgeschäften mit anderen Unternehmen nichts Neues. Insbesondere in der Autoindustrie ist es schon seit Jahren üblich, dass Autoproduzenten und Zulieferer per Standleitungen miteinander verbunden sind und Daten zwischen ihren Computer-Terminals austauschen. Für herkömmliche Systeme, die einen solchen Informationstransfer ermöglichen, benutzt man auch die Bezeichnung *Electronic Data Interchange*, kurz EDI. Das Internet ist im Vergleich zu EDIs jedoch wesentlich flexibler und bietet darüber hinaus deutlich mehr Möglichkeiten. Beispielsweise lässt sich die Teilnehmerzahl an einer elektronischen Internet-Börse beinahe beliebig erweitern. Teures Equipment ist dafür überflüssig, da Telefonleitungen, einfache Computer und Modems zur Datenübertragung ausreichen. Neben der Aufgabe einer Bestellung kann darüber hinaus jeder einzelne Schritt bis hin zur Bezahlung einer Lieferung vollkommen automatisch abgewickelt werden. Allerdings befinden sich Systeme für eine Zahlungsabwicklung per Internet bisher noch im Versuchsstadium.

B2B-Marktplätze in fragmentierten Branchen			
Branche	Anteil der Top-5-Unternehmen am Branchenumsatz	Unabhängige Online-Marktplätze	Abhängige Marktplätze
Chemikalien	16,6%	CheMatch, ChemConnect, Chemdex, e-Chemicals, PlasticsNet.com, SciQuest.com	RubberNetwork.com (Goodyear, Cooper, Continental etc.), Elastomer-Solutions.com (Bayer, Dow Chemical, DuPont, Elastomers und andere)
Bau	1,8%	BidCom, Build-Online, Buzzsaw.com, Cephren, Contractors eSource	HomebuildersXchange (Centex, Lennar und andere)
Elektronik	13,1%	Avnet, CentralXchange, GlobalSpec.com, Netbuy, Supplybase, TradeOut.com, USBid.com	Unbenannt (AMD, Compaq, Hewlett-Packard, Samsung und andere)
Lebensmittel	4,6%	FoodUSA.com, GlobalFoodExchange.com, Gofish.com, Instill, Inc2inc, Restaurantpro.com, Seafood Exchange	Novopoint.com (Cargill), unnamed (Farmland Industries, Tyson Foods und andere)
Gesundheit	10,6%	eBenX, Claimsnet.com, Healtheon, MedMarket, Medpool, Neofarma.com, Netivation.com	Unbenannt (Baxter, GE Medical Systems, Johnson & Johnson), MedUnite (Aetna, Cigna und andere)
Metall	8,1%	e-Steel, MetalShopper.com, MetalSite, Smart Metal, Spot Metals Online and Steel Express	MetalSpectrum (Alcoa, Kaiser Aluminium und andere)
Kunststoffe	12,4%	PlasticsNet.com, PlasticsPlatform	Unbenannt (BASF, Bayer, Dow Chemical, DuPont)

Quelle: The Industry Standard, 12. Juni 2000

Nach Angaben der Hersteller von B2B-E-Commerce-Software lassen sich bei Nutzung elektronischer Marktplätze Kosteneinsparungen von bis zu 90 Prozent gegenüber herkömmlichen Ordersystemen realisieren. Da ist es kaum verwunderlich, dass Schätzungen für das Marktpotenzial des B2B-E-Commerce heute – am Anfang der Entwicklung – bereits sehr hoch ausfallen.

Marktforschungsinstitute gehen davon aus, dass das Umsatzvolumen beim B2B e-commerce allein in den USA im Jahr 2003 irgendwo im Bereich zwischen 600 Milliarden Dollar (IDC) bis 1,3 Billionen Dollar (Forrester Research) liegen wird. Wer aber wird außer den am Handel beteiligten Unternehmen selbst, die durch den Einsatz des Internets eventuell einen Großteil ihrer Einkaufskosten sparen können, von dieser Ausweitung profitieren? Heute geht man davon aus, dass es insbesondere Software-Produzenten sein werden, die die Entwicklung maßgeblich mitgestalten und dementsprechend künftig die größten Umsätze im B2B-E-Commerce-Bereich erzielen. Die Hersteller von Software zum Betrieb von Online-Handelsplattformen – führend sind hier derzeit Unternehmen wie Ariba, Commerce One, Oracle oder SAP – beziehen ihre Einnahmen im Regelfall nicht nur aus dem Lizenzverkauf, sondern auch aus Beratungsgebühren. Ein großer Teil der Umsätze wird zudem durch die Beteiligung an allen Handelsgeschäften erzielt, die über die bereitgestellten elektronischen Marktplätze zustande kommen.

Anhand der oben genannten US-Prognosen für Online-B2B-Geschäfte lässt sich das Umsatzpotenzial für Marktplatz-Supporter grob schätzen. Unterstellt man, dass sich die Einnahmen auf insgesamt ein Prozent der gesamten Online-Umsätze zwischen US-Unternehmen belaufen, so kommt man für die Jahre 2004/2005 auf eine Einnahmesumme für alle Supporter von etwa 15 bis 20 Milliarden US-Dollar.

Allerdings gibt es auch zahlreiche Skeptiker, die dem Bereich B2B keine überdurchschnittlichen Wachstumschancen einräumen. Ein schwerwiegendes Argument gegen den Boom im Business-to-Business bezieht sich auf die vorher genannten Umsatzprognosen. Heutige Schätzungen gehen im Regelfall davon aus, dass die Hersteller von B2B-E-Commerce-Software an jedem Handelsgeschäft beteiligt werden, das über den von ihnen errichteten Internet-Marktplatz zustande kommt. Angesichts der aktuellen Entwicklungen dürfen daran jedoch erhebliche Zweifel angemeldet werden. Die Initiative, einen elektronischen Marktplatz zu eröffnen, geht oftmals von mehreren großen Konzernen innerhalb einer bestimmten Branche aus. Die beteiligten Unternehmen überlegen zunächst gemeinsam, was künftig per Internet zwischen ihnen und ihren Zulieferern gehandelt werden kann bzw. in welchen Bereichen der Einsatz einer Internet-Handelsplattform sinnvoll ist. Erst im zweiten Schritt schaut man

Elektronische Marktplätze nennt man auch Online-Marktplätze

Marktpotenzial

sich nach Software-Häusern um, die in der Lage sind, die Idee vom elektronischen Marktplatz für die betreffende Branche umzusetzen. Ähnlich wie traditionelle Softwareproduzenten werden die Programmierer von B2B-E-Commerce-Software für die Entwicklung von speziellen Software-Lösungen bezahlt.

Eines dürfte jedoch feststehen: Eine Beteiligung pro Geschäft kann ein Software-Hersteller nur in Ausnahmefällen durchsetzen. Sofern der Auftrag zur Errichtung eines E-Marketplaces von einem oder mehreren etablierten Konzernen erteilt wird, ist die Aussicht auf Provisionszahlungen sehr gering.

> B2B-E-Commerce-Lösungen lassen sich dann sehr schwer implementieren, wenn Produkte mit hohem Spezialisierungsgrad und hohen Qualitätsansprüchen zwischen Unternehmen gehandelt werden.

Ein weiteres Argument, das gegen einen Boom im B2B-Sektor spricht: In vielen Bereichen lassen sich B2B-E-Commerce-Lösungen gar nicht sinnvoll einsetzen. Das gilt insbesondere dort, wo solche Produkte im Mittelpunkt stehen, die einen hohen Spezialisierungsgrad aufweisen oder hohe Qualitätsansprüche erfüllen müssen. Beispielsweise wird ein Automobilhersteller nicht über Nacht seinen Zulieferer für Achsen wechseln, nur weil ihm ein anderer Achsenlieferant ein billigeres Angebot per Internet-Handelsplattform unterbreitet. Oftmals haben sich die Beziehungen zwischen Produzenten und Zulieferern über Jahre eingespielt. Und das gilt für viele Branchen, nicht nur den Automobilbereich. Fazit: Die Möglichkeit, Bauteile per Internet handeln zu können, kann bestehende Prozesse bei der Geschäftsabwicklung erheblich vereinfachen. Ob jedoch bestehende Strukturen durch eine neue Form der Handelsabwicklung binnen kurzer Zeit aufgebrochen werden können, ist fragwürdig.

»B2B-Aktien sind noch Venture-Capital«

In einem Beitrag in »The Industry Standard« vom 15. Mai 2000 äußerte sich Geoffrey Moore, Autor des US-Bestsellers »The Gorilla Game – Picking Winners in High Technology« zum Thema B2B. Er ist der Ansicht, dass sich die Entwicklung in diesem Bereich erst am Anfang befindet, elektronische Marktplätze für Unternehmen auf lange Sicht aber sehr vielversprechend sind.

»Eine Nebenwirkung der kürzlichen Korrektur am Aktienmarkt ist, dass die Wall Street das Vertrauen in Business-to-Business-Internet-Aktien verloren hat. Schaut man sich die einst extrem hohen Bewertungen dieser Titel an, überrascht es kaum, dass sie besonders starke Kursverluste erlitten haben – viele Marktbeobachter gehen sogar noch von weiteren Rückschlägen aus. Die Frage, die sich uns stellt: Was können Anleger aus den Geschehnissen der letzten Wochen und Monate lernen?

Für die Pessimisten stellt die Korrektur an den Hightech-Börsen eine typische »ich-hab-Dir-gesagt-es-ist-eine-Blase-Situation« dar. Aber das Bild von der platzenden Blase trifft für viele Internet-Werte nicht zu. Wenn eine Blase am Aktienmarkt platzt, gibt es keine zurückbleibende

Grundlage, auf der man neu aufbauen könnte. Alles löst sich förmlich in Luft auf. Wenn man von einer Blase spricht, umschreibt man einen Zustand abstruser Börsenkurse, denen niemals ein echter Wert gegenübergestanden hat. Die Hoffnungen und Erwartungen der Marktteilnehmer, die zu den astronomisch hohen Kursen geführt haben, entpuppen sich im Nachhinein als reine Illusion. Für Aktien aus dem B2B-Bereich trifft das jedoch nicht zu.

Werfen wir einen genauen Blick auf Internet-Handelsplattformen: Die elektronischen Marktplätze für Unternehmen haben gerade die frühe technische Entwicklungsphase verlassen und stehen vor der Bewährungsprobe in der Praxis. Es kann Wochen, Monate oder gar Jahre dauern, bis Technologien die Bewährungsprobe bestehen und sich in einem Massenmarkt durchsetzen können. Sie fallen quasi in ein Zeitloch (»Chasm«), das zwischen Marktreife und Massenanwendung liegt. Dieser Vorgang ist im Hochtechnologiebereich vollkommen normal. Kommen wir zurück zum B2B-E-Commerce. Was hier nicht »normal« abgelaufen ist, war die frühe Finanzierung von B2B-E-Commerce-Firmen durch die Börse. Denn die frühen Entwicklungsphasen, wie wir sie beispielsweise bei B2B-E-Commerce-Software gerade hinter uns gelassen haben, werden im Regelfall mit Hilfe von Venture-Capital-Unternehmen finanziert. Viele B2B-Gesellschaften haben sich jedoch sehr früh zum Gang an die Börse entschlossen und sich daher bereits in einer ungewöhnlich frühen Phase dem Licht der Öffentlichkeit und damit den scharfen Blicken einer großen Zahl ungeschulter Investoren ausgesetzt. Letzteren ist oftmals nicht bewusst, was während des Time-Lags passiert: Nach der Entwicklung einer neuartigen Technologie muss es das Ziel ihres Erfinders sein, innerhalb der verwandten und relevanten Technologie-Sektoren einen hohen Bekanntheitsgrad zu erlangen. Idealerweise geschieht dies durch das Eingehen enger Kooperationen mit den jeweiligen Marktführern. Auf diese Weise machen sich junge Unternehmen einen Namen am Markt, werden von einer Vielzahl unterschiedlicher Akteure (potenzielle Kunden, Zulieferer, Anleger) frühzeitig wahrgenommen und unterhalten gegebenenfalls die Unterstützung von Enthusiasten und Visionären. Dieser Schritt ist essenziell für das Überleben. Nur wer hier besonders erfolgreich agiert, hat überhaupt Chancen, die Bewährungsprobe zu bestehen. Über Business-to-Business-Unternehmen wie Ariba, Commerce One oder I2 kann das schon heute gesagt werden ...«

Freie Übersetzung der Verfasser

Geoffrey Moore ist davon überzeugt, dass sehr viele, durchaus aussichtsreiche B2B-E-Commerce-Unternehmen zu früh an die Börse gebracht wurden.

Abgrenzung zwischen B2C- und B2B-E-Commerce-Software

Unter dem Begriff »E-Commerce-Software« versteht man eigentlich Programme, die es Unternehmen ermöglichen, Online-(Internet-)Shops zu betreiben, oder deutlicher, Waren und Dienstleistungen über das Internet zu verkaufen. Man könnte auch von B2C-E-Commerce sprechen, um diese Programme von der zuvor beschriebenen B2B-E-Commerce-Software abzugrenzen. B2C-E-Commerce-Software setzt sich normalerweise aus mehreren Softwarepaketen zusammen, wie

- Suchmaschinen (Auswahl von Produkten nach Preis, Beschaffenheit oder Qualität, Beispiel für Softwareproduzenten: Inktomi),
- Bezahlungstools (Möglichkeit, verschiedene Zahlungsmittel zu verwenden und die Bezahlung auch elektronisch bzw. online abzuwickeln, Herstellerbeispiel: Trintech) oder
- Sicherheitslösungen (niemand soll die Kreditkartennummer lesen oder – noch schlimmer – Bestelldaten ändern können, Anbieter von Sicherheitslösungen: Verisign, Entrust).

Den Kern der B2C-E-Commerce-Software bilden jedoch solche Programme, die es ermöglichen, alle Produkte eines Unternehmens darzustellen (z. B. Präsentation durch Text, Text + Foto oder Sprache + bewegtes Bild) sowie Preise und Lieferzeiten anzuzeigen. Hierbei handelt es sich um E-Commerce-Software im eigentlichen Sinne. Die führenden Hersteller entsprechender Produkte sind Broadvision und Intershop, die beide am Neuen Markt gelistet sind. (Die Aktie von Broadvision ist sowohl an der Nasdaq als auch am Neuen Markt notiert.) Ein sehr gutes Demonstrationsbeispiel für E-Commerce-Software (im eigentlichen Sinne) liefert die Homepage von Amazon mit einem hervorragenen Präsentations- und Bestellmodul.

Wireless Internet

M-Commerce steht für Mobile Commerce und kennzeichnet die Nutzung des Internet mit Hilfe mobiler Empfangsgeräte, um zum Beispiel Waren zu bestellen oder Informationen abzurufen.

Eine der gravierendsten Weiterentwicklungen des Internet vollzieht sich derzeit im Bereich Internet-Infrastruktur. War es bisher üblich, Daten über bestehende Telefonleitungen zu versenden, geht der Trend heute hin zur kabellosen (wireless) Datenübertragung an den Endnutzer. Internet-Daten werden dabei nur bis zu einem gewissen Ort über Datenleitungen versendet und von dort an in Form von Wellen »durch die Luft« ausgestrahlt. Als Empfangsgeräte dienen heute in erster Linie Handys. Denkbar ist die Übertragung von Internet-Daten natürlich auch auf andere mobile Empfangsgeräte, wie Palm Tops und sonstige handgehaltene Computer/Organizer oder Lap Tops. Die größte Rolle bei der Nutzung des Wireless Internet dürfte in Zukunft jedoch das Handy spielen. Allerdings kann man heute noch längst nicht alle Mobiltelefone für den Empfang von Internet-Daten einsetzen. Die Geräte müssen bei gegebenem Mobilfunkstandard WAP-fähig sein, wie es im Fachjargon heißt. WAP steht für **W**ireless **A**pplication **P**rotocol und beschreibt eine spezielle Datenübertragungstechnik, die einen Internet-Zugang von allen mobilen Empfangsgeräten erlaubt, die mit einem gängigen Betriebssystem (z. B. Palm Pilots EPOC, Windows CE, Java) ausgestattet sind. Um Internet-Seiten auf einem Handy downloaden zu können, müssen die Seiten in einer speziellen Sprache, der sogenannten **Wireless Markup Language**, kurz WML, geschrieben sein. WML ist einfach gesagt eine abgespeckte Version der Internet-Standardsprache **Hypertext Markup Language** (HTML). Da sich Web-Sites aus dem World Wide Web in der vorhandenen Form nicht auf einem Handy-Display anzeigen lassen, müssen umfangreiche Grafiken, Werbebanner usw. bei der Übertragung auf mobile Empfangsgeräte entfernt oder zumindest erheblich verkleinert werden. Und genau das leistet WML.

Mobile Empfangsgeräte müssen zur Entschlüsselung von WML-Dokumenten außerdem mit einem Minibrowser ausgestattet sein.

WAP ist auf die gegenwärtigen Handy-Standards ausgerichtet. Bei künftigen Standards wie GRPS oder UMTS ist der Einsatz von WAP nicht mehr notwendig. Schon heute kann WAP die Erwartungen der Anbieter von Mobiltelefonen nicht erfüllen. Der Absatz WAP-fähiger Handys läuft nur sehr schleppend, was nicht zuletzt auf die begrenzten Anwendungsmöglichkeiten und die Geschwindigkeit bei der Datenübertragung zurückzuführen sein dürfte. Obendrein wird WAP zunehmend durch SMS bedroht: Es gibt immer mehr Service-Unternehmen, die es Handy-Besitzern ermöglichen, per einfacher SMS Informationen abzufragen. Im Klartext: Der Handy-Besitzer richtet per SMS eine Frage an die Dienstleister (z. B.: Wie steht der DAX?) und diese senden ihm umgehend auf dem gleichen Wege die Antwort (hier: den aktuellen Indexstand) zu. Der Vorteil der SMS-Kommunikation liegt auf der Hand: Wer Informationen per SMS abruft, benötigt kein teures WAP-Handy. Ein herkömmliches Handy mit SMS-Funktion ist dazu vollkommen ausreichend.

Trotzdem ist die Entwicklung im Bereich Wireless Internet sehr vielversprechend. Die Möglichkeit, Web-Sites und andere Internet-Inhalte schon bald in hoher Qualität per mobilem Empfangsgerät abrufen zu können, eröffnet Unternehmen und Endverbrauchern vollkommen neue Dimensionen. In wenigen Jahren wird man das Handy als elektronische Geldbörse oder als »Bordcomputer für Fußgänger« einsetzen können. Die Visionen, die dahinter stecken: Handy-Besitzer bezahlen Parkuhren, Fahrkarten oder die Cola am Automaten künftig per Knopfdruck auf die Handytastatur und schauen sich Stadtpläne inklusive einer Positionsanzeige auf ihrem Display an. Die Analysten von Lehman Brothers identifizieren insgesamt vier Felder, die künftig im Mittelpunkt des sogenannten M-Commerce (»**M**obile-Commerce«) stehen:

- **Unterhaltung**: Per Handy oder einem sonstigen mobilen Empfangsgerät lassen sich Bilder, Grafiken und Lieder aus dem Inter-

> **Mobilfunkstandards**
>
> **GSM:**
> kurz für Global Standard for Mobile Communication. 1990 implementierter Standard für das mobile Telefonieren in Europa. Neuerdings tragen alle digitalen Mobilfunknetze, die technisch den GSM-Standards entsprechen, die Bezeichnung GSM, ergänzt durch die Zahl des jeweiligen Megahertz-Bereichs (900, 1.800 oder 1.900). Mit GSM können Daten mit einer Übertragungsrate von 9,6 Kilobits pro Sekunde (Kbps) übertragen werden.
>
> **GPRS:**
> kurz für General Packet Radio Service. Anders als beim derzeitigen Mobilfunk nach dem GSM-Standard werden die Daten bei GPRS – analog zum Internet – paketweise verschickt. GPRS ist also in erster Linie nicht für Sprachübertragungen konzipiert, sondern dient vor allen Dingen einem schnelleren Datentransfer in Mobilfunknetzen. GPRS erreicht eine Übertragungsrate von maximal 53,6 Kpbs und stellt eine Übergangslösung bis zur Einführung von UMTS dar.
>
> **UMTS:**
> kurz für Universal Mobile Telecommunications System. Mobilfunk der dritten Generation, auch 3G genannt. Dank der hohen Datenübertragungsraten von zwei Megabit pro Sekunde werden völlig neue Anwendungen möglich. Straßenkarten oder Filme können dann auf mobile Empfangsgeräte übertragen werden. UMTS ist mehr als 200mal so schnell wie GSM und etwa 40mal so schnell wie GPRS.

net abrufen, können Video-Games gespielt oder gar Videofilme angeschaut werden.

- **Transaktionen**: Die Abwicklung von Bankgeschäften (Wertpapierorders, Überweisungen usw.), Einkäufen oder Reisebuchungen wird künftig genauso per Handy möglich sein wie die Abgabe von Geboten für Internet-Auktionen oder der Abschluss von Sportwetten. Darüber hinaus wird das Handy zum mobilen Portemonnaie und kann – wie heute die Bankkarte – für die Bezahlung erworbener Produkte und Dienstleistungen benutzt werden.
- **Kommunikation**: Die ursprüngliche Funktion von Handys, nämlich die reine Kommunikation, lässt sich in Zukunft noch weiter verbessern. Schon heute können kurze Mitteilungen über das Handy verschickt werden. Bald dürften es umfangreiche E-Mails sein. Außerdem ist der Einsatz von Mobiltelefonen bei der Teilnahme an Internet-Chats oder Video-Konferenzen denkbar.
- **Information**: Das Abrufen von Nachrichten und Börsenkursen ist mit WAP-fähigen Handys schon jetzt möglich. In Zukunft werden Stadtpläne, Unternehmensnachrichten und Telefonverzeichnisse hinzukommen.

Die Aussicht, das Internet an nahezu jedem beliebigen Ort der Welt nutzen zu können, beflügelt natürlich auch die Phantasie der Börsenteilnehmer. Aber welche Unternehmen sind es, die vom M-Commerce-Boom profitieren werden? In erster Linie dürften es wieder mal die Schaffer der Infrastruktur sein, also insbesondere die Hersteller von Handys und sonstigen mobilen Empfangseinheiten (Nokia, Ericsson), die Betreiber von Netzwerken für den Mobilfunk (Orange, Vodafone, Telecom Italia), die Produzenten von leistungsfähigen Netzwerkkomponenten sowie solche Unternehmen, die an der Steigerung der Übertragungskapazität in vorhandenen Datenleitungen arbeiten (Lucent, Motorola, Ericsson, Nortel). Im Mittelpunkt der Entwicklung stehen außerdem Firmen,

- die Betriebssysteme für mobile Empfangseinheiten programmieren (Microsoft, Symbian, 3COM),
- UMTS-Server und -Gateways herstellen (Nokia, Ericsson) oder solche,
- die Handy-Browser (Nokia, Ericsson, Phone.com) sowie Sicherheits- und Verschlüsselungssoftware entwickeln.

Bewertungsfragen für Internet-Firmen

Diese Fragen beziehen sich in erster Linie auf E-Commerce-Unternehmen und Portale. Für die Bewertung von Aktiengesellschaften aus dem Bereich Infrastruktur gelten im Grunde genommen dieselben Kriterien, die wir für Hard- und Softwareproduzenten an den entsprechenden Stellen aufgelistet haben.

- **Einnahmequellen:** Wie setzt sich der Umsatz des Unternehmens zusammen? Ist es in der Lage, mehr als nur Werbeflächen zu verkaufen? Falls das Unternehmen Waren vertreibt: Wie hoch sind die Gewinnspannen bei den einzelnen Produkten?
- **Profitabilität:** Ist absehbar, dass das Unternehmen bald profitabel wird oder sind Verluste auch in den nächsten Monaten oder gar Jahren vorprogrammiert? Anleger, die bei der Geldanlage keine extrem hohen Risiken eingehen wollen, sollten auf den Kauf von unprofitablen Unternehmen komplett verzichten.
- **Nutzer:** Wie viele Zugriffe/regelmäßige Nutzer/registrierte Mitglieder besitzt eine Web-Site? Ist die Seite im Vergleich zu anderen stark frequentiert? Überdurchschnittlich hohe Nutzerzahlen sind die Minimumanforderung, die Anleger an ein E-Commerce-Unternehmen stellen sollten. Noch im Frühjahr 1999 gingen die meisten Analysten und Anleger davon aus, dass hohe Zugriffs- bzw. Nutzerzahlen automatisch zu hohen Umsätzen und letzten

Die wichtigste Frage, die man sich bei E-Commerce-Unternehmen stellen sollte: Haben die Firmen überhaupt Aussicht, irgendwann einmal profitabel zu werden?

Nebenstehende Rechnung verdeutlicht, dass der Handel von Gütern über das Internet durchaus Gewinne abwerfen kann. Amazon beispielsweise erzielt unterm Strich zwar immer noch sehr hohe Verluste, ist im »reinen« US-Buchgeschäft aber bereits profitabel.

Profitabilität des Online-Buch- und Kleiderverkaufs in den USA

	Bücher	Kleidung
Durchschnittlicher Umsatz pro Order:	37,82 Dollar	85,00 Dollar
Einnahmen aus Liefer-Service:	7,18 Dollar	9,70 Dollar
Gesamteinnahme:	45,00 Dollar	94,70 Dollar
Kosten des Produktes:	27,92 Dollar	43,60 Dollar
Transportaufwendungen:	7,18 Dollar	7,80 Dollar
Rohertrag:	9,90 Dollar	43,30 Dollar
Abwicklungskosten (Kreditkartengebühr etc.):	5,00 Dollar	10,70 Dollar
Deckungsbeitrag:	4,90 Dollar	32,60 Dollar
Umsatzmarge:	12,96%	38,35%

Quelle: McKinsey und Co.

Endes Gewinnen führen. Mittlerweile hat sich jedoch herausgestellt, dass es noch einige Zeit dauern wird, bis hohe Nutzerzahlen auch in annehmbaren Umsätzen und Gewinnen resultieren.

- **Bekanntheitsgrad/Markenname:** Hat es die Web-Site bereits geschafft, in der Bevölkerung einen hohen Bekanntheitsgrad zu erreichen bzw. einen Markennamen zu etablieren? Falls nicht, gibt es normalerweise triftige Gründe dafür: Wettbewerber bieten besseren Content, die Seite hat wesentliche Trends verschlafen, betreibt ein schlechtes Marketing oder führt relativ unattraktive Produkte im Angebot.
- **Content:** Bietet das Unternehmen Inhalte oder besondere Module (z. B. Finanzrechner), die andere Web-Sites nicht anbieten? Wie hoch ist der Zusatznutzen, den die Seite stiftet?

Bei den Case Studies innerhalb dieses Buches handelt es sich nicht um Kaufempfehlungen für die betreffenden Aktiengesellschaften. Die Unternehmen erfüllen zwar die von den Autoren formulierten Kriterien für Wachstumsunternehmen. Eine Antwort auf die Frage, ob der aktuelle Kurs gerechtfertigt ist oder zu hoch/zu niedrig ausfällt, liefern die Autoren mit den Case Studies jedoch nicht.

Case Study: Intershop

Unternehmensbeschreibung. Intershop ist neben Broadvision der führende Hersteller von E-Commerce-Software. Diese Software wird von anderen Unternehmen eingesetzt, um Produkte über das Internet zu verkaufen (auch »Sell-Side-Software« genannt).

Nachhaltigkeit des Geschäftsmodells. Der Gesamtumsatz der Sparte E-Commerce-Software wächst von Jahr zu Jahr mit Raten von über 100 Prozent. Im Grunde genommen ist nahezu jedes Unternehmen weltweit potenzieller Anwender von E-Commerce-Software und damit potenzieller Kunde von Intershop und seinen Wettbewerbern. Bisher ist die Marktpenetration jedoch noch sehr gering: Es gibt derzeit rund eine Milliarde Internetseiten, aber nur auf etwa fünf Prozent dieser Seiten kann man bisher tatsächlich Produkte kaufen. Die meisten kleineren Einzelhändler haben noch gar keine Webseite, was genauso für die meisten Handwerksunternehmen gilt. Intershop hat im Segment für E-Commerce-Software einen Marktanteil von ca. 30 Prozent. Die Nachhaltigkeit des Geschäftsmodells ist damit zweifelsohne gegeben. Das Unternehmen aus Ostdeutschland ist bereits weltweit tätig und macht mehr als 50 Prozent seiner Umsätze in den USA. Diese Größenordnung ist beachtlich, da US-amerikanische Unternehmen Hard- und Software normalerweise bevorzugt bei anderen US-Firmen kaufen. Intershop verfügt über namhafte Referenzkunden und Partnerunternehmen – zum Beispiel kooperiert der Software-Produzent mit dem weltweit führenden Chip-Hersteller Intel –, was den Vertrieb erheblich erleichtert.

Management. Der Vorstandsvorsitzende Stephan Schambach ist ein junger, dynamischer Visionär, der das Potenzial des Internet frühzeitig erkannt hat. Mit Eckard Pfeiffer (ehemaliger Vorstandschef von Compaq Deutschland) hat Intershop zudem eine einflussreiche Persönlichkeit im Aufsichtsrat, die Kontakte zu bedeutenden Unternehmenskunden herstellen kann.

Organisches Wachstum. Bisher ist Intershop fast ausschließlich organisch gewachsen, abgesehen von ein paar kleineren Übernahmen (meistens Softwareentwickler).

Bilanzierung. Das Unternehmen bilanziert sehr konservativ nach US-GAAP und verzichtet beispielsweise darauf, R & D-Kosten zu aktivieren.

Besondere Risiken/Bewertung. Die Bewertung Intershops fällt im Vergleich zur US-amerikanischen Konkurrenz derzeit zwar sehr hoch aus. Angesichts der wenigen guten börsennotierten Softwareunternehmen in Europa ist ein Aufschlag gegenüber US-Unternehmen jedoch bis zu einem gewissen Grad gerechtfertigt. Der aktuelle Börsenwert dürfte der gegenwärtigen Marktposition des deutschen Softwareherstellers sowie dessen hervorragenden Zukunftsaussichten in etwa Rechnung tragen.

Am Neuen Markt sind noch Openshop und Internolix im gleichen Segment wie Intershop tätig, doch die Hauptwettbewerber kommen mit Broadvision, Art Technologies und Vignette aus den USA.

Finanzdaten:

Jahr	Umsatz*	Gewinn je Aktie*	KGV
2001	271 Mio. Euro	0,236 Euro	332,0

* Umsatz und Gewinn geschätzt.
Quelle: IBES, Kursbasis: 78,50 am 17.08.2000

Die Aussichten der Internet-Branche auf einen Blick

Wachstumstreiber

- Die fortschreitende Automatisierung von Unternehmen wird in den nächsten Jahren insbesondere Internet- bzw. Netzwerk-Technologien betreffen. Die Anbieter von Internet-Infrastruktur werden davon überdurchschnittlich profitieren.
- Auch die Ausbreitung des Wireless Internet wird die Hersteller von Internet-Infrastruktur begünstigen.
- Die Durchdringungsrate des Internet ist insbesondere in Kontinentaleuropa noch relativ gering. Bis es zu einem Massenmedium geworden ist, besteht immer noch ein großer Bedarf an internetfähigen Geräten (PCs, Handys, Handheld-Computer, Set-Top-Boxen etc.) sowie an Netzwerktechnologie.
- Bestimmte Märkte (Wohnungsmarkt, Arbeitsmarkt etc.) sind auf das Internet perfekt zugeschnitten, aber erst kaum oder noch gar nicht erschlossen. Daher bestehen noch viele Geschäftsfelder mit hohem Umsatzpotenzial.
- Der Bereich B2B-E-Commerce befindet sich immer noch in den Kinderschuhen. Auch hier dürften weitere attraktive Geschäftsmöglichkeiten verborgen sein.

Wachstumshemmer

- Der Konkurs von Internet-Unternehmen, insbesondere von E-Tailern, ist innerhalb der nächsten Monate nicht ausgeschlossen. Sollte ein namhaftes Unternehmen in arge Finanznöte geraten, wird das höchstwahrscheinlich die Börsenkurse des ganzen Sektors negativ beeinflussen.
- Das Internet ist bisher immer noch weitgehend unberührt von staatlichen Einflüssen. Die Einführung einer Steuer auf Internet-Handelsgeschäfte, wie sie schon des öfteren von mehreren Regierungen in Erwägung gezogen wurde, würde eine stärkere Nutzung des Internet als Vertriebsmedium behindern.
- Eine hundertprozentige Sicherheit bei Bank- und Handelsgeschäften kann im Internet auf absehbare Zeit nicht garantiert werden. Auch das wird die Internet-Ausweitung hemmen, da hochsensible Daten immer noch manipuliert oder gar abgefangen werden können.
- Eine stärkere Nutzung des Internet als Multimediakanal (zum Beispiel zur Übertragung von Videos oder zur Internet-Telefonie) ist derzeit aufgrund von Kapazitätsengpässen nahezu ausgeschlossen. Erst wenn die Engpässe beseitigt sind, lässt sich dieses Potenzial des Internet nutzen.

Medienbranche

Struktur

Unter die Medienbranche fallen alle Unternehmen, die in den Bereichen

- Filmproduktion (Filme für Kino, Video und Fernsehen, also Pay- und Free-TV),
- Erbringung von Dienstleistungen im Bereich Filmproduktion: Spezialeffekte/Stunts, Vertonung, Übersetzung,
- Musikproduktion (in erster Linie CDs),
- Herstellung sonstiger Fernsehinhalte (»TV-Content«) wie etwa Fernsehshows, Serien, Nachrichten, oder spezielle Börsensendungen,
- Radio (Radiosender),
- Print (Zeitungen, Magazine, Bücher) und
- Werbung (Radio, TV, Print)

Kinofilme, Videos/DVDs, das Fernsehen und Bildübertragungen im World Wide Web bezeichnet man auch als audiovisuelle Medien. So lassen sie sich begrifflich von Radio, Musik-CDs/-Dateien und Printmedien abgrenzen.

tätig sind. Im weitesten Sinne kann man auch solche Firmen zur Medienbranche zählen, die sich mit der Unterhaltung von Menschen beschäftigen, etwa die Betreiber von Freizeitsparks (Walt Disney) oder die Hersteller von Spielkonsolen (Sony, Sega) und Gesellschaftsspielen. In der Praxis sind die Grenzen oftmals fließend. Der Walt-Disney-Konzern beispielsweise unterhält eine eigene Filmproduktion, besitzt eine Schallplatten-Firma und betreibt Freizeitparks.

Die Medienbranche ist derzeit einem grundlegenden Wandel durch das Internet unterworfen. Herkömmliche Übertragungs- und Verbreitungswege für Filme, Nachrichten, Musik usw. werden zunehmend durch das Internet ersetzt oder zumindest ergänzt. Immer mehr Internet-Nutzer laden sich beispielsweise Musikdateien (»MP3-Files«) aus dem Internet und können – falls sie über die entsprechende Hardware verfügen – eine Vielzahl CDs mit den Dateien bespielen. Das Herunterladen von MP3-Files ist bisher kostenlos, sodass sich die Musikpiraterie immer stärker ausbreitet. Experten schätzen, dass der für die Musikindustrie durch das Internet angerichtete Schaden pro Jahr in zweistelliger Milliardenhöhe liegt.

Wir sprechen diesen Aspekt, der sich ähnlich auch in anderen Bereichen der Medienbranche niederschlagen könnte – man denke nur an den kostenlosen Download von Videofilmen aus dem Internet – gleich zu An-

Die Digitalisierung von Film- und Tonbändern macht die Übertragung per Internet möglich. Dadurch eröffnen sich neue Vertriebswege.

Übersicht über die Medienbranche

- Filmproduktion
- Musikproduktion
- Herstellung sonstiger Fernsehinhalte (Fernsehshows, Serien, Nachrichten, spezielle Börsensendungen, Spezialformate wie »Big Brother«)
- Dienstleistungen: Special Effects, Vertonung, Übersetzung
- Radio (Radiosender)
- Print (Zeitungen, Magazine, Bücher)
- Werbung (Radio, TV, Print)

fang an. Die Auswirkungen des Internet auf die Umsätze und vor allen die Gewinne von Medienfirmen dürften künftig gravierend sein. Auch der derzeitige Hoffnungsträger vieler Filmproduzenten, nämlich Videos im DVD-Format, könnte in einigen Jahren durch hochwertige Filmübertragungen über das Internet verdrängt werden. Die Festplatte wird dann zum wichtigsten Speichermedium für Filme. Insofern handelt es sich beim DVD-Format gegebenenfalls nur um eine Übergangslösung und es besteht die große Gefahr, dass das Ertragspotenzial dieses Speichermediums zeitlich nur begrenzt ist.

Natürlich darf man die Zukunft der Medienbranche nicht zu schwarz malen. Denn das Internet bietet den Unternehmen des Sektors zahlreiche neue Möglichkeiten, Endverbraucher quasi direkt im Wohnzimmer mit hochwertiger Unterhaltung zu versorgen. Die meisten Medienfirmen arbeiten derzeit mit Nachdruck an Internet-Strategien, was ihr Überleben auch langfristig sichern dürfte. In Anbetracht der aktuellen Entwicklungen stellt sich eine enge Kooperation zwischen Internet-Seiten mit sehr hohen Nutzerzahlen (Yahoo, eBay usw.) und traditionellen Medienunternehmen als logischer und aus unternehmerischer Sicht auch richtiger Schritt dar. Da die Händler von Filmrechten bisher nur die Verwertungsrechte für Kino, Video und TV besitzen (dazu später noch mehr), steht es Medienkonzernen offen, alle bisher und künftig produzierten Filme selbständig über das Internet zu vermarkten. Die Einschaltung Dritter erübrigt sich damit.

Das Internet bietet Medienunternehmen neue Möglichkeiten, Musik und Filme zu vermarkten. Insbesondere Werbeagenturen dürften von der aktuellen Entwicklung überdurchschnittlich profitieren.

Medienunternehmen und der Neue Markt

Der Medienbranche wurde von deutschen Anlegern bis vor wenigen Jahren kaum Beachtung geschenkt. Der Kurs der Pro7-Aktie, der nach der Emission monatelang vor sich hindümpelte, könnte als Beleg dafür dienen. Als Grund für die »Nichtbeachtung« von Medienaktien kann man zweifelsohne die mangelnde Präsenz an den deutschen Börsen, aber auch die Struktur der Branche als solche heranziehen. Börsennotierte Filmproduzenten gibt es in Deutschland bisher keine. Als einziger deutscher Fernsehsender ist nur Pro7 an der Börse notiert – und zwar im Amtlichen Handel. Das Unternehmen ist immer noch zu rund 60 Prozent im Besitz des Kirch-Konzerns, und damit fast vollständig in privater Hand. Durch die mit dem Bertelsmann-Konzern (RTL) eingegangenen Absprachen existieren quasi nur noch zwei Senderfamilien. Der Markt ist damit ein Oligopol und außerdem relativ intransparent.

Wirklich ins Rampenlicht rückten Medienaktien in Deutschland mit der Einführung des Neuen Marktes. Eine der ersten Aktiengesellschaften an der Wachstumsbörse war EM.TV, ein Unternehmen, das seine Aktivitäten ursprünglich auf den Verleih von Kinderfilmen ausgerichtet hatte. Mit einer Performance von etwa 18.000 Prozent seit ihrem IPO gehört die Aktie von EM.TV außerdem zu den erfolgreichsten Papieren der letzten Jahre überhaupt. Weitere Medienfirmen sind beispielsweise die Kinowelt Medien AG (Filmverleih), Highlight (Filmverleih, Sportrechteverwerter), Cinemedia (Filmnachbearbeitung), Senator Film (Filmproduktion), Constantin (Filmproduktion), das Werk (Filmproduktion und -nachbearbeitung), Intertainment oder H5B5. Die Grafik auf Seite 112 zeigt den Wertverlauf ausgewählter Aktien im Vergleich zum Nemax All Share Index. Es wird deutlich, dass nur einzelne Medienaktien den Gesamtmarkt deutlich outperformen konnten.

Die Wertschöpfungskette eines Films

Die folgenden Ausführungen möchten wir auf die Beschreibung der Filmproduktion und der Verwertung von Filmrechten beschränken. Wir orientieren uns dabei an der DG Bank-Studie »Branchenanalyse Medien-Content-Provider« vom Februar 2000. In dieser Publikation befassen sich die Autoren auf 64 Seiten intensiv mit der Filmproduktion und der anschließenden *Rechteverwertung*.

Ein Film lässt sich traditionell auf vier Stufen verwerten. Stufe 1 ist das Kino, Stufe 2 die Vermarktung auf Video/DVD usw. (siehe Abbildung).

Jahr für Jahr werden weltweit mehrere hundert Filme fürs Kino produziert. Das gesamte Investitionsvolumen beläuft sich auf 20 bis 30 Milliarden DM. Nach Schätzungen von Branchenexperten betrug

Die Abbildung verdeutlicht, dass ein guter Kinofilm seinem Produzenten enormes Einnahmepotenzial bietet. Die Vermarktungskette wird künftig voraussichtlich noch um das Element »Internet-Download« erweitert.

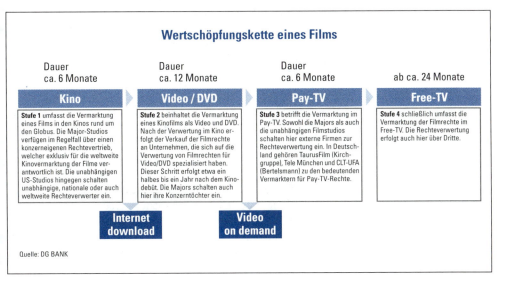

Major US-Studios (»Majors«): Universal Pictures, Paramount, MGM, Columbia Tristar, Twentieth Century Fox, Time Warner, Walt Disney (Buena Vista)

das durchschnittliche Produktionsbudget für einen Kinofilm im Jahr 1997 etwa neun Millionen DM. Der Durchschnittswert fällt im Vergleich zu den durchschnittlichen Produktionskosten US-amerikanischer Filme – diese dürften mit etwa 100 Millionen DM pro Film am oberen Ende der Kostenskala liegen – sehr gering aus.

Der Markt für Kinofilme wird seit jeher von den großen Hollywood-Studios beherrscht. Man spricht hier auch von den »Majors« oder »Major-Studios«. Gemeint sind damit Universal Pictures, Paramount, MGM, Columbia Tristar, Twentieth Century Fox, Time Warner und Walt Disney.

Zum Begriff Verwertungsrechte

Ein wichtiger Baustein für das Verständnis der ökonomischen Behandlung von audiovisuellen Inhalten ist die rechtliche Würdigung der Eigentumsproblematik. In Deutschland gewährt das Urheberrecht oder Copyright dem Urheber Schutz für sein Werk. Werke sind persönliche geistige Schöpfungen. Der Urheber ist demnach der Schöpfer des Werkes. Neben dem Werk schützt das Urheberrecht bestimmte Leistungen. Diese so genannten Leistungsschutzrechte erlangen insbesondere Filmproduzenten durch die Herstellung eines audiovisuellen Inhaltes. Das Gesetz schützt den Urheber und Leistungsschutzberechtigten, indem es ihm die Verwertungsrechte an diesen Inhalten zuspricht. Die Verwertungsrechte sind Ausschließlichkeitsrechte. Deshalb darf ausschließlich der Urheber oder der Leistungsschutzberechtigte Verwertungsverhandlungen vornehmen. Andere Personen dürfen Verwertungsverhandlungen nur mit Zustimmung des Urhebers durchführen. Die wichtigsten Verwertungsrechte sind das Vervielfältigungsrecht, das Verbreitungsrecht und das Recht zur öffentlichen Aufführung. Es bleibt dem Urheber vorbehalten, Dritten die entsprechenden Nutzungsrechte an einem bestimmten audiovisuellen Inhalt im Rahmen von Lizenzverträgen gegen entsprechende Gebühren zeitlich befristet oder unbefristet zur ökonomischen Auswertung zu überlassen.

Auszug aus: DG Bank-Studie »Branchenanalyse Medien-Content-Provider« vom Februar 2000

Unabhängige US-Studios: Miramax, New Line International, Franchise Pictures, October Film

Die Majors verfügen im Regelfall über einen konzerneigenen Rechtevertrieb, welcher exklusiv für die weltweite Kinovermarktung der Filme verantwortlich ist. Die Verwertung über die Konzerntöchter erfolgt nicht auf allen Stufen, sondern nur bis zur Stufe zwei oder drei (Video/DVD, Pay-TV).

Die unabhängigen US-Studios – zu den bekanntesten gehören Miramax, New Line International, Franchise Pictures und October Film – hingegen schalten komplett auf allen Stufen unabhängige, nationale oder auch weltweite *Rechteverwerter* ein. Beispiele für internationale Rechteverwerter sind Firmen wie Summit, Intermedia Ltd. oder Initial Entertainment Group. Demgegenüber gehören Constanin Film, Tobis Intertainment, Helkon, Splendid Medien, Kinowelt Medien oder Advanced Medien zu den bekanntesten nationalen Rechteverwertern in Europa.

Die externen Verwertungsfirmen zahlen einen bestimmten Geldbetrag an die Filmproduzenten. Hier gibt es zwei unterschiedliche Regelungen – einerseits sogenannte *Flat Deals*, bei denen der Lizenznehmer einmalig eine Zahlung an den Produzenten bzw. Lizenzgeber zu leisten hat und andererseits »Verträge mit Minimumgarantie«. Hier fällt die Vorauszahlung (= Mindestzahlung oder »Minimumgarantie«) im Vergleich zu den Flat Deals deutlich geringer aus. Dafür wird aber eine zusätzliche Erlösbeteiligung des Produzenten/Lizenzgebers für alle Verwertungsstufen (vom Kino bis zum Free-TV) vereinbart. Die Erlösbeteiligung setzt erst dann ein, wenn die Minimumgarantie eingespielt wurde sowie die so genannten Vorverleihkosten aus den Erlösen bestritten worden sind.

Flat Deals und Verträge mit Minimumgarantie.

All-Rights- und Split-Rights-Deal

Lizenzrechte können grundsätzlich für die gesamte Verwertungskette (all rights deal) oder nur für einzelne Stufen (split rights deal) erworben werden. Während die Majors insbesondere in Europa über eigene Distributionskanäle im Bereich Kino, Video/DVD und Pay-TV verfügen und deshalb nur die Free-TV-Rechte an nationale Lizenzhändler veräußern (split rights deal), bevorzugen die unabhängigen amerikanischen Produzenten oder die involvierten Weltvertriebsfirmen in der Regel die Lizenzierung für die gesamte Auswertungskette (all rights deal). Die Rechte können dann von dem Lizenznehmer für unterschiedliche geographische Regionen erworben werden (deutschsprachiger Raum, Europa, weltweit). Des weiteren kann man die Lizenzverträge auch nach der Laufzeit unterscheiden. Hier ist eine Spanne zwischen einem Jahr und einer unendlichen Laufzeit vorstellbar. Der Schwerpunkt liegt allerdings bei einer Lizenzdauer von 25 Jahren.

Auszug aus: DG Bank-Studie »Branchenanalyse Medien-Content-Provider« vom Februar 2000

Das Durchlaufen aller Stufen der Wertschöpfungskette gelingt längst nicht bei allen Produktionen. Auch wenn ein Film ursprünglich fürs Kino vorgesehen war, kann es sein, dass er sein Kinodebüt nie erlebt und erst auf der zweiten oder dritten Stufe in die Wertschöpfungskette eintritt.

Prinzipiell lassen sich daher vier Arten von Filmen unterscheiden:
- Filme, die zunächst fürs Kino produziert werden, um dann anschließend die ganze Wertschöpfungskette über die Videoproduktion bis hin zur Fernsehaufführung zu durchlaufen.
- Filme, die ursprünglich fürs Kino produziert, dort aber nie uraufgeführt wurden, weil die Verleiher diesen Produktionen keine

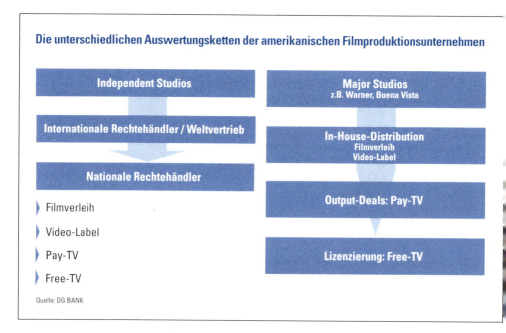

Die unterschiedlichen Auswertungsketten der amerikanischen Filmproduktionsunternehmen

Quelle: DG BANK

Die Unabhängigen Filmstudios greifen immer auf externe Unternehmen zurück, um ihre Produkte zu vermarkten. Die Major Studios beauftragen normalerweise ihre Konzerntöchter, Ausnahme: Free-TV.

Chancen einräumen. Diese Filme können erst ab der zweiten Stufe, der Videoproduktion, oder der dritten Stufe, dem Fernsehen, vermarktet werden.
- Filme, die von vornherein als Videoproduktion angelegt sind, um dann einige Zeit später auch an Pay- und Free-TV-Sender verkauft zu werden.
- Filme, die ausschließlich für das Fernsehen hergestellt werden. Diese tragen den treffenden Namen Fernsehfilme.

In Zukunft wird es eine weitere Stufe in der Wertschöpfungskette geben, nämlich die Vertriebsschiene Internet. Diese wird – so wie heute Video/DVD – direkt nach der Kinoverwertung angeordnet sein. Ob Filmproduzenten einen Film künftig zunächst im Internet anbieten und erst dann als Video/DVD vermarkten, oder beides gleichzeitig stattfindet, ist heute noch nicht abzusehen. Im ersten Fall würde die Wertschöpfungskette um die Stufe Internet-Download ergänzt. Im zweiten Fall käme es zu einer Erweiterung der zweiten Stufe.

Aussichten

Medienaktien legten in der Zeit von Oktober 1999 bis März 2000 – ähnlich wie Telekommunikations-, Internet- und sonstige High-Tech-Werte – enorme Kurszuwächse hin. Angesichts der prognostizierten Wachstumsraten für die Branche lässt sich diese Entwicklung kaum nachvollziehen. Während man vielen jungen Unternehmen ein jährliches Umsatzwachstum von 50 Prozent und mehr zutraut – dürften die meisten Medienfirmen Schwierigkeiten haben, ein Wachstum von mehr als 10 Prozent zu erreichen. Für die meisten Medienbereiche werden heute Wachstumsraten von 12 Prozent und weniger prognostiziert.

Diese Raten erscheinen realistisch und fallen vielleicht noch etwas zu hoch aus. Woher soll das Wachstum in der Medienbranche auch kommen? Die Durchdringungsrate des Fernsehens hat in den westlichen Industrienationen ein Level von weit über neunzig Prozent erreicht. Fast jeder Haushalt verfügt damit über einen Fernseher. Die Möglichkeiten, den Fernsehkonsum auszuweiten und das Potenzial für Werbeeinnahmen auf diese Weise zu erhöhen, sind daher stark begrenzt. Naheliegend wäre es, Leute mit qualitativ hochwertiger Unterhaltung – etwa teuren Filmproduktionen – länger vorm Fernseher zu halten. Das ist allerdings sehr teuer und der Zusatznutzen dürfte die dafür notwendigen Aufwendungen nicht rechtfertigen. Darüber hinaus lässt sich der Fernsehkonsum nicht ins Unendliche steigern. Zum einen hat der Tag – so banal das auch klingen mag – nur 24 Stunden. Zum anderen konkurriert das Fernsehen mit vielen anderen Freizeitangeboten. Gerade in den Sommermonaten verbringen Verbraucher generell nur sehr wenige Stunden vor dem Fernseher, was sich auch durch ein verbessertes Programmangebot nicht wesentlich ändern ließe. Obendrein darf man den Effekt des Internet als konkurrierendes Medium nicht unterschätzen. Insbesondere in den traditionell »fernsehstarken« Herbst- und Wintermonaten wird das Internet einen Teil der ursprünglich fürs Fernsehen vorgesehenen Freizeit für sich beanspruchen. Je stärker die Internetdurchdringung der Haushalte, desto größer der Effekt auf den Fernsehkonsum.

Außerdem ist im Bereich Filmrechteverwertung von deutlich sinkenden Margen auszugehen. Dazu ein Auszug aus der schon mehrfach zitierten DG-Bank-Studie »Medien-Content-Provider«: »Derzeit geben regelmäßig drei bis vier konkurrierende deutsche Content-Provider Kaufgebote für am Markt angebotene Outputdeals oder Einzellizenzen ab. Während bis vor wenigen Jahren Minimumgarantieleistungen in der Größenordnung von 8 % für die deutschsprachige Region üblich waren, werden heute Verträge auf der Basis von Garantieleistungen in Höhe von rund 15 % abgeschlossen. Angesichts dieser Entwicklung ist zu erwarten, dass die Auswertungsmarge der nationalen Lizenzgeber deutlich nachgeben wird.«

Deutlich positiver stellt sich das Bild für Unternehmen dar, die sich auf Nischen innerhalb der Medienbranche spezialisiert haben oder solche Firmen, die eine besonders hohe Kreativität besitzen.

Outputdeal: Rechteverwerter und Filmstudio vereinbaren, dass der Rechteverwerter sämtliche Filmproduktionen des Studios über einen gewissen Zeitraum (etwa im Pay-TV eines bestimmten Landes) vermarkten darf.
Einzellizenz: Das Filmstudio verkauft die Lizenzen für seine Produktionen nicht im Paket, sondern veräußert für jeden Film eine gesonderte Lizenz.

Nehmen wir zunächst den Bereich Filmproduktion: Hier wird es künftig einen hohen Bedarf an Unternehmen geben, die sich auf die Digitalisierung von Filmen sowie deren Übertragung per Internet spezialisieren. Auch Unternehmen, die Filmproduzenten die Erstellung von Spezial-Effekten anbieten (insbesondere hochwertige Computer-Animationen), dürften gute Karten haben. Eine hohe Kreativität wird sich insbesondere im Bereich Werbung auszahlen: Bei steigendem TV-Angebot werden immer mehr Werbefilme benötigt. Wer hier besonders kreativ ist und seine Kunden damit in die Lage versetzt, eine deutliche Abgrenzung von anderen Werbespots und damit Wettbewerbern zu erreichen, wird von einer steigenden Nachfrage nach Fernsehwerbung überdurchschnittlich profitieren. Auch mit einer anderen Art der Kreativität lässt sich in Zukunft viel Geld verdienen: Unternehmen, die neue Unterhaltungsformen oder attraktive Show-Formate entwickeln (Beispiel: Big Brother), generieren Fernsehsendern höhere Einschaltquoten und schaffen somit einen echten Mehrwert.

> Eine überdurchschnittlich hohe Kreativität wird sich in der Medienbranche unverändert auszahlen!

Bewertungsfragen zu Medienaktien

- **Filmstock:** Wie ist die Qualität der Filme, die ein Studio herstellt oder ein Filmverleiher in seinem Bestand führt? Handelt es sich um potenzielle bzw. ehemalige Kinohits? Bei Filmproduzenten, die ihre Filme weitestgehend selbst vermarkten, sowie bei unabhängigen Filmverleihern sollten Anleger den Bestand an Filmen

unbedingt genauer unter die Lupe nehmen. Schließlich bildet ein herausragender Filmstock das Fundament für überdurchschnittlich steigende Umsätze.

- **Internet-Strategie:** Wie sieht die Internet-Strategie des Unternehmens aus? Das Internet wird sehr viele Bereiche der Medienbranche, insbesondere die Film- und Musikdistribution, stark verändern. Nur Firmen, die eine schlüssige Internet-Strategie vorweisen können, haben auf lange Sicht Überlebenschancen.
- **Internes Wachstum:** Wächst ein Medienunternehmen überwiegend aus eigener Kraft oder durch die Übernahme anderer Firmen? Starkes organisches Wachstum zeugt von hoher Innovationsfähigkeit und Marktnähe. Beispiel: Neue Serienformate (»Big Brother«, »Who wants to be a Millionaire«) werden geschaffen und ziehen Millionen vor die Fernseher, was wiederum zu höheren Werbeeinnahmen führt. Übernahmen dürften in der Medienbranche nur in Ausnahmefällen wirklich Sinn machen.

Case-Study: Highlight

Unternehmensbeschreibung. Highlight ist in erster Linie Händler von Filmrechten, der über eine recht umfangreiche Filmbibliothek verfügt. Als besonders interessantes »Asset« des Unternehmens sind die Übertragungsrechte für die Championsleague zu nennen.

Nachhaltigkeit des Geschäftsmodells. Highlight wird im zweiten Halbjahr 2000 drei US-Blockbuster-Filme in die deutschen Kinos bringen. Der erste Film, »U571« hat in den USA bisher 76 Mio. Dollar eingespielt. Der zweite Knüller ist »Scary Movie«, der ab Oktober in die deutschen Kinos kommen wird (in den USA spielte der Film bisher 149 Mio. $ ein). Der dritte schließlich ist »Blair Witch Project II« – Teil I lockte weltweit mehrere Millionen Zuschauer in die Kinos. Auch Highlights Video-Verkauf läuft derzeit sehr gut. Das Unternehmen konnte im ersten Quartal 2000 bereits mehr Videos verkaufen als im gesamten Jahr 1999. Das Gesamtwachstum dürfte dieses Jahr damit weit überdurchschnittlich ausfallen. Allerdings ist zweifelhaft, ob das Geschäftsmodell des Filmhändlers in der bisherigen Form tatsächlich als nachhaltig eingestuft werden kann (und das gilt für alle Filmrechtehändler). Weder der Markt für Kinofilme noch der für Videofilme wächst überdurchschnittlich. Allerdings kann sich Highlight durch die Strategien in den Bereichen »Neue Medien« und Fußballrechte momentan deutlich von der Konkurrenz abheben. Sein Tochterunternehmen Team (Highlight besitzt eine 80%ige Beteiligung) hält sämtliche Übertragungsrechte für die Championsleague bis zum Jahr 2003. Die Einnahmen werden hier künftig Sai-

Bei den Case Studies innerhalb dieses Buches handelt es sich **nicht** um Kaufempfehlungen für die betreffenden Aktiengesellschaften. Die Unternehmen erfüllen zwar die von den Autoren formulierten Kriterien für Wachstumsunternehmen. Eine Antwort auf die Frage, ob der aktuelle Kurs gerechtfertigt ist oder zu hoch/zu niedrig ausfällt, liefern die Autoren mit den Case Studies jedoch nicht.

son für Saison deutlich höher ausfallen als in den zurückliegenden Spielzeiten.

Management. Highlight verfügt über ein sehr gutes, zurückhaltendes Managementteam. Bisher gab es kaum Ad-Hoc-Meldungen, die Vorstandsmitglieder besitzen noch alle Aktien und haben nicht vor, sich von ihren Aktienpaketen zu trennen.

Wettbewerber am Neuen Markt sind unter anderem Kinowelt, Senator und Constantin.

Bilanzierung. Highlight betreibt die agressivste Abschreibungspolitik aller Rechtehändler, was als sehr positiv zu bewerten ist.

Bewertung. Neben Constantin ist Highlight derzeit die teuerste Medienaktie am Neuen Markt. Angesichts der Fußballübertragungsrechte im Besitz lässt sich ein Aufschlag durchaus rechtfertigen.

Finanzdaten:

Jahr	Umsatz*	Gewinn je Aktie*	KGV
2001	146 Mio. Euro	0,70	37,73

* Umsatz und Gewinn geschätzt.
Quelle: BHF Bank, Kursbasis: 26,41 Euro am 15.08.2000

Die Aussichten der Medienbranche auf einen Blick

Wachstumstreiber

▸ Die Digitalisierung von Filmen erschließt das Internet als neuen Vertriebsweg; Bild- und Tonqualität lassen sich durch Digitalisierung erheblich verbessern, was zu einem steigenden Filmkonsum führen könnte.
▸ Home-Entertainment, also die Unterhaltung im eigenen »Wohnzimmer«, wird aufgrund leistungsfähiger Technik immer reizvoller. Da das Anschauen von Filmen zu Hause weitaus bequemer ist als im Kino, könnte eine höhere Durchdringung der Haushalte mit Dolby-Surround-Systemen usw. langfristig zu einem steigenden »Filmkonsum« führen.
▸ Aber auch die Qualität des Kinos lässt sich noch deutlich verbessern. 3-D-Mulitplex-Kinos beispielsweise locken mehr und mehr Zuschauer. Der Bedarf an Kinofilmen mit 3-D-Effekten steigt.
▸ Das Radio konnte sich als Unterhaltungsmedium hierzulande nie richtig durchsetzen. In den USA und europäischen Nachbarstaaten ist das anders. Deutsche Radiostationen haben daher überdurchschnittliches Wachstumspotenzial bei den Werbeeinnahmen.

Wachstumshemmer

▸ Ähnlich wie in der Musikbranche könnte es auch in der Filmbranche zu einer verstärkten Piraterie durch kostenlose Internet-Downloads kommen.
▸ In Deutschland könnte es passieren, dass Filmproduktionen künftig nicht mehr von staatlicher Seite subventioniert werden. Für deutsche Filmproduzenten würde es unter diesen Umständen immer schwieriger, Filme mit einem Einnahmeüberschuss zu produzieren.
▸ Da die Zahl der Fernsehsender auch künftig weiterhin steigen dürfte, müssen sich immer mehr Sender den nur langsam wachsenden Kuchen aus Werbeeinnahmen teilen.

Software

Struktur

Einer der bedeutenden Wirtschaftszweige an den Wachstumbörsen Neuer Markt und Nasdaq ist die Softwarebranche. Sie unterteilt sich in mehrere Subsektoren. Die Bereiche mit den größten Umsätzen dürften PC- und Unternehmenssoftware sein. Sie sollen im Folgenden im Mittelpunkt stehen. Zuvor jedoch einige allgemeine Dinge.

Die Herstellung von Software ist sehr kostspielig. Forschungs- und Entwicklungsarbeiten dauern oftmals Jahre und können dreistellige Millionenbeträge verschlingen, was von der Komplexität der jeweiligen Software abhängt. Ist ein neues Programm jedoch erst einmal entwickelt, lässt es sich relativ schnell in großen Mengen verkaufen. Hierzu braucht es im Regelfall nur auf CD-Roms gebrannt zu werden. Der Prozess wird maschinell erledigt und kostet nur ein paar Pfennige je Einheit. Aus rein »logistischer« Sicht (Brennen auf CD-Rom und Distribution) kann ein Unternehmen den Markt daher sehr schnell mit einem neuen Programm überschwemmen. Künftig wird das mit Hilfe des Internet, das Software-Downloads direkt auf den Computer des Softwarenutzers erlaubt, noch leichter werden. Allerdings erfordert der erfolgreiche Verkauf große finanzielle Anstrengungen. Die Vorzüge neuer Programme müssen mittels massiver Werbung (PC-Software) oder starkem Vertrieb (Unternehmenssoftware) bekannt gemacht werden. Aber selbst wenn neue Software zahlreiche Vorzüge gegenüber vorhandenen Programmen hat, bereitet es große Schwierigkeiten, sie in großen Mengen zu verkaufen. Das gilt insbesondere im Bereich Unternehmenssoftware, wo sich vorhandene Produkte nicht ohne weiteres vom Markt verdrängen lassen. Die Installation eines Basisprogramms beansprucht in Unternehmen mitunter mehrere Jahre. Hat man die Software einmal ans Laufen gebracht, werden sich die Verantwortlichen hüten, schon nach relativ kurzer Zeit über die Anschaffung eines neuen Programms nachzudenken.

Um Software in großen Mengen verkaufen zu können, sind Softwarehersteller auf Partnerunternehmen angewiesen, die Produzenten von PC-Software in erster Linie auf Handelsunternehmen (Media Markt, Vobis, BestBuy usw.) und die Produzenten von Unternehmenssoftware auf Firmen aus dem IT-Service-Sektor (siehe Abschnitt über die IT-Service-Branche ab Seite 81 ff.). Der Aufbau eines eigenen Außendienstes, der eine vergleichbare Marktpräsenz wie Handelsketten oder eine ganze Reihe von IT-Service-Unternehmen besitzt, ist selbst für große Softwareproduzenten wie Microsoft

Das Internet bietet Software-Herstellern neue Möglichkeiten, Produkte direkt an Unternehmen und Endverbraucher (»per Download«) zu vertreiben. Wer standardisierte Softwarelösungen anbietet, hat in Zukunft die größten Chancen, auf die Einschaltung von Zwischenhändlern komplett verzichten zu können.

oder SAP im Grunde genommen ausgeschlossen. Das würde riesige Kapitalmengen beanspruchen, die von wichtigeren Bereichen (insbesondere der Entwicklungsabteilung) benötigt werden. Software wird daher in vielen Fällen indirekt vertrieben.

> ### Direkter und Indirekter Vertrieb im Vergleich
>
> Der indirekte Vertrieb von Software hat den Vorteil, dass sich der Hersteller auf seine Kernkompetenz, nämlich die Softwareprogrammierung selbst, konzentrieren kann. Außerdem wäre es insbesondere im Bereich PC-Software ausgeschlossen, dass der Softwarehersteller zu jedem Käufer »nach Hause kommt«, um das verkaufte Programm zu installieren und die Funktionsweisen zu erklären. Daran wird bereits deutlich, dass ein Programm nur dann zum indirekten Vertrieb geeignet ist, wenn es bestimmte Voraussetzungen erfüllt:
>
> 1. Geringer Erklärungsbedarf: Eine Software kann sich nur dann zum (indirekt vertriebenen) Massenprodukt entwickeln, wenn sie leicht zu nutzen und ihre Funktionsweise nahezu jedermann verständlich ist.
> 2. Einfache Installation: Eine Software muss relativ einfach installiert werden können – am besten durch das Einlegen einer CD-Rom, ohne dass viele Fragen beantwortet und Einstellungen vorgenommen werden müssen.
>
> PC-Software muss diese Bedingungen unbedingt erfüllen, da nur dann wirklich Geld damit zu verdienen ist. Bei Unternehmenssoftware sind die Maßstäbe für den indirekten Vertrieb nicht ganz so streng, da der Verkauf über IT-Service-Unternehmen erfolgt. Hier arbeiten im Regelfall Fachleute, die in der Lage sind, bestimmte Modifikationen ohne weitere Anweisung vom Software-Hersteller in Eigenregie durchzuführen. Aus Zeit- und Kostengründen sollte sich aber auch eine Unternehmenssoftware relativ simpel installieren lassen, damit möglichst wenig Software-Spezialisten gebunden werden müssen.
>
> Ist ein Produkt jedoch sehr komplex und der Erklärungsbedarf sehr hoch, müssen sich die Softwarehersteller gegebenenfalls selbst am Vertrieb beteiligen. Bei jungen, relativ unbekannten Unternehmen kommt zunächst ausschließlich der direkte Vertriebsweg in Frage. Bevor ein Produkt indirekt vertrieben werden kann, muss es sich bis zu einem gewissen Grad am Markt etabliert haben. Der Grund: IT-Service-Unternehmen erklären sich erst dann zur Betreuung der Software bereit, wenn eine meßbare Nachfrage am Markt besteht.

Über die Qualität einer Software sagt die Zahl und die Qualität der IT-Service-Unternehmen, die diese Software vertreiben, eine Menge aus. Allerdings ist das nicht immer ein zuverlässiger Indikator, da IT-Service-Unternehmen normalerweise immer mehrere, konkurrierende Produkte anbieten und sich nicht auf ein einziges konzentrieren.

Für Softwarehersteller ist es obendrein von besonderer Bedeutung, das Konkurrenzumfeld permanent im Auge zu haben und die Produkte der Wettbewerber zu analysieren. Auf der einen Seite ist es nur auf diese Weise möglich, seine eigenen Produkte ständig auf den neuesten Stand zu bringen bzw. einen eventuell vorhandenen technologischen Vorsprung zu halten oder auszubauen. Auf der anderen Seite kann ein ständiges Branchenscreening helfen, neue Einsatzfelder für eine teuer entwickelte Software zu finden. Oftmals lassen sich

Programme relativ leicht modifizieren, so dass sie in völlig anderen Bereichen als ursprünglich vorgesehen eingesetzt werden können. Das bietet Softwareherstellern die Möglichkeit, den großen Block aus fixen Forschungs- und Entwicklungskosten besser zu verteilen, um die Gewinne auf diese Weise zu steigern.

Ein permanentes Wettbewerber- und Productscreening ist in der Software-Branche unerlässlich, da ansonsten sehr leicht große Summen an Kapital bei der Entwicklung neuer Programme »in den Sand gesetzt« werden können.

Entwicklungsphasen bei Computersoftware

1. Phase: Alpha-Testing

Schritt 1:
Die gesamte Alpha-Testphase findet Inhouse, also beim Software-Hersteller selbst, statt. Die Programmierer führen Testläufe durch. Im Vordergrund stehen hierbei die Kompatibilität von Hard- und Software. Sobald Fehler aufgetreten sind, werden Änderungen an der Software vorgenommen.

Schritt 2:
Weitere Testläufe sollen garantieren, dass die in Schritt 1 vorgenommenen Modifikationen keine Einschränkungen in der Funktionalität des Programms bewirkt haben. Auch diese Testläufe werden im Regelfall von den zuständigen Programmierern selbst vorgenommen. Gegebenenfalls schaltet sich auch die Qualitätssicherungsabteilung ein.

Schritt 3:
Die Qualitätssicherungsabteilung nimmt umfangreiche Funktionalitätstests vor. Die Software wird dabei unter Extrembedingungen getestet, was Kapazität und Testzeit betrifft.

Schritt 4:
Die Kapazität und die Belastbarkeit des Programms werden von der Qualitätssicherungsabteilung über längere Zeiträume getestet. Weist das Programm Schwächen bei der Speicherung von Daten auf oder beanspruchen bestimmte Funktionen zu viel Speicherplatz, werden umgehend weitere Modifikationen an der Software vorgenommen.
→ Bei den Inhouse-Tests werden standardisierte Testverfahren eingesetzt, zum Beispiel erfolgt die Abarbeitung von vorgegebenen Checklisten. Sämtliche Fehlfunktionen, die bei diesen Standardtests nicht zutage treten, können nur durch externe Stellen in der Beta-Phase offengelegt werden.

2. Phase: Beta-Testing

Schritt 5:
Die Software wird jetzt von externen Stellen – meistens Programmierer von Partner-Unternehmen und ausgewiesene Softwareexperten – auf Hardware-Kompatibilität geprüft. Oftmals werden an diesen Tests andere Softwarefirmen beteiligt, die Anwendungen für das »Grundprogramm« herstellen, oder das zu testende Produkt in ihre eigenen Programme integrieren möchten. Zwischen den beteiligten Firmen bestehen oftmals jahrelange Partnerschaften. Festgestellte Fehlfunktionen werden dem Software-Hersteller umgehend mitgeteilt. Verbesserungs- bzw. Erweiterungsvorschläge sind ebenfalls üblich.

Schritt 6:
Die »öffentliche Beta-Testphase« (public beta) beginnt. Das Programm kann im Internet von jedermann heruntergeladen und anschließend benutzt werden. Die Hersteller sind in dieser Phase ebenfalls sehr dankbar für Verbesserungs- oder Erweiterungsvorschläge.

Schritt 7:
Nachdem der Softwarehersteller alle aufgetretenen Fehler ausgemerzt und sinnvolle Verbesserungs- und Erweiterungsvorschläge berücksichtigt hat, wird das Programm schließlich an den Markt gebracht.

Wir möchten die Segmente PC- und Unternehmenssoftware im folgenden etwas näher durchleuchten.

PC-Software

Bei PC-Software kann man im Allgemeinen zwischen den folgenden Softwaregruppen unterscheiden: Betriebssysteme, Applikationen (Anwendungen) und PC-Spiele. Der Bereich Betriebssysteme wird seit Jahren von dem Microsoft-Produkt Windows mit einem Marktanteil von über 90 Prozent dominiert. Zur Mitte der 80er Jahre existierten noch zahlreiche Betriebssysteme für Personal-Computer, die jedoch alle – bis auf wenige Ausnahmen – von der Bildfläche verschwanden. Neben Windows gibt es heute noch Betriebssysteme von IBM (OS2) und Apple sowie die Open-Source-Software Linux.

Zusätzlich zum Betriebssystem werden auf einem PC normalerweise zahlreiche Anwendungsprogramme installiert. Zu den bekanntesten Applikationen gehören wiederum die Microsoft-Produkte WinWord, Excel und Powerpoint. Auch am Markt für Office-Anwendungssoftware (Textverarbeitung, Tabellenkalkulation, Präsentationen, Datenbanken) ist Microsoft mit einem Marktanteil von weit über 80 Prozent dominant. Neben den genannten »Basisprodukten« (Standardsoftware), die es erlauben, mit dem PC wichtige kaufmännische Funktionen auszuführen, existiert allerdings noch eine ganze Reihe an spezialisierten Applikationen, etwa Programme, um Bauzeichnungen zu erstellen (CAD), Photos und Musik zu bearbeiten (Photoshop, CorelDraw) oder Autorouten zu berechnen (Autoroute).

Spielesoftware

Ein weiterer Bereich innerhalb der PC-Software sind Computer-Spiele. Hier gibt es – im Gegensatz zu den beiden vorgenannten Segmenten – zahlreiche Anbieter. Die Branche ist sehr zyklisch und von saisonalen Nachfrageschwankungen betroffen. Softwarefirmen in diesem Bereich streben an, ihre Spiele auf allen Plattformen lauffähig zu machen, das heißt, neben dem PC auch auf Spielkonsolen einzusetzen (z. B. Gameboy, Sony Playstation). Dazu sind jedoch zum Teil ufwendige Modifikationen notwendig, und eine Umstellung lohnt ich normalerweise nur bei Produkten mit überdurchschnittlichen rfolgsaussichten.

> **Spiele ohne Grenzen**
>
> Das Internet wird auch den Bereich Spiele-Software revolutionieren. Mit Hilfe des Internet können »Spiele ohne Grenzen« durchgeführt werden, oder deutlicher: man kann online gegen jeden x-beliebigen Partner antreten, und zwar unabhängig davon, an welchem Ort der Welt dieser sich gerade befindet. Im Internet werden bereits Meisterschaften mit Preisgeldern von bis zu 100.000 US-Dollar veranstaltet. Surfer tauschen Tricks und Kniffe aus, verraten beispielsweise, wie man das nächste Level schafft, oder geben preis, welche Spiele man unbedingt ausprobieren muss.

)er Markt für Spielesoftware ist vergleichbar mit dem Filmmarkt. Manchmal landen die Unternehmen einen großen Treffer und dann ehrt jahrelang wieder Ruhe ein. Daher entwickeln sich auch Gevinne und Aktienkurse dieser Unternehmen extrem volatil. Ein gues Beispiel ist die Aktie von Eidos.

Unternehmen aus dem Bereich Spiele-Software sind Ubizen, Electronic Arts und Infogames.

Unternehmenssoftware

n diesem Kapitel befassen wir uns mit Unternehmenssoftware. Wie ich dieser Bereich strukturieren lässt, zeigt die folgende Abbildung.

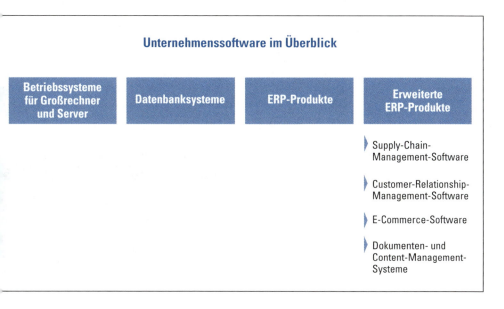

Betriebssysteme

Hier geht es in erster Linie um Betriebssysteme für Großrechner und – mit Blick auf Internetanwendungen – um Betriebssysteme für Server. Wir haben den Bereich Großrechner-/Server-Software unter Unternehmenssoftware eingeordnet, weil in fast allen Unternehmen in den westlichen Industrienationen mindestens ein entsprechender Computer anzutreffen ist. Auf jedem dieser Rechner wird – genau wie bei einem herkömmlichen PC – ein Betriebssystem installiert. Beispiele für Großrechner- bzw. Server-Betriebssysteme sind Unix oder das Sun Betriebssystem Sun Solaris, welches mit allen Servern von Sun Microsystems ausgeliefert wird. Viele Server verwenden auch Windows NT von Microsoft, Linux, Unix oder Netware. Daneben gibt es noch Betriebssysteme von IBM und den anderen großen Hardwareherstellern. Windows NT und Linux zählen zu den am schnellsten wachsenden Betriebssystemen im Server-Umfeld. Im Gegensatz zu vielen anderen Software-Bereichen ist hier kein Unternehmen wirklich dominant.

Aufgrund der rund um den Globus ständig steigenden Zahl an Servern stellt die Entwicklung entsprechender Software ein sehr attraktives Geschäftsfeld dar. Besonders augenfällig in den letzten Jahren war die überdurchschnittlich starke Ausweitung von Linux (Wachstumsrate 1998: +212 Prozent, Wachstumsrate 1999: +110 Prozent). Bei Linux handelt es sich um ein sogenanntes Open-Source-Programm. Bei einem solchen wird der Quellcode von vornherein offen gelegt, sodass jeder Programmierer die Möglichkeit bekommt, das Programm zu verbessern und weiterzuentwickeln. Auf diese Weise können die geistigen Fähigkeiten von mehreren tausend Experten weltweit genutzt werden.

> Die starke Ausweitung von Linux ist insbesondere auf das Internet zurückzuführen, da jedermann den Quellcode in Sekundenschnelle aus dem Internet downloaden kann.

Bei Open-Source-Programmen kommt es sehr häufig – anfangs auch mehrmals am Tag – zu Modifikationen. Im Vergleich zu herkömmlicher Software werden darüber hinaus in sehr kurzen Abständen neue Software-Versionen auf den Markt gebracht. Diese können dann von Endnutzern gegen geringe Gebühren oder gar kostenlos bezogen werden.

Windows bleibt im Desktop-Bereich überlegen

Nach Aussagen von Linus Torvalds (Geistiger Vater von Linux) ist selbst aus Sicht führender Vertreter innerhalb der Linux-Bewegung nicht erkennbar, dass sich Linux im Desktop-Bereich kurzfristig als Betriebssystem ebenso stark durchsetzen kann wie im Serverbereich. Dies erklärt sich vornehmlich damit, dass Clients in der Regel für ein größeres und benutzernäheres Aufgabenspektrum eingesetzt werden als Server, sodass leichte Bedienbarkeit, anwenderfreundliche Oberflächen und ein hohes Maß an Integration mit anderen Anwendungen sehr bedeutend sind. Linux-Anwendungen sind in der Regel allerdings nicht vollständig Microsoft-kompatibel, was in einer Microsoft-dominierten Geschäftswelt ein offensichtliches Verkaufshemmnis darstellt. Darüber hinaus gilt die Benutzerfreundlichkeit der Oberflächen und Applikationen nach wie vor als verbesserungsfähig. Im Serverumfeld ist das Kriterium der Benutzerfreundlichkeit hingegen nicht so entscheidend, da es sich um professionelle User handelt.

Auszug aus Norbert Loeken/Adrian Hopkinson: »Linux – Ein Pinguin kann fliegen«, WestLB Panmure-Studie von Februar 2000

Linux ist das erste Open-Source-Programm, das weltweit einen beachtlichen Verbreitungsgrad erlangen konnte. Experten führen diesen Erfolg maßgeblich auf die explosionsartige Ausweitung des Internet zurück. Da Server-Software ausschließlich von ausgebildeten Programmierern installiert wird, ist dieses Einsatzgebiet geradezu prädestiniert für eine *Open-Source-Software*. Schließlich können sich alle an der Weiterentwicklung beteiligten Software-Spezialisten auf die Funktionalität und die Zuverlässigkeit des Betriebssystems konzentrieren. Der Aspekt Benutzerfreundlichkeit spielt im Vergleich zu herkömmlichen Programmen eine nur untergeordnete Rolle. Weiterhin bietet das Internet erstmalig die Möglichkeit, den Quellcode von Open-Source-Programmen überall auf der Welt in sekundenschnelle downzuloaden. Der Verbreitung sind damit keine Grenzen gesetzt. In Zukunft dürfte Linux eine weiterhin überdurchschnittliche Wachstumsrate aufweisen.

Open-Source-Software bietet den Vorteil, dass Experten in der ganzen Welt quasi kostenlos an der Weiterentwicklung arbeiten.

Mit dem Verkauf von Linux-Software ist normalerweise kaum Geld zu verdienen, da es sich um ein Open-Source-Programm handelt. Firmen, die Linux anbieten, sind normalerweise IT-Service-Unternehmen, die vor allen Dingen mit Programm-Modifikation (individuelle Anpassung auf die Bedürfnisse des Nutzers), Installation und Pflege Umsatz generieren. Zu diesen Unternehmen gehört etwa Red Hat, das an der Nasdaq gelistet ist. Eine interessante Neuemission ist das Unternehmen Suse, dass sich ebenfalls im Bereich Linux engagiert.

In der WestLB Panmure-Studie »Linux – Ein Pinguin kann fliegen« stellen die Autoren fest, dass Linux schon heute in vielen Internet-nahen Bereichen eine gewisse Dominanz aufweist: »Betrachtet man die Bedeutung von Linux als Server-Software genauer, so stellt man fest, dass Linux in den typischerweise Internet-nahen Bereichen zum Teil eine deutlich marktbeherrschende Stellung aufweist: die E-Mail-Transfer-Server-Software Sendmail dominiert den Markt mit 75 %, die Web-Server-Applikation Apache beherrscht den Markt mit ca. 56 % und als Web-Server-Betriebssystem hält Linux einen Anteil von ca. 29 % (1999, laut IDC).«

Datenbanksoftware

Umfangreiche elektronische Datenbanken liefern die Basis für die effiziente Anwendung von Unternehmenssoftware. Alle im folgenden erläuterten Softwareanwendungen bauen im Grunde genommen auf elektronischen Datenbanken auf. Führender Anbieter für Datenbanksoftware ist Oracle. Auch Microsoft und IBM bieten Datenbankprodukte an. Der Markt befindet sich bereits in einem vergleichsweise fortgeschrittenen Stadium. Das Internet hat das Wachstum jedoch wiederbelebt. Bei Oracle wächst das Datenbankgeschäft derzeit mit rund 15 Prozent. Insbesondere der Bereich Internet-Content-Management eröffnet für die Hersteller von Datenbanksoftware völlig neue Möglichkeiten, da Datenbanken als Teilfunktion für Online-Shops benötigt werden. In Folge kommen die Anbieter von Online-Shop-Software, etwa Broadvision oder Internshop, kaum umhin, Partnerschaften mit den Herstellern von Datenbanksoftware einzugehen oder deren Produkte in ihre eigenen zu integrieren.

Ohne die Fütterung mit umfangreichem Datenmaterial, das durch Datenbanksoftware in elektronisch aufbereiteter Form zur Verfügung gestellt wird, ist der Nutzen von Online-Shop-Software nur gering.

ERP-Produkte (Warenwirtschaftsysteme)

Hierbei handelt es sich – einfach ausgedrückt – um Anwendungsprogramme für Unternehmen (im Vergleich zu Anwendungsprogrammen für PCs bzw. Endverbraucher). Diese Programme decken die Hauptbelange der Unternehmen ab und werden zum Beispiel in den Bereichen Rechnungslegung, Logistik oder Personalwesen eingesetzt. Die meisten großen Firmen besitzen ERP-Produkte von SAP, Oracle, Peoplesoft, JD Edwards, Baan oder selbst entwickelte Lösungen. Das Wachstum in diesem Bereich kommt vor allem von mittelständischen Unternehmen. Der Marktwachstum beträgt jährlich etwa 15 bis 20 Prozent.

Die Penetrationsrate für ERP-Software liegt bereits bei über 50 Prozent. Das Wachstum kommt in den nächsten Jahren daher in erster Linie aus den Extended ERP-Produkten.

Extended ERP

»Extended ERP« beschreibt weitere Anwendungssoftware, die es Unternehmen ermöglicht, das Internet bei allen Geschäftsabläufen zu nutzen. Wir konzentrieren uns im Folgenden auf die Bereiche Dokumenten- und Content-Management, Supply-Chain-Management (SCM), Customer-Relationship-Management (CRM) und E-Commerce-Software.

Heutzutage streben Unternehmen an, auf die Ablage von Dokumenten in Papierform vollständig zu verzichten. Viele Unterlagen werden in digitalisierter Form abgespeichert, um sie so relativ leicht weiterverarbeiten oder aber per Knopfdruck abspeichern zu können. Für die Verwaltung digitalisierter Papierstücke (etwa Ein- und Ausgangsrechnungen oder Lieferscheine) wurde spezielle Software ent-

Dokumentenmanagementsoftware

vickelt, die den Namen *Dokumentenmanagementsoftware* trägt. Der Markt für diese Programme befindet sich derzeit zweifelsohne in der Transformationsphase zum Internet. Das heißt, immer mehr Daten werden nicht zentral erfasst, sondern am Entstehungsort, um sie dann per Internet allen Beteiligten zur Verfügung stellen zu können. Die traditionellen Entwickler von Dokumentenmanagementsoftware treffen damit auf neue Herausforderungen und Wettbewerber wie zum Beispiel auf das US-amerikanische Unternehmen Vignette, das im Internet-Content-Management tätig ist. Im Bereich Dokumentenmanagement sind am Neuen Markt zum Beispiel Easy, CE Computer, SER und IXOS gelistet, an der Nasdaq Unternehmen wie Filenet oder Documentum.

Supply-Chain-Management-Software, kurz SCM-Software, könnte man mit »Logistik-Software« oder »Software für Lieferkettenmanagement« übersetzen. Große Unternehmen gehen mehr und mehr dazu über, die gesamte »Lieferantenkette« (alle Lieferanten des Unternehmens sowie alle Lieferanten der Lieferanten) in ihre Planungen miteinzubeziehen und alle vorgelagerten Stufen weitestgehend auf das eigene Unternehmen abzustimmen. Diese Entwicklung soll mit Hilfe von SCM-Software beschleunigt werden. Herkömmliche

Supply-Chain-Management-Software, kurz SCM-Software

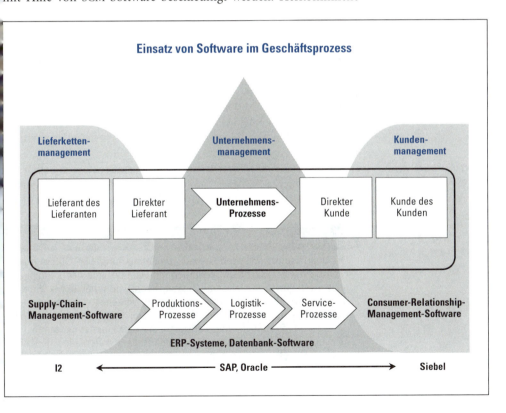

ERP-Software (z. B. R3 von SAP) wird bisher überwiegend innerhalb des eigenen Unternehmens eingesetzt. SCM-Software macht es nun möglich, das eigene Warenwirtschaftssystem mit denjenigen von Zulieferern zu verknüpfen und sehr viele Prozesse zwischen den Beteiligten Unternehmen (Bestellwesen, Logistik, Zahlungsverkehr usw.) automatisch abzuwickeln. Der Marktführer im Bereich SCM-Software ist I2 Technologies, aber auch SAP und Oracle haben SCM-Produkte mit beachtlichem Umsätzen entwickelt. Die Wachstumsraten im Bereich SCM-Software liegen bei über 50 Prozent pro Jahr.

Customer-Relationship-Management-Software, kurz CRM-Software

Customer-Relationship-Management, kurz CRM und zu deutsch etwa Kundenbeziehungsmanagement oder einfach Kundenpflege, ist ein weiteres wichtiges Einsatzfeld von Unternehmenssoftware. CRM-Programme beinhalten Tools zur Unterstützung des Vertriebs sowie zur Durchführung von Marketing- und Mailingaktionen. Außerdem wird CRM-Software in Call-Centern eingesetzt. Ähnlich wie bei SCM-Software, wo man versucht, die ganze Zulieferkette zu »vernetzen«, streben Unternehmen auch mit CRM-Software an, den Serviceprozess über die gesamte Kundenkette auszuweiten (Kunden, Kunden der Kunden). Hierdurch wird es beispielsweise möglich, Bestellprozesse zu optimieren oder Lagerhaltungs- und Transportkosten deutlich zu verringern.

Auch der Markt für CRM-Software erfreut sich sehr starker Nachfrage. Der Marktführer in diesem Bereich ist Siebel Systems. Die ehemals stärksten Wettbewerber Clarify und Vantive wurden von Nortel und Peoplesoft übernommen. Dadurch hat sich die Marktposition Siebels noch verstärkt. Es gibt einige kleinere Firmen am Neuen Markt wie Fabasoft und Update, die ebenfalls in diesem Bereich tätig sind. Auch Oracle und SAP bieten seit einigen Monaten Produkte für CRM an. Die Wachstumsraten in diesem Segment betragen ebenfalls mehr als 50 Prozent pro Jahr.

E-Commerce Software

Ein weiteres Einsatzgebiet von Unternehmenssoftware haben wir mit E-Commerce-Software bereits im Abschnitt Internet kennengelernt.

> **Was ist E-Procurement?**
>
> Der Begriff umschreibt den Einkauf (die Beschaffung) von Gütern und Dienstleistungen durch Unternehmen mit Hilfe des Internet. E-Procurement ist in gewisser Weise das Gegenteil von E-Commerce, wo Unternehmen Produkte über das Internet nicht erwerben, sondern an Kunden verkaufen. Immer mehr Firmen nutzen das Internet, um auch die eigenen Einkäufe zu automatisieren und effizienter zu gestalten. Man unterscheidet zum einen den Einkauf fertiger Waren, die innerhalb eines Unternehmens benötigt werden (PCs, Büromaterial, Fahrzeuge),

und zum anderen den Einkauf unfertiger Produkte (z. B. Rohstoffe). Beides, fertige und unfertige Waren, kann eine Firma künftig über einen elektronischen Marktplatz beschaffen. Der Marktplatz selbst wird mittels einer speziellen Business-to-business E-Commerce-Software betrieben. Diese macht Warenpräsentationen, automatisiertes Bestellwesen, elektronischen Zahlungsverkehr oder die Durchführung von Auktionen möglich und wird zum Beispiel von Commerce One hergestellt.

Das Warenwirtschaftssystem innerhalb eines Unternehmens wiederum basiert auf herkömmlicher ERP-Software (z. B. R3 von SAP). Um alle Prozesse zwischen einem Unternehmen, potenziellen Lieferanten, die nicht über SCM angeschlossen sind, und Marktplätzen problemlos online abwickeln zu können, bedarf es weiterer Software, die zwischen das ERP-System und die genannten externen Quellen geschaltet wird. Man spricht hier auch von E-Procurement-Software. Führender Hersteller ist Ariba.

Bewertungsfragen zu Software-Unternehmen

- **Umsatzstruktur:** Wie setzt sich der Umsatz zusammen? Gut ist es, wenn ein hoher Anteil aus Lizenzeinnahmen für verkaufte Software entsteht, und nur ein geringer Anteil aus Beratungs- und Installationsdienstleistungen. Geht der Anteil der Lizenzeinnahmen im Laufe der Zeit deutlich zurück, spricht das nicht für die Qualität der hergestellten Produkte. Bei »qualitativ hochwertigen« Unternehmen liegt der Erlösbeitrag aus Lizenzen deutlich über 50 Prozent.
- **Technologie:** Wird die Software in einer veralteten Programmiersprache erstellt oder sind die Programme auf zukunftsweisende Standards fokussiert? Sofern die Software auf ein Basisprogramm bzw. auf einer Technologieplattform aufbaut: Wie verbreitet ist diese Plattform? Wie sind ihre Absatzchancen in Zukunft? Im Regelfall kommt es zu deutlichen Umsatzrückgängen bei plattformgebundenen Softwareherstellern, wenn die Nachfrage nach dem Basisprogramm zurückgeht, zum Beispiel weil es veraltet ist.
- **Vertrieb:** Wie stark ist die Vertriebsmannschaft des Softwareherstellers? Wie viele externe Vertriebsstellen stehen zur Verfügung? Wird die Software über große, angesehene IT-Service-Unternehmen vertrieben?
- **Marktpräsenz:** Ist das Unternehmen in den wichtigsten Märkten für Software (USA, Europa) vertreten? Generell ist es als sehr positiv zu bewerten, wenn sich ein Unternehmen von vornherein dem internationalen Wettbewerb stellt und alles daran setzt, einen meßbaren Marktanteil zu gewinnen. Softwarehersteller, die das geschafft haben, sind zum Beispiel SAP oder Intershop, die sehr früh

Je höher der Anteil an reinen Lizenzeinnahmen, desto besser für einen Software-Hersteller.

auf dem US-amerikanischen Markt Fuß fassen und dadurch letztendlich zu den weltweit führenden Unternehmen in ihren Spezialgebieten (ERP- bzw. E-Commerce-Software) aufsteigen konnten.
- **Wettbewerbssituation:** Bietet der Bereich, in dem ein Softwarehersteller tätig ist, die Möglichkeit, zum Standardsetter zu werden und sich so als Marktführer zu positionieren? Oder ist der Sektor sehr stark fragmentiert, sodass mehrere, ähnliche Programme nebeneinander bestehen können? Im letzten Fall ist das Umsatzwachstum nur begrenzt.
- **Referenzkunden:** Wie sieht die Kundenliste des Softwareherstellers aus? Finden sich große Konzerne unter den Abnehmern? Je mehr namhafte Kunden ein Unternehmen vorweisen kann, desto einfacher ist es, neue Kunden zu gewinnen.

Case Study: Siebel Systems

Unternehmensbeschreibung. Siebel Systems ist Marktführer im Bereich Customer-Relationship-Management-Software (CRM-Software). Das Unternehmen ist Vorreiter in diesem Segment und hat daher einen gewissen »First Mover Advantage« – sein Umsatz im Bereich CRM ist mehr als doppelt so groß wie der des nächsten Konkurrenten, nämlich Oracle.

Nachhaltigkeit des Geschäftsmodells. Da der Markt für CRM-Software in den nächsten Jahren überdurchschnittlich wachsen wird – das Umsatzvolumen wird im Jahre 2003 etwa acht Milliarden Dollar erreichen – und Siebel die Marktführerschaft innehat, ist das Geschäftsmodell als nachhaltig einzustufen. Siebel verfügt über eine erstklassige Kundenbasis, die Namen wie Microsoft, Cisco Systems, IBM oder Deutsche Telekom umfasst. Die Referenzkunden erleichtern den Verkauf der Siebel-Produkte an weitere Kunden.

Management. Tom Siebel, der Gründer und CEO von Siebel Systems, und sein Managementteam bekunden einen enormen Drang, die Marktführerschaft weiter auszubauen. Siebel verfolgt einen sehr einfachen Investmentansatz: Sobald ein junges, aussichtsreiches Unternehmen Siebel-Produkte kauft, erwirbt Tom Siebel ein Aktienpaket dieser Gesellschaft. Er ist davon überzeugt, dass das börsennotierte Unternehmen seinen Marktwert durch den Einsatz von Siebel-Software deutlich steigern kann. Mit seiner Beteiligungsstrategie konnte Siebel bisher deutlich höhere Renditen erzielen, als der S & P 500- oder Nasdaq-Composite-Index. Der Börsenerfolg der »Siebel-Software-Anwender« wiederum ist ein hervorragendes Verkaufsargument.

> Bei den Case Studies innerhalb dieses Buches handelt es sich **nicht** um Kaufempfehlungen für die betreffenden Aktiengesellschaften. Die Unternehmen erfüllen zwar die von den Autoren formulierten Kriterien für Wachstumsunternehmen. Eine Antwort auf die Frage, ob der aktuelle Kurs gerechtfertigt ist oder zu hoch/zu niedrig ausfällt, liefern die Autoren mit den Case Studies jedoch nicht.

Organisches Wachstum. Siebel wächst vor allem organisch. Bisher wurden lediglich kleinere Firmen gekauft, um einige Produktfunktionalitäten zu erweitern.

Bilanzierung. Das Unternehmen bilanziert nach US-GAAP und verzichtet darauf, Software-Entwicklungskosten zu aktivieren.

Besondere Risiken/Bewertung. Siebel ist absolut gesehen sehr hoch bewertet. Auch im Vergleich zu direkten Konkurrenten fällt die Bewertung hoch aus. Allerdings hat Siebel eine überragende Marktposition inne und weist sehr starkes Wachstum auf, sodass der Aufschlag als gerechtfertigt erscheint. Die Marktführerschaft Siebels könnte in den nächsten Jahren jedoch in Gefahr geraten, da sich die traditionellen Software-Hersteller wie SAP oder Oracle vorgenommen haben, Anteile im Markt für CRM-Software zu gewinnen. Auch ist es wahrscheinlich, dass Kunden mehr und mehr nach Komplettlösungen fragen, um sich nicht mit zu vielen Software-Häusern arrangieren zu müssen.

Oracle vertreibt seine CRM-Software gegenwärtig mit deutlichem Preisabschlag. Teile werden sogar an Kunden verschenkt, um Siebel Marktanteile streitig zu machen.

Finanzdaten:

Jahr	Umsatz*	Gewinn je Aktie*	KGV
2001	2.260 Mio. USD	1,21 USD	139,05

* Umsatz und Gewinn geschätzt.
Quelle: Morgan Stanley Dean Witter, Kursbasis: 168,25 US-Dollar am 15.08.2000

Die Aussichten der Software-Branche auf einen Blick

Wachstumstreiber
- Eine stark voranschreitende Automatisierung von Produktions- und Verwaltungsprozessen in Unternehmen und Behörden wird eine hohe Softwarenachfrage nach sich ziehen.
- Die Internet-Ausweitung auf neue Anwendungsfelder (zum Beispiel die Bedienung von Haushaltsgeräten per Spracherkennung) wird die Nachfrage nach spezialisierter Software ebenfalls stimulieren.
- Das gleiche gilt für die Ausweitung des Wireless Internet. In allen internetfähigen Mobilgeräten wird künftig leistungsfähige Software benötigt: Handys, Spielkonsolen, Waschmaschinen, Cola-Automaten, Parkuhren usw.

Wachstumshemmer
- Fehlanzeige

Telekommunikation

Struktur

Nachdem in den meisten Industrienationen das Telefonmonopol aufgehoben wurde, hat sich der grenzübergreifende Wettbewerb im Telekommunikationssektor deutlich verstärkt. Die Anzahl an Unternehmen ist entsprechend gestiegen, was aber auch daran liegt, dass die Branche seit Jahren von einer rasanten technischen Entwicklung gekennzeichnet ist. Neben dem herkömmlichen Festnetz-Telefon, das bereits Ende des 19. Jahrhunderts entwickelt wurde und seit den 60er Jahren des 20. Jahrhunderts in den westlichen Industrienationen relativ weit verbreitet ist, gibt es seit etwa 10 Jahren Mobiltelefone (bei uns »Handys« genannt, in angelsächsischen Ländern »Mobile-« oder »Cellular-Phones«), die eine schnurlose Übertragung von Sprache und neuerdings auch digitalen Daten erlauben.

Am Ausbau bestehender Telefonnetzwerke, der Verbesserung der Übertragungsleistung von Verbindungs- und Schaltelementen sowie der ständigen Weiterentwicklung der schnurlosen Sprach- und Datenübertragung arbeiten weltweit mehrere tausend Unternehmen. Am Neuen Markt gehören etwa Teles und Bintec zu den Herstellern von Telekomequipment. Die größten Hersteller von Festnetz-Infrastruktur kommen aus Nordamerika und Nordeuropa. Insbesondere sind hier Lucent Technologies (USA), Nortel (Kanada) und Ericsson (Schweden) zu nennen. Ein etabliertes deutsches Unternehmen in diesem Segment ist die Siemens AG, die sich unter anderem mit der Entwicklung von hochleistungsfähigen Übertragungstechniken beschäftigt und zum Beispiel DSL-Ausrüstung für Telekomgesellschaften herstellt.

Die führenden Produzenten von Handy-Technologie stammen aus Skandinavien, genauer Finnland (Nokia) und Schweden (Ericsson). Auch was die Technologie für schnurlose Sprach- und Datenübertragung angeht, sind europäische Unternehmen führend. In den USA verwenden die Mobilfunk-Provider unterschiedliche Übertragungs-Standards, die untereinander nicht kompatibel sind, was den Entwicklungsprozess deutlich behindert. In Europa hingegen greifen alle Hersteller von Mobiltelefonen und Betreiber von Mobilfunk-Netzwerken momentan auf einen einzigen Standard, GSM, zurück.

Die weltweit größten Betreiber von Mobilfunknetzen sind Vodafone (Großbritannien) und NTT Docomo (Japan).

Neben den Herstellern von Telefoninfrastruktur und -Technologie existieren zahlreiche Gesellschaften, die Privathaushalte und Betriebe mit Festnetz- sowie Mobilfunkanschlüssen versorgen. In Deutschland sind hier beispielsweise die Deutsche Telekom, Viag Interkom, Vodafone (Mannesmann) oder MobilCom zu nennen. Auch ausländische Gesellschaften tummeln sich am deutschen Markt. Sie versorgen insbesondere große und mittelständische Unternehmen mit leistungsfähigen Telefonanschlüssen.

Der Bereich Festnetz wird hierzulande immer noch von der Deutschen Telekom dominiert. Obwohl sich seit der Liberalisierung des Telefonmarktes zahlreiche neue Gesellschaften darauf spezialisert haben, Privathaushalten und Unternehmen Dienstleistungen rund um das Telefon anzubieten, liegt der Marktanteil des Bonner Konzerns noch immer bei über 80 Prozent. Allerdings schrumpfte der Marktanteil recht schnell, viel schneller als in anderen Industrienationen.

Die Öffnung des Telefonmarktes hatte natürlich einen sehr positiven Nutzen für Endverbraucher: Die Telefongebühren sind durch den aufkommenden Wettbewerb bereits deutlich gesunken. Der enorme Preisdruck verschlechtert natürlich die Umsatz- und Gewinnsituation im Bereich Festnetztelefonie, was sowohl die Telekom als auch die jungen Wettbewerber hart trifft.

Der Wettbewerbsdruck sorgt für einen rasanten Preisverfall in der Telekom-Branche.

Neuregelung bei Interconnection-Gebühren

Die Abrechnungsmodalitäten bei der Nutzung fremder Telefon-Netzwerke sollen künftig geändert werden: Richten sich die Durchleitungsgebühren (sogenannte Interconnection-Gebühren), die zum Beispiel kleine Telefongesellschaften für die Netzwerknutzung an die Telekom zahlen müssen, bisher nach der Entfernung der vermittelten Gespräche, so kommt künftig ein sogenanntes »Element Based Charging« zum Tragen. Grundlage für die Berechnung ist dann die Zahl der Netzelemente, die bei einem Telefongespräch von Dritten in Anspruch genommen werden. Der Grundgedanke: Unternehmen, die selbst hohe Investitionen in ihre Netzwerkstruktur vornehmen, werden künftig besser gestellt als solche, die sich vollständig auf Drittanbieter verlassen.

Generell kann man feststellen, dass sich mit Sprachübertragungen im Festnetz kaum noch Geld verdienen lässt. Daher dürften in diesem Segment langfristig nur die großen Anbieter überleben. Das Internet konnte dem Sektor zwar kurzzeitig neue Phantasie verleihen – die meisten privaten Anschlüsse an das Internet erfolgen auch heute noch über das Telefonfestnetz – doch da sowohl die Anschluss- als auch die Nutzungsgebühren (entsprechen den normalen Telefontarifen) permanent sinken, dürfen Anleger in diesem Segment kein überdurchschnittliches Umsatz- und Gewinnwachstum erwarten.

Auch im Bereich Mobilfunk hat das Internet für Wirbel gesorgt. Die großen Betreiber von Mobilfunknetzen (Mannesmann-Arcor,

MobilCom, T-Mobil) hoffen auf eine starke Zunahme des Mobile-Commerce, also der Internet-Nutzung per Handy (siehe auch folgenden Kasten).

Telekomunternehmen am Neuen Markt sind etwa Teldafax, Drillisch oder die oben schon genannte MobilCom AG. Nebenstehend die Kursverläufe im Vergleich zum Nemax 50.

Versteigerung von Mobilfunklizenzen – Rechnet sich der Aufwand?

- Derzeit werden in vielen westlichen Industrienationen die Lizenzen für den künftigen Standard im Mobilfunk (Universal Mobile Telecommunications System, kurz UMTS) vergeben (»Mobilfunkstandard der dritten Generation«, kurz 3G). UMTS wird die Übertragung von großen Datenmengen aus dem Internet auf mobile Empfangsgeräte, insbesondere Handys und handgehaltene Computer, erlauben.
- In Großbritannien versteigerte die Regierung die UMTS-Lizenzen meistbietend. Gezahlt wurde die unglaubliche Summe von insgesamt 22,5 Milliarden Pfund (39 Milliarden Euro). Für Deutschland wurde ein vergleichbar hohes Ergebnis von 98,81 Milliarden DM (= 50,52 Mrd. Euro) erreicht.
- Die Einnahmen, die aus der Nutzung von UMTS-Technologie durch Endverbraucher entstehen sollen, belaufen sich nach aktuellen Schätzungen für das Jahr 2011 auf rund 13 Milliarden Pfund in Großbritannien. Der Gegenwartswert der Gesamteinnahmen in den Jahren 2003 bis 2011 beträgt damit heute etwa 20 Milliarden Pfund (und würde die gezahlten Lizenzgebühren in etwa rechtfertigen).
- Investoren müssen sich aber fragen, ob die Lizenzkosten und die in den kommenden Jahren noch notwendigen Investitionen von mehreren Milliarden Euro durch die künftigen Einnahmen wirklich

gedeckt werden können. Da es noch Jahre dauern wird, bis sich UMTS-Handys durchgesetzt haben, ist die Unsicherheit außerordentlich hoch. Die Durchdringungsrate von UMTS-Handys wird für die Jahre 2010/2011 auf 60–70 Prozent der Bevölkerung geschätzt. Erst ab Anfang 2003 wird UMTS-Technologie verfügbar sein.
- Es ist möglich, dass die Gewinner der Lizenzauktionen ihre Netze später einmal kleineren Konkurrenzunternehmen öffnen. Hierdurch ließen sich zusätzliche Einnahmen erzielen. Die Nutzungsgebühren könnten dabei relativ hoch ausfallen, da ein Telekom-Unternehmen ohne UMTS eines Tages voraussichtlich keine Überlebenschance mehr haben wird.

Die Vorstände jener Unternehmen, die UMTS-Lizenzen in Deutschland erwerben konnten, sind ausnahmslos zuversichtlich, dass sich die hohen Kauf- und Investitionskosten eines Tages auszahlen werden.

Land	Einnahmen aus Lizenzverkauf	Prozess	Bieter
Großbritannien	22,5 Mrd. Pfund (39 Mrd. Euro)	Auktion	TIW mobile, Vodafone, BT, One2One, Orange, Orag
Deutschland	98,81 Mrd. DM (50,52 Mrd. Euo)	Auktion	MobilCom, Viag Interkom, E-Plus, Group 3G, Mannesmann (Vodafone), T-Mobil
Frankreich	130 Mrd. Franc (20 Mrd. Euro)	Ausschreibung (»Beauty Contest)	France Télécom, Vivendi, Bouygues, Suez Lyonnaise des Eaux
Spanien	0,5 Mrd. Euro	Ausschreibung (»Beauty Contest«)	Telefonica Moviles, Airtel, Retevision, Xfera
Niederlande	5,2 Mrd. DM (2,66 Mrd. Euro)	Auktion	KPN, Libertel, Dutchtone, Telfort, 3GBlue
Italien	noch nicht bekannt (3. oder 4. Quartal 2000)	Mix aus Ausschreibung und Auktion	offen
Schweiz	noch nicht bekannt (4. Quartal 2000)	Auktion	offen
Österreich	noch nicht bekannt (November 2000)	Auktion	offen
Portugal	noch nicht bekannt (3. Quartal 2000)	Ausschreibung	offen
Schweden	noch nicht bekannt (3. Quartal 2000)	Ausschreibung	offen
Belgien	noch nicht bekannt (4. Quartal 2000)	Auktion	offen
Dänemark	noch nicht bekannt (1. Quartal 2001)	Auktion	offen
Irland	noch nicht bekannt (1. Quartal 2001)	Ausschreibung	offen
USA	noch nicht bekannt (frühestens Mitte 2001)	Auktion	offen

Bewertungsfragen für Telekomgesellschaften

- **Umsatzstruktur:** Wie setzt sich der Umsatz zusammen? Wie hoch ist der Anteil der Einnahmen aus Sprachübertragungen, wie hoch derjenige, der aus dem Transfer von Daten entsteht? In den kommenden Jahren werden die Gebühren je Einheit im Bereich Sprachübertragung weiter sinken. Bei Telekomgesellschaften, die einen Großteil ihres Umsatzes in dieser Sparte erzielen, müssen Anleger mit deutlich schrumpfenden Gewinnen rechnen. Im Bereich Datenübertragungen sieht es derzeit noch etwas besser aus. Allerdings sind auch hier sinkende Gewinnspannen absehbar. Sehr vorteilhaft ist es, wenn Telekomgesellschaften Dienstleistungen rund um das Internet anbieten (Hosting-Service, Software-Downloads etc.), um so Einnahmequellen mit überdurchschnittlichem Umsatzpotenzial zu erschließen.

> Je geringer der Umsatzanteil, der durch Sprachübertragungen generiert wird, desto besser für eine Telekom-Gesellschaft.

- **Netzwerke:** Verfügt das Unternehmen über eigene Netzwerke oder muss es Übertragungskapazitäten anmieten? Telekomgesellschaften, die bereits ein flächendeckendes Netzwerk besitzen, haben einen deutlichen Vorteil gegenüber der Konkurrenz, da sie vollkommen unabhängig von Netzwerkanbietern sind, die gleichzeitig normalerweise auch zum Kreis der Wettbewerber zählen.

- **»Feste« Kunden oder Call by Call:** Wie treu sind die Kunden der Telefongesellschaft? Unternehmen, die ausschließlich Call-by-Call anbieten – ein Beispiel wäre die MobilCom AG –, sehen sich normalerweise einer hohen Kundenfluktuation gegenüber. Die Umsätze können entsprechend volatil ausfallen.

- **Bekanntheitsgrad/Markenname:** Besitzt das Unternehmen einen hohen Bekanntheitsgrad bzw. einen etablierten Markennamen? Die Deutsche Telekom dominiert den deutschen Telefonmarkt (Festnetztelefon) unverändert, obwohl ihr Monopol bereits 1998 aufgehoben wurde. Zum einen liegt das in hohem Maße an der Bequemlichkeit der Bundesbürger, den Telefonanbieter zu wechseln. Zum anderen dürfte aber auch der sehr hohe Bekanntheitsgrad der Deutschen Telekom dazu beitragen. Wettbewerber führen weiterhin ein Schattendasein – ihre Namen sind den meisten Bundesbürgern immer noch unbekannt.

- **Größe/Marktstellung:** Wie viele Kunden besitzt das Telekom-Unternehmen? Eine große Anzahl an Kunden hat Vorteile, da Netzwerke, die für teures Geld errichtet und gepflegt werden müssen, besser ausgelastet werden können.

- **UMTS-Lizenzen:** In welchen Länder besitzt das Unternehmen UMTS-Lizenzen? Wie viele UMTS-Lizenzen besitzt es insgesamt? Konnte es die Lizenzen relativ günstig erwerben? Hat das Unternehmen beim Ausbau der UMTS-Infrastruktur Vorteile gegenüber der Konkurrenz, zum Beispiel weil es sich an Herstellern für Telekomequipment beteiligt hat? Eine große Kundenbasis (siehe Punkt zuvor) hat auch mit Blick auf UMTS Vorteile, da sich die Installations- und Wartungskosten besser umlegen lassen, wenn nur genügend Kunden von der neuen Technologie überzeugt werden können.

Case-Study: Condat

Unternehmensbeschreibung. Condat entwickelt sogenannte Protokollstacks. Dabei handelt es sich um Software, die auf einem Chip im Handy integriert ist und die Logik der Kommunikationsstandards (zum Beispiel Sprache, Fax & Daten oder SMS) ausführt. Weiterhin bietet Condat Dienstleistungen rund um die mobile Kommunikation an. Der wichtigste Kunde und strategische Partner ist Texas Instruments. Der US-amerikanische Halbleiter-Produzent implementiert die Protokollstacks von Condat auf seinen Chips. Große Mobiltelefon-Hersteller wie Nokia oder Ericsson nutzen ihre eigenen Protokollstacks. Doch für kleinere Handy-Produzenten wäre das zu aufwendig. Diese Firmen greifen daher auf die Produkte von Condat oder die des einzigen, unabhängigen Mitwettbewerbers TTPCom zurück.

Nachhaltigkeit. Der Handymarkt ist zweifelsohne ein Markt mit überdurchschnittlichen Wachstumsraten. Die dritte Mobilfunkgeneration wird voraussichtlich neue Handyproduzenten und damit potenzielle Kunden für Condat anziehen. Außerdem ist es durchaus denkbar, dass die derzeit führenden Hersteller von Mobiltelefonen ihre Protokollstackentwicklung eines Tages einstellen und diesen Bereich auf dritte, in diesem Segment bereits etablierte Unternehmen übertragen. Condat wäre sicherlich einer der ersten Kandidaten dafür. Darüber hinaus hat das Unternehmen mit dem neuen Smart Content Wireless Proxy Server gute Chancen, auch im Bereich mobile Internetanwendungen Fuß zu fassen.

Management. Pedro Schäffer, Mitbegründer und Hauptaktionär von Condat, hat das Unternehmen in der Vergangenheit mit großer Dynamik vorangetrieben und dürfte auch in Zukunft in der Lage sein, die Marktposition weiter auszubauen.

Organisches Wachstum. Condat hat das bisherige Wachstum fast ausschließlich aus dem eigenen Cash-Flow und ohne die Hilfe von Venture-Capital-Unternehmen finanziert. Der Telekomzulieferer wächst also in erster Linie organisch. Akquisitionen spielen in der Geschäftspolitik bisher kaum eine Rolle.

> Bei den Case Studies innerhalb dieses Buches handelt es sich **nicht** um Kaufempfehlungen für die betreffenden Aktiengesellschaften. Die Unternehmen erfüllen zwar die von den Autoren formulierten Kriterien für Wachstumsunternehmen. Eine Antwort auf die Frage, ob der aktuelle Kurs gerechtfertigt ist oder zu hoch/zu niedrig ausfällt, liefern die Autoren mit den Case Studies jedoch nicht.

Condat hat im August 2000 auch noch einen der drei großen Handy-Hersteller als Kunden gewonnen.

Bilanzierung. Das Unternehmen bilanziert nach US-GAAP und agiert dabei ausgesprochen konservativ.

Besondere Risiken/Bewertung. Die aktuelle Bewertung fällt bereits relativ hoch aus. Die Branche bietet Infrastruktur-Lieferanten wie Condat aber sehr gute Chancen, Nischen zu besetzen.

Finanzdaten:

Jahr	Umsatz*	Gewinn je Aktie*	KGV
2001	34 Mio. Euro	0,51 Euro	96,08

* Umsatz und Gewinn geschätzt.
Quelle: DG Bank, Kursbasis: 49,00 Euro am 15.08.2000

Die Aussichten der Telekommunikationsbranche auf einen Blick

Wachstumstreiber

- Der Datenverkehr im Telefonnetz nimmt aufgrund der Internetausweitung ständig zu.

- Die Einführung neuer Technologien (Stichwort: UMTS) führt zu einer hohen Nachfrage nach Telekomequipment.

- Der Bedarf an Web-Hosting-Services wird in Zukunft überproportional steigen. Dies bietet insbesondere Netzbetreibern die Möglichkeit, neue Geschäftsfelder zu erschließen.

- Der Handyboom hält unvermindert an. Innovative Handy-Produzenten haben gute Karten, ihre Umsätze überdurchschnittlich zu steigern.

- Neue Technologien (Stichwort »packet switching«) erhöhen die Leistungskapazität moderner Netzwerke. Den führenden Anbietern dieser Technologien bieten sich Chancen auf überproportionale Umsatz- und Gewinnzuwächse.

Wachstumshemmer

- Die Gewinnspannen werden in Teilen des Telekommunikationssektors, insbesondere im Bereich Sprachübertragung, künftig weiter fallen. Wenn die Telekom ihr Monopol im Ortsnetz verliert, wird es auch hier zu deutlich niedrigeren Gebühren kommen.

- Hohe Kosten beim Erwerb von UMTS-Lizenzen und teure Folgeinvestitionen (Netzwerkaufbau etc.) werden die Gewinne von Telekomgesellschaften in den kommenden Jahren belasten.

Hardware

Struktur

In der »Hardware-Branche« tummeln sich Unternehmen, die in großen Mengen elektronische Bausteine (z. B. Computer-Chips) und Endgeräte wie Handys, PCs, Modems oder DVD-Player herstellen. Am Neuen Markt und an der Nasdaq gibt es zahlreiche Hardware-Produzenten. Namhafte Vertreter der US-Branche sind etwa Intel (Chip-Hersteller), Motorola (Produzent von Halbleitern und Mobiltelefonen), Dell oder Apple (beide PC-Produzenten).

Anleger, die sich an diesen oder ähnlichen Firmen beteiligen möchten, sollten sich ein genaues Bild davon machen, wie sich die Preise der jeweils hergestellten Produkte in der Vergangenheit entwickelt haben. Der Bereich Computer-Produktion beispielsweise war in den letzten Jahren von einem permanenten Preisverfall betroffen. Neu entwickelte Computer-Bausteine können im Regelfall nur über kurze Zeiträume mit hohen Gewinnspannen verkauft werden. Wettbewerber sind normalerweise sehr schnell in der Lage, vergleichbare Produkte herzustellen, was zu einem steigenden Angebot und schließlich zu sinkenden Preisen führt. Darüber hinaus sind die Preise für Computer-Bausteine, insbesondere für Speicherchips, sehr starken saisonalen Schwankungen unterworfen. Mit der Herstellung einfacher PCs oder Computer-Bildschirme wird aufgrund des starken Wettbewerbs auch in Zukunft kaum Geld zu verdienen sein. Überdurchschnittliche Gewinne erzielen hier nur solche Firmen, die über besonders effiziente Produktionsverfahren verfügen oder komplett auf eine Lagerhaltung verzichten können (siehe etwa Dell).

Bestimmte Hardware-Produzenten bieten – zumindest mittelfristig – attraktive Anlagemöglichkeiten. Als Märkte/Produkte mit überdurchschnittlichen Wachstumschancen kann man innerhalb des Hardware-Bereichs etwa

Viele Bereiche innerhalb der Hardware-Branche sind von einem rasanten Preisverfall betroffen.

- Server bezeichnen, des weiteren
- RISC-Chips (reduced instruction set computing), die in den meisten portablen Geräten (z. B. Fotoapparate, Handys) eingebaut werden,
- MP3-Chips, die das Speichern von Musik aus dem Internet ermöglichen,
- Handys, weil die Funktionen der Mobiltelefone künftig immer weiter ausgebaut werden, oder
- Smartcards, die einen hohen Sicherheitsstandard aufweisen und

Der High-End-Server-Markt wird von Sun Microsystems dominiert.

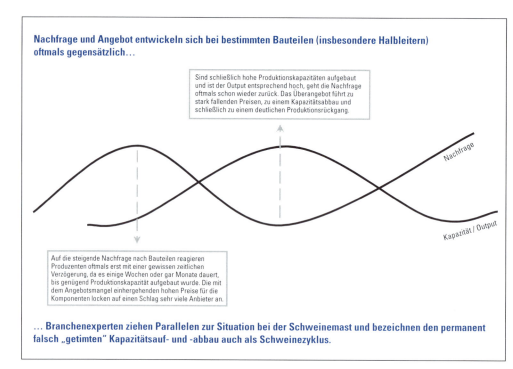

die traditionellen Karten mit Magnetstreifen (Kreditkarten, ec-Karten etc.) in Zukunft komplett ersetzt werden.

Bewertungsfragen für Hardwareunternehmen

Return on Capital Employed: Wie hoch ist der Gewinn je investiertem Euro?

- **Gewinnspannen (»return on capital employed«):** Im Bereich Hardware ist der Druck auf die Gewinnspannen tendenziell sehr hoch. Hier haben Hersteller mit einer sehr effizienten Produktionsstruktur die besten Karten. Anleger sollten daher auf folgende Fragen eine Antwort suchen: Wie hoch ist der Gewinn eines Hardwareproduzenten bezogen auf das eingesetzte Kapital, oder im Fachjargon: wie hoch ist der return on capital employed? Je höher diese Zahl, desto effizienter die Produktion. Dell beispielsweise hat eine Ertragsspanne von etwa 50 Prozent. Das Unternehmen verzichtet komplett auf die eigene Lagerhaltung von Bausteinen und Endprodukten. Es wartet zunächst die konkrete Bestellung durch seine Kunden ab und lässt alle notwendigen Bausteine zu dem gewünschten Computer erst kurz vor der Auslieferung zusammenbauen.
- **Bekanntheitsgrad, Markenname:** Bei vielen Hardwareteilen ist der Markenname für den erfolgreichen Verkauf sehr wichtig. Beispiele sind Computer-Chips (Intel), Handys (Nokia, Ericsson, Sie-

mens) oder Server (Sun Microsystems). Unternehmen, die ihren Markennamen in vielen Ländern etablieren konnten und einen hohen Bekanntheitsgrad besitzen, haben Vorteile gegenüber Konkurrenten, insbesondere Newcomern. Allerdings gibt es auch andere Hardwarebereiche, in denen ein Markenname relativ unwichtig ist, da die Produkte beinahe beliebig austauschbar sind. Ein Beispiel wäre der PC-Markt.

- **Distributionsnetzwerk:** Wie stark ist die Vertriebsmannschaft eines Hardwareherstellers? Wie dicht das Netz von Vertriebs- und Servicestellen? Stehen namhafte IT-Service-Unternehmen beim Hardwarevertrieb und der Installation zur Verfügung? Eine große Vertriebsmannschaft hat den Vorteil, den Markt in seiner ganzen Breite bearbeiten zu können – zum Teil sind tausende von Firmen potenzielle Kunden für eine bestimmte Hardware. Die Unterstützung durch zuverlässige IT-Service-Unternehmen ist ein gewisses Gütesiegel für einen Hardwarehersteller.
- **Partnerschaften:** Bestehen Partnerschaften mit großen Konzernen aus anderen Bereichen? Intel und Microsoft sind durch eine intensive Kooperation in der Lage, den PC-Markt (Intel: Prozessoren, Microsoft: Software) schon seit Jahren zu kontrollieren.

Case Study: Intel

Unternehmensbeschreibung. Intel ist Weltmarktführer in der Herstellung von Mikroprozessoren für Personal Computer. Durch die enge Kooperation mit Microsoft hat das Unternehmen eine monopolähnliche Stellung innerhalb der PC-Industrie inne.

Nachhaltigkeit des Geschäftsmodells. Intel strebt an, auch führender Hersteller von Halbleiterkomponenten in Servern, Netzwerkzubehör und tragbaren Geräten (Handheld-Computer, Handys etc.) – alles drei sehr wachstumsstarke Bereiche – zu werden. Da ihm das gelingen dürfte, ist das Geschäftsmodell auch in der Zukunft als nachhaltig einzustufen.

Management. Das Management ist excellent und hat das Unternehmen bisher mit Bravour durch alle Höhen und Tiefen des Halbleitermarktes geführt.

Organisches Wachstum. Intel wächst in erster Linie organisch. Es tätigt lediglich kleine Akquisitionen – insbesondere kauft Intel potenzielle Wettbewerber oder Unternehmen, die Software für die Intel-Architektur entwickeln –, um neue, selbst entwickelte Technologien als Standard zu etablieren.

Bei den Case Studies innerhalb dieses Buches handelt es sich **nicht** um Kaufempfehlungen für die betreffenden Aktiengesellschaften. Die Unternehmen erfüllen zwar die von den Autoren formulierten Kriterien für Wachstumsunternehmen. Eine Antwort auf die Frage, ob der aktuelle Kurs gerechtfertigt ist oder zu hoch/zu niedrig ausfällt, liefern die Autoren mit den Case Studies jedoch nicht.

Bilanzierung. Intel bilanziert nach US-GAAP und geht dabei eher konservativ vor.

Bewertung. Schaut man einzig und allein auf das KGV, erscheint Intel derzeit günstiger bewertet als viele andere Technologieunternehmen. Allerdings ist das Halbleitergeschäft sehr zyklisch und Intel immer noch sehr auf herkömmliche PCs konzentriert.

Finanzdaten:

Jahr	Umsatz*	Gewinn je Aktie*	KGV
2001	43 Mrd. USD	1,95 USD	34,33

* Umsatz und Gewinn geschätzt.
Quelle: Morgan Stanley Dean Witter, Kursbasis: 66,94 US-Dollar am 15.08.2000

Die Aussichten der Hardware-Branche auf einen Blick

Wachstumstreiber	Wachstumshemmer
▶ Halbleiter (Chips) werden in immer mehr Bereichen eingesetzt (z. B. in Automobilen, Handys, Haushaltsgeräten, DVD-Playern usw.). Der Bedarf wird künftig weiterhin steigen. ▶ Die zunehmende Automatisierung in Unternehmen und Behörden führt zu einem steigenden Hardwarebedarf.	▶ Der Druck auf die Gewinnspannen wird in Bereichen mit austauschbaren Produkten (z. B. PCs) unvermindert bestehen bleiben und sehr wahrscheinlich noch zunehmen.

Spezialmaschinenbau

Im Bereich Spezialmaschinenbau findet man in erster Linie die Hersteller von Produktionsanlagen für elektronische Bausteine, zum Beispiel Firmen, die Produktionsanlagen für Computer-Chips herstellen, oder Gesellschaften, die Maschinen für die Produktion von optischen Speichermedien (z. B. CDs, DVDs) entwickeln.

Zusammenhang zwischen Hardwareproduktion und Spezialmaschinenbau

Spezialmaschinenbauer stellen Maschinen zur Produktion von Komponenten (Computer-Chips, Leuchtdioden, Verbindungselementen etc.) her.

Komponentenhersteller nutzen Spezialmaschinen, um Bauteile zu produzieren.

Komponenten werden von Hardwareproduzenten zu fertigen Endprodukten zusammengesetzt.

 Von Nachfragerückgängen sind zuerst die Hardwareproduzenten betroffen. Mit einer gewissen Zeitverzögerung sinken dann auch die Umsätze bei den Komponentenherstellern und den Spezialmaschinenbauern.

Der Bereich Spezialmaschinenbau ist dem oben beschriebenen Hardware-Sektor vorgelagert. Daher besteht eine sehr große Abhängigkeit vom Absatz der Endprodukte. Die Hersteller von Maschinen zur Smartcard-Produktion beispielsweise konnten einen besonders hohen Auftragseingang verzeichnen, als Münz- durch Kartentelefone und Krankenscheine durch Kassenkarten ersetzt wurden.

Bewertungsfragen

- **Endprodukte:** Für die Herstellung welcher Endprodukte werden die Maschinen benötigt? Handelt es sich um schnell wachsende Märkte (Handys, Risc-Chips, Smartcards) oder eher langsam wachsende Sektoren (zum Beispiel herkömmliche Computer-Chips)?
- **Qualität:** Sind die Maschinen zuverlässig und ohne großen Wartungsaufwand zu betreiben? Da Spezialmaschinen sehr sorgfältig ausgesucht und normalerweise für den Langzeitgebrauch angeschafft werden, spielt die Qualität der Maschinen eine herausragende Rolle für den Absatzerfolg.

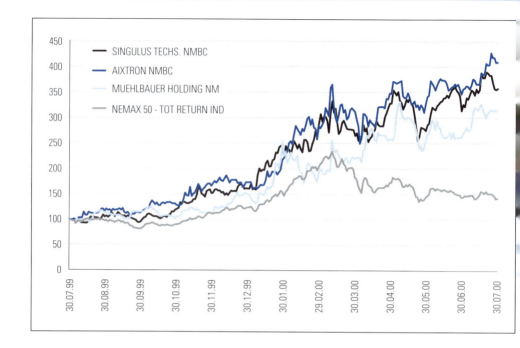

Spezialmaschinenbauer am Neuen Markt sind etwa Singulus, Aixtron oder Mühlbauer. Oben die Kursverläufe im Vergleich zum Nemax 50.

Bei den Case Studies innerhalb dieses Buches handelt es sich **nicht** um Kaufempfehlungen für die betreffenden Aktiengesellschaften. Die Unternehmen erfüllen zwar die von den Autoren formulierten Kriterien für Wachstumsunternehmen. Eine Antwort auf die Frage, ob der aktuelle Kurs gerechtfertigt ist oder zu hoch/zu niedrig ausfällt, liefern die Autoren mit den Case Studies jedoch nicht.

- **Referenzkunden:** Wer steht bisher auf der Abnehmerliste des Spezialmaschinenproduzenten? Kaufen mehrere namhafte Konzerne die Spezialmaschinen bei dem Hersteller ein, spricht das für eine hohe Produktqualität und hervorragenden Service.

Case-Study: Aixtron

Unternehmensbeschreibung. Aixtron besitzt mit einem Marktanteil von 54 Prozent die uneingeschränkte Technologie- und Marktführerschaft bei sogenannten MOCVD(Metal Organic Chemical Vapor Deposition)-Anlagen, die zur Herstellung von Verbindungshalbleitern benötigt werden. Verbindungshalbleiter wiederum werden zum Beispiel zur Produktion von LEDs (»Leuchtdioden«) eingesetzt, die bald auch in Ampelanlagen und Raumbeleuchtungen Anwendung finden werden.

Nachhaltigkeit des Geschäftsmodells. Der Markt für Verbindungshalbleiter zählt zu den wachstumsstärksten innerhalb des Halbleitersektors überhaupt und weist eine deutlich geringere Zyklik als andere Segmente auf. Da Aixtron innerhalb dieses Sektors sehr gut positioniert ist, gilt das Geschäftsmodell als nachhaltig.

Management. Der Vorstand weist großes Fachwissen im Verbindungshalbleitermarkt auf und versteht es darüber hinaus hervorragend, mit den Finanzmärkten zu kommunizieren.

Organisches Wachstum. Aixtron wächst vor allem organisch, also aus eigener Kraft.

Bilanzierung. Das Unternehmen bilanziert eher konservativ nach US-GAAP.

Bewertung. Die Bewertung fällt in Anbetracht des zu erwartenden Unternehmenswachstums derzeit zu hoch aus.

Finanzdaten:

Jahr	Umsatz*	Gewinn je Aktie*	KGV
2001	210 Mio. Euro	0,84 Euro	168,45

* Umsatz und Gewinn geschätzt.
Quelle: DG Bank, Kursbasis: 141,50 Euro am 15.09.2000.

Die Aussichten der Spezialmaschinenbaubranche auf einen Blick	
Wachstumstreiber	**Wachstumshemmer**
▶ Siehe Hardware	▶ Siehe Hardware

Barometer für Wachstumsbörsen

Indizes – Indikatoren für das Aktienmarktgeschehen

Ausdruck für die Gesamtmarktentwicklung

An Märkten wie der NASDAQ oder dem Neuen Markt sind eine Vielzahl von Aktien gelistet. Im Normalfall verändern sich deren Kurse unterschiedlich stark und häufig auch in verschiedene Richtungen. Einige steigen im Wert, während andere zur gleichen Zeit Verluste aufweisen. Anhand der vielen einzelnen Kurse lässt sich oft nur schlecht erkennen, in welche Richtung sich der gesamte Markt bewegt. Aus diesem Grunde fasst man sie zu einer Zahl – den so genannten Index – zusammen.

Der Indexwert gibt nun an, was ein Korb bestehend aus vielen verschiedenen Aktien heute im Vergleich zu einem festgelegten Zeitpunkt in der Vergangenheit (»Basistag«) wert ist. Zu diesem Zweck wird sein Stand von heute durch den am Basistag geteilt. Meist multipliziert man das Ergebnis noch mit 100 oder 1000.

Basistag

Je nachdem, welche Bedeutung ein Wert am Neuen Markt oder an der NASDAQ hat, sind von einer Gesellschaft mehr oder weniger Papiere im Index-Portfolio vertreten. Der Stellenwert einer Aktie bemisst sich in den meisten Fällen an ihrem Börsenumsatz und der Marktkapitalisierung (= Börsenkurs mal Anzahl umlaufender Aktien).

Marktkapitalisierung

> **Wenn Aktien gleich gewichtet werden**
>
> Nicht in jedem Index sind die Aktien unterschiedlich stark gewichtet. Die bekannteste Ausnahme ist wohl der Dow Jones Industrial Average (»Dow Jones«), bei dem lediglich ein einfacher Kursdurchschnitt aus den im Index enthaltenen Aktien gebildet wird. Eine Gewichtung zum Beispiel nach Börsenumsatz oder Marktkapitalisierung erfolgt nicht.

Je höher Umsatz und Kapitalisierung, umso stärker ist ihr Gewicht im Index. Daher ist ConSors Discount Broker (Marktkapitalisierung im August 2000 fast 5 Milliarden Euro) in einem Index mit einem deutlich höheren Anteil vertreten als beispielsweise United Visions, die eine Börsenkapitalisierung von knapp 20 Millionen Euro aufweisen. Da sich Börsenumsatz und -kapitalisierung im Laufe der Zeit ändern, wird auch das Index-Portfolio in bestimmten Abständen angepasst.

Kurs- und Performance-Index

Ein Index kann so angelegt sein, dass er lediglich die Kursentwicklung der zugrunde liegenden Aktien widerspiegelt. Solche Kennzahlen bezeichnet man deshalb auch als Kursindizes. Notiert ein entsprechender Index beispielsweise bei 2.000 Punkten (Indexwert am Basistag: 1.000), so lässt sich daran ablesen, dass sich die Aktienkurse vom Basiszeitpunkt bis heute im Schnitt verdoppelt haben.

Doch Kursveränderungen sind nicht die einzige Wertkomponente. Denn für einen Anleger stellen ja zum Beispiel auch Dividenden einen Ertragsbestandteil dar. An einem Kursindex kann man also nicht erkennen, wie sich der Wert der Aktien insgesamt – oder anders: deren Performance – entwickelt hat. Deshalb wurden so genannte Performance-Indizes geschaffen. Diese sind so konstruiert, dass neben Kursen auch die übrigen Wertbestandteile eingerechnet werden. Um den Unterschied zu verdeutlichen, betrachten wir ein stark vereinfachtes Beispiel: Nehmen wir einen Index, dem lediglich eine Aktie (MobilCom) zugrunde liegt. Zum Basiszeitpunkt (01.06.1999) beträgt ihr Kurs 80 Euro – diese setzen wir gleich 1.000 Punkte.

Dividenden

Ein Jahr später hat das Papier einen Wert von 120 Euro. Ein entsprechender Kursindex hätte dann folgenden Stand:

$$\frac{120}{80} \cdot 1.000 = 1.500 \text{ Punkte}$$

Am 1.4.2000 hat die Gesellschaft eine Dividende von 5 Euro gezahlt. Zu diesem Zeitpunkt hatte die Aktie einen Kurs von 100 Euro. Nun ist zu überlegen, wie man den Aktienkursindex erweitern könnte, damit er nicht nur Kurs-, sondern auch Dividendenzahlungen beinhaltet. Dieses Problem ist nicht ganz einfach zu lösen. Denn Dividenden können auf höchst unterschiedliche Art weiterverwendet werden. In der Praxis ist es so, dass jeder Anleger oft etwas anderes damit macht. Der eine verbraucht das Geld vielleicht sofort, andere legen ihre Dividenden dagegen wieder an, indem sie neue Wertpapiere dafür kaufen.

Bei der Konstruktion eines Performance-Indexes muss man sich natürlich auf eine Alternative einigen und daher ganz konkrete Annahmen treffen, was mit zwischenzeitlich zufließenden Erträgen passieren soll. Im Regelfall unterstellt man, dass die im Laufe der Zeit gezahlten Dividenden sofort wieder angelegt werden,

Kurs- und Performance-Indizes im Vergleich

Kursindex
Am Stand eines Kursindexes kann man ablesen, wie sich das Preisniveau der zugrunde liegenden Wertpapiere im Laufe der Zeit verändert hat.

Performance-Index
Der Indexstand spiegelt wider, welches Ergebnis sich mit den zugrunde liegenden Wertpapieren insgesamt erzielen ließ. Im Unterschied zum Kursindex werden nicht nur reine Preisveränderungen erfasst, sondern auch laufende Erträge.

und zwar jeweils in diejenigen Aktien, von denen die Dividenden stammen. Bezogen auf unser Fallbeispiel bedeutet das: Für 5 Euro kann man rein rechnerisch ein Zwanzigstel einer MobilCom-Aktie kaufen, sodass sich der Bestand auf 1,05 Aktien erhöht. Um den Gesamtwert nach Ablauf eines Jahres zu bestimmen, erfolgt – wie vor Kursindizes gewohnt – eine Bewertung anhand des jeweils aktuellen Aktienkurses.

$$\frac{1{,}05 \cdot 120}{80} \cdot 1.000 = 1.575 \text{ Punkte}$$

Dieser Wert (»Indexstand«) lässt sich so deuten: Ein Anleger, der zum Basiszeitpunkt insgesamt 1.000 Euro in die Indexaktien – in diesem Fall lediglich MobilCom – investiert hat, besitzt ein Jahr später Aktien im Wert von 1.575 Euro – vorausgesetzt, für die zwischenzeitlich zugeflossenen Dividenden wurden sofort wieder entsprechende Aktien gekauft.

Damit umfasst der Index nicht nur die Kursentwicklung, sondern auch die mit den Aktien erzielten laufenden Erträge. In der Praxis werden Performance-Indizes in etwa so berechnet. Auf spezielle Details gehen wir hier jedoch nicht ein, sondern verweisen auf die entsprechende Literatur.

Indizes für den Neuen-Markt

Ein kurzer Überblick

Obwohl der Neue Markt erst seit gut drei Jahren existiert, gibt es für dieses Börsensegment bereits ein Reihe von Indizes. Von der Tageszeitung Die Welt stammt ebenso ein Index (»Web Welt Index«) wie von der alle zwei Wochen erscheinenden NET-BUSINESS (NET-BUSINESS-Index). Beide Indizes beziehen allerdings lediglich Internet-Werte ein, nicht jedoch sämtliche Branchen des Neuen Markts. Bislang finden sie aber keine große Beachtung. Deswegen wollen wir auf diese Barometer auch nicht weiter eingehen. Verwunderlich ist, dass – zumindest bei Redaktionsschluss für dieses Buch – keiner von beiden im Internet veröffentlicht wird, sondern ausschließlich in den Printausgaben der Zeitungen.

Nemax

Weitaus bedeutender sind dagegen die Indizes der Deutschen Börse. Sie bietet zurzeit zwei Gesamtmarktindizes – den NEMAX-All-Share und den NEMAX 50 – sowie zehn einzelne Branchenindizes an.

NEMAX-All-Share

Der NEMAX-All-Share-Index umfasst – wie man an der Bezeichnung ablesen kann – sämtliche Aktien (»all shares«) aus dem Börsensegment »Neuer Markt«. Er deckt damit das gesamte Segment ab und ist nicht auf eine bestimmte Anzahl von Aktien beschränkt wie etwa der NEMAX 50, auf den wir später noch zurückkommen.

Es ist schon eindrucksvoll, wie sich die im »All-Share« enthaltenen Werte zahlenmäßig in den Jahren seit seiner Auflegung entwickelt haben. Am Ende des ersten Jahres umfasste der Index gerade mal gut 15 Aktien, am 17. Mai 1999 waren mit dem Börsengang der Artnet AG zum ersten Mal 100 Unternehmen dort gelistet, am 7. Dezember desselben Jahres ging mit Integra die 200. AG dort an den Start. Nach einem weiteren guten halben Jahr notieren seit dem 21. Juli 2000 insgesamt 300 Wachstumswerte am Neuen Markt. Davon sind ungefähr ein Fünftel Unternehmen, die ihren Sitz im Ausland haben.

Über 300 Aktien im All-Share-Index.

Ändert sich irgendetwas an der Zusammensetzung des Neuen Marktes, so schlägt sich dies sofort im NEMAX-All-Share-Index nieder. Bei Barometern, die lediglich eine bestimmte Aktienauswahl enthalten, geht man hingegen etwas anders vor. Hierzu im nächsten Abschnitt mehr.

Sobald eine Aktie neu in den Handel aufgenommen wird, fügt die Deutsche Börse das Papier auch umgehend in den NEMAX-All-Share-Index ein. Wie man diese Prozedur rechnerisch handhabt, wollen wir hier jedoch nicht vertiefen. Wer sich für die genaue Vorgehensweise interessiert, kann im Internet unter www.neuer-markt.de Detailinformationen abrufen. Auf der gerade genannten Seite aktiviert man den Button »Indizes« und wählt dann »Index-Guide« aus. Dort erscheinen mehrere Leitfäden zum Download. Die erforderlichen Angaben enthält der »Leitfaden zu den Aktienindizes der Deutschen Börse«.

Die Deutsche Börse bietet den NEMAX-All-Share-Index in zwei Versionen an, als Kurs- sowie als Performance-Index. Beide haben denselben Ausgangswert (»Basis«) von 1.000 Punkten und auch dasselbe Basisdatum (30.12.1997). Da der Performance-Index nicht nur die reinen Aktienkurse beinhaltet, sondern auch Dividenden, liegt er natürlich höher als der NEMAX-All-Share-Kurs-Index. Doch die Unterschiede sind (noch) nicht sehr groß. So lag der Performance-Index Mitte Juli lediglich ein halbes Prozent über dem Kursindex.

Kurs- und Performance-Index

Dies liegt zum einen sicherlich an der kurzen Bestehensdauer, doch es gibt noch einen weiteren Grund. Wie wir in den vorhergehenden Kapiteln bereits erläutert haben, schütten Unternehmen aus den Wachstumsbranchen zurzeit – wenn überhaupt – nur sehr spärliche Dividenden aus. Deshalb wird der Indexstand hierdurch nicht sonderlich beeinflusst, sodass im Endeffekt kaum Differenzen zum Kursbarometer zu beobachten sind.

Die Stände vom NEMAX-All-Share können Anleger an verschiedenen Stellen verfolgen. Man findet sie in Printmedien, berichtet wird darüber auch im Fernsehen, etwa in den Laufbändern, die ständig in den Sendungen von n-tv eingeblendet sind. Als Informationsquelle am besten geeignet ist aber das Internet. Hier lassen sich die Indexstände sehr zeitnah (»neartime«) abrufen. Als Beispiel haben wir drei Seiten ausgewählt, die viele Anleger Tag für Tag sehr rege in Anspruch nehmen:

Nemax-Stände im Internet.

- www.wallstreetonline.de
- www.onvista.de
- www.neuer-markt.de/INTERNET/NM/home/index.htm

Am Beispiel der Deutschen Börse (siehe Abbildung nächste Seite) ist gut zu erkennen, dass nicht nur der aktuelle Indexstand (»LETZTER STAND«) gezeigt wird, sondern außerdem Indexstände aus der Vergangenheit, etwa Höchst- und Tiefstwerte der letzten 52 Wochen. So lässt sich beispielsweise besser einschätzen, ob der NEMAX relativ hoch oder niedrig notiert.

NEMAX 50

Verglichen mit dem NEMAX-All-Share-Index umfasst der NEMAX 50 nicht sämtliche Unternehmen, die am Neuen Markt gelistet sind, sondern nur die nach Börsenumsatz und Marktkapitalisierung 50 größten. Man bezeichnet ihn deshalb oft auch als Blue-Chip-Index. Er spiegelt gegenwärtig etwa 80 Prozent der Marktkapitalisierung und des Börsenumsatzes am Neuen Markt wider. Am 1. Juli 1999 wurde er offiziell eingeführt.

Blue-Chip-Index

Indizes wie der NEMAX 50, die lediglich eine Aktienauswahl und nicht das gesamte Marktsegment beinhalten, heißen in der Terminologie der Deutschen Börse auch Auswahlindizes. Nach welchen Kriterien die Auswahl erfolgt, ist genauestens festgelegt und steht im Internet zum Herunterladen zur Verfügung (siehe letzter Abschnitt).

Auswahlindex

Regelmäßig im Abstand von einem Vierteljahr überprüft der Arbeitskreis Aktienindizes der Deutschen Börse, ob die Zusammensetzung des NEMAX 50 noch repräsentativ für den Neuen Markt ist. Sollte Anlass für den Austausch von Indexgesellschaften bestehen, so erfolgt die Anpassung zu festen Terminen im März, Juni, September und Dezember. Darüber hinaus können auch außerordentliche Aktualisierungen erfolgen, etwa dann, wenn Unternehmen eine Fusion eingehen.

Indizes – Indikatoren für das Aktienmarktgeschehen

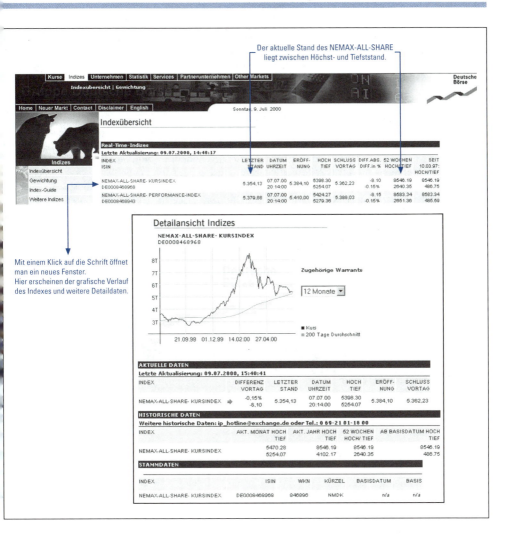

Der NEMAX 50 ist genauso alt wie der All-Share-Index und besitzt denselben Basiswert (1.000 Punkte am 30.12.1997). Die Deutsche Börse bietet auch den NEMAX 50 in zwei Versionen an, als Kurs- und als Performance-Index. Wer den aktuellen Stand nachschauen will, findet diesen ebenfalls unter den Internet-Adressen, die wir am Schluss des letzten Abschnitts erwähnt haben.

Verglichen mit dem All-Share-Index verwendet man den Nemax 50 sehr viel häufiger als *Underlying* für andere Finanzinstrumente (siehe nächstes Kapitel). Er setzt sich außerdem immer mehr als Orientierungsmaßstab durch, etwa für Fondsmanager und andere institutionelle Anleger, die sich am Neuen Markt engagieren.

Die Praxis lehrt: Aktien, die nicht im Nemax 50 vertreten sind, müssen stärker um die Aufmerksamkeit der Anleger und Analysten kämpfen!

Indexdaten im EXCEL-Format

Die Deutsche Börse bietet einen besonderen Service: Sie stellt Detaildaten kostenlos ins Internet ein, und zwar in Form von EXCEL-Tabellen (siehe folgende Abbildung). Man klickt auf der Homepage (www.exchange.de) unter der Rubrik »Market-Data« auf »Statistik« und wählt anschließend den Bereich »Indexdaten« aus.

Abrufbar sind unter anderem Gewichtungsdaten und Kennzahlen (z. B. Marktkapitalisierung) zu den einzelnen Indizes. Da die Daten im EXCEL-Format zur Verfügung stehen, können sie vom Anwender problemlos für eigene Auswertungen weiterverarbeitet werden. Die Deutsche Börse bietet diese Daten nicht nur für den aktuellen Börsentag, sondern – zum Beispiel bei den Indizes des Neuen Marktes – für jeden Zeitpunkt bis zum Basistag. So kann man etwa lückenlos nachverfolgen, wie sich das Indexgewicht einer bestimmten Aktie im Laufe der Zeit verändert hat.

Man findet in den Excel-Dateien umfangreiche und zum Teil ziemlich spezielle Daten. So sind dort zum Beispiel auch bestimmte Korrekturfaktoren enthalten, die für eine ganz exakte Berechnung der Indexstände erforderlich sind. Solche Informationen sind für Privatanleger kaum von Interesse, sondern eher für institutionelle Akteure. So muss etwa ein Fondsmanager schon sehr genau wissen, nach welchen Regeln die Börse bei der Berechnung vorgeht, wenn er einen Index eins zu eins nachbilden will.

Dadurch, dass die Börse Daten zur Indexberechnung im Detail ins Internet stellt, erhöht sich natürlich auch die Transparenz. Manipulationsgefahren sind sehr gering. Jeder kann, wenn er will, selbst nachvollziehen, wie ein bestimmter Wert zustande kommt.

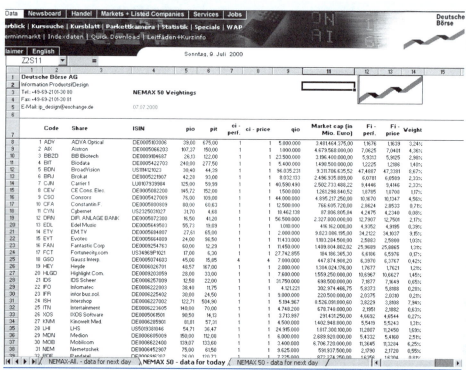

www.exchange.de

Da es sich beim Nemax 50 – wie bei jedem anderen Börsenbarometer – um einen Durchschnittswert handelt, ist daran nicht die Kursentwicklung einzelner Werte abzulesen.

Erleiden Aktien, die ein hohes Gewicht im Index haben, Kurseinbrüche, dann reißt dies den gesamten Nemax 50 nach unten, selbst wenn die Mehrzahl der übrigen Papiere im Plus schließt. Dies beeinträchtigt die Aussagekraft, denn der Index soll ja ein Bild vom Gesamtmarkt vermitteln. Den größten Einfluss auf den Indexstand haben EM.TV, T-Online, Qiagen, BroadVision, MobilCom, Intershop, ConSors, Aixtron und die Comdirekt Bank, die allein ungefähr einen Anteil von 60 Prozent haben (Stand: Mitte August 2000).

Ein weiteres Problem: In den Index fließen die Umsätze nicht mit ein, die an der Börse zustande kamen. Ob viel oder wenig Papiere gehandelt wurden, beeinflusst den Nemax 50 also nicht. Theoretisch könnte es passieren, dass an einem Tag zum Beispiel lediglich eine EM.TV-Aktie zu einem im Vergleich zum Vortag höheren Preis gehandelt wird. Dies hätte einen Anstieg des Nemax zur Folge.

Aufgrund der Tatsache, dass es sich um Durchschnittswerte handelt, sind Indizes auch eine Art Messlatte (»Benchmark«) für einzelne Aktien oder ganze Wertpapierbestände (z. B. Investmentfonds). Entwickelt sich der Wert einer Aktie besser als der Nemax, spricht man von einem »Outperformer«, ist der Index dagegen besser, ist die Aktie ein »Underperformer«.

Benchmark

Out-/Underperformer

Für jede Branche ein eigener Index

Die Zahl der Unternehmen, die am Neuen Markt gelistet sind, hat in den vergangenen Monaten immer stärker zugenommen. Daher wurden im Mai 2000 die Gesamtmarktindizes – wie man es von anderen bedeutenden Börsensegmenten kennt – um zehn branchenspezifische Indizes erweitert (siehe Tabelle).

Im Vergleich zu den Gesamtmarkt- sind die *Branchenindizes* jünger. Sie haben als Basisdatum den 30.12.1999 und einen Ausgangswert von lediglich 100 Punkten und nicht 1.000 wie die Gesamtmarktindizes. Außerdem gibt es die Branchenindizes jeweils nur in der Ausführung als Performance-Index.

Um die Subindizes bilden zu können, wurden sämtliche Titel vom Neuen Markt zehn Sektoren zugewiesen. Die Branche mit dem höchsten Gewicht ist der Internetsektor, gefolgt von der Technologie- und Softwarebranche. Am kleinsten sind – zumindest zurzeit – Medizintechnik und Finanzdienstleistungen. Eine exakte Branchenzuordnung ist schwierig: Nehmen wir etwa die Heyde AG. Sie hat ihren Ursprung zwar im Bereich IT-Services, ebenso intensiv wird inzwischen aber das Internet-Geschäft betrieben. Zugeordnet hat die Börse die Firma letztlich dem Sektor IT-Services.

Zehn Sektoren

Branchenindex	Anzahl Aktien im Index	Größter Einzelwert
Internet	56	T-Online International
Technology	48	Aixtron
Software	45	Parsytec
IT-Services	29	Heyde
Media- und Entertainment	29	EM.TV
Telecommunication	16	MobilCom
Industrials and Industrial Services	13	D. Logistics
Biotechnology	10	Evotec Biosystems
Medtech and Health Care	9	Kretztechnik
Financial Services	4	ConSors

Stand: Anfang Juni 2000

An den Gesamtmarktindizes kann der Anleger zwar ablesen, wie sich der Neue-Markt im Ganzen entwickelt hat. Einen tieferen Einblick welche Sektoren besonders gut oder schlecht abgeschnitten haben ist daran jedoch nicht zu erkennen. Dieser Mangel ist mit der Einführung der Branchenindizes behoben. Nun besteht die Möglichkeit Gewinner- und Verliererbranchen zu identifizieren. Ein Beispiel: Anfang Juli lag der NEMAX BIOTECHNOLOGY bei ungefähr 230 Punkten, während der NEMAX INTERNET hingegen zurückging, auf gut 80 Punkte. Wer auf den Biotechnolgie-Sektor gesetzt hat, konnte sein Kapital im ersten Halbjahr 2000 also mehr als verdoppeln, während man mit Internet-Werten nahezu ein Fünftel verloren hat.

Gewinner- und Verliererbranchen

Die Subindizes erleichtern Anlegern außerdem die Beurteilung einzelner Aktien. Wie die Wertentwicklung eines Einzeltitels einzuschätzen ist, lässt sich kaum durch einen Vergleich mit dem Gesamtmarkt feststellen, sondern eher durch einen Abgleich mit der jeweiligen Basisgruppe.

Vielseitige Einsatzzwecke

In der Praxis erfüllen Indizes viele Zwecke. Sie dienen nicht nur als Barometer für die Börsenstimmung, sondern auch als Maßstab – man sagt auch Benchmark – zur Beurteilung professionell verwalteter Depots (z. B. Investmentfonds). Vergleicht man deren Anlageergebnis mit der Entwicklung des entsprechenden Indexes ist sichtbar wie ein Manager im Verhältnis zum Markt abgeschnitten hat. Ein Anleger kann so erkennen, ob es sich gelohnt hat, sein Geld einem Profi anzuvertrauen oder ob eine Direktanlage in einen Index – zum Beispiel über ein entsprechendes Zertifikat – die bessere Alternative gewesen wäre.

Schließlich bilden Indizes noch die Grundlage – auch Underlying genannt – für andere Finanzinstrumente. So werden zum Beispiel Optionen und Zertifikate angeboten, die sich auf Indizes wie etwa den Nemax 50 beziehen. Hierauf gehen wir später noch ausführlicher ein.

Underlying

Indizes an der NASDAQ

Wer die Wertentwicklung an der Nasdaq verfolgen möchte, kann dabei auf verschiedene Indizes zurückgreifen (siehe Tabelle). Die beiden bekanntesten sind der »Nasdaq Composite«, ein Gesamtmarktindex mit über 5.000 Gesellschaften, sowie der Nasdaq-100-Index. Das letztgenannte Börsenbarometer beinhaltet die 100 größten Unternehmen der Nasdaq mit Ausnahme von Finanztiteln. Erfasst werden die Branchen Computerhard- und Software (inklusive Internethard- und -software), Telekommunikation, Groß- und Einzelhandel sowie Biotechnologie. Für Banken, Versicherungen und sonstige Finanzdienstleister gibt es jeweils eigene Indizes.

Nasdaq Composite
Nasdaq 100

Die wichtigsten Indizes an der Nasdaq

Nasdaq-Composite-Index	Nasdaq-100-Index
Erfasst werden sämtliche an der Nasdaq gehandelten Werte	Erfasst werden die 100 größten Werte; ausgenommen sind Bank- und Finanztitel
▸ Startzeitpunkt: 5.2.1971	▸ Startzeitpunkt: 3.1.1983
▸ Indexbasis: 100	▸ Anfangswert: 114,56

Bei sämtlichen Indizes, die von der Nasdaq berechnet werden, handelt es sich um marktkapitalgewichtete Börsenbarometer. Das gilt auch für den Nasdaq-100 Index. Allerdings fließen in diesen Index seit Dezember 1998 nicht mehr die echten Marktkapitalisierungen ein, sondern modifizierte Größen. Das Gewicht besonders großer Gesellschaften wie Cisco Systems oder Microsoft wird von der Nasdaq rechnerisch so angepasst, dass ihr Anteil im Index eine gewisse Größenordnung nicht überschreitet. Ziel: Der Nasdaq-100 Index soll ein sehr gut diversifiziertes Portfolio abbilden, dessen Wertentwicklung nicht maßgeblich von einigen wenigen Firmen bestimmt wird. Die Zusammensetzung des Nasdaq-100 wird vierteljährlich überprüft. Sofern notwendig, erfolgt dann auch eine Anpassung der Gewichte.

Wesentliche Kriterien für die Aufnahme einer Aktie in den Nasdaq-100 Index sind:

Aufnahmekriterien

- Das durchschnittliche Handelsvolumen muss bei mindestens 100.000 Stück pro Tag liegen.
- Ein Unternehmen muss mindestens zwei Jahre an einer der großen US-Börsen gelistet gewesen sein. Ausnahme: Gehört ein Unternehmen zu den 25 größten Nasdaq-Gesellschaften, reicht eine einjährige Börsennotiz im Inland aus.
- Ausländische Aktiengesellschaften müssen zusätzlich eine weltweite Marktkapitalisierung von mindestens zehn Milliarden US-Dollar aufweisen, einen Marktwert in den USA von mindestens vier Milliarden US-Dollar haben sowie ein Minimumhandelsvolumen von 200.000 Aktien am Tag.

Index	Kurzbeschreibung
Nasdaq Composite Index	Der Index erfasst alle in- und ausländischen Aktiengesellschaften, die an der Nasdaq gelistet sind. Der Nasdaq Composite ist marktkapitalgewichtet und enthält über 5.000 Aktien (Liste der Gesellschaften unter: http://dynamic.nasdaq-amex.com/dynamic/composite_0.stm).
Nasdaq-100 Index	Die Wertentwicklung der 100 größten Aktiengesellschaften an der Nasdaq wird durch diesen Index widergespiegelt (für eine detaillierte Beschreibung siehe Fließtext). Allerdings sind Bank- und Versicherungsunternehmen ausgeklammert. Für diese existierte jeweils ein eigener Index (siehe unten). Die Liste der Gesellschaften steht im Internet unter: http://dynamic.nasdaq-amex.com/dynamic/nasdaq100_activity.stm.
Nasdaq National Market Composite Index	Ist ein Subindex des Nasdaq Composite. Der Index berücksichtigt alle Unternehmen, die im Nasdaq-National-Market-Segment gelistet sind. (Liste der Gesellschaften unter: http://dynamic.nasdaq-amex.com/dynamic/nnm_0.stm).
Nasdaq Financial-100 Index	Beinhaltet die 100 größten Finanzunternehmen aus dem Nasdaq-National-Market-Segment (Liste der Gesellschaften unter: http://dynamic.nasdaq-amex.com/dynamic/fin100_0.stm).
Nasdaq Bank Index	Der »Bank Index« schließt alle Nasdaq-Unternehmen ein, die im Bankgewerbe direkt (Sparkassen und Banken) oder indirekt (Handel mit Fremdwährungen, Scheckinkasso, Verwahrung von Vermögensgegenständen, Auslandsbankgeschäfte) tätig sind (Liste der Gesellschaften unter: http://dynamic.nasdaq-amex.com/dynamic/bank_0.stm).
Nasdaq Biotechnology Index	Dieser Index ist auf Unternehmen aus der Biotechnologiebranche ausgerichtet. Insgesamt werden über 100 Firmen berücksichtigt (Liste der Gesellschaften unter: http://dynamic.nasdaq-amex.com/dynamic/bio_0.stm).

Indizes – Indikatoren für das Aktienmarktgeschehen

Index	Kurzbeschreibung
Nasdaq Computer Index	Erfasst mehr als 600 Hard- und Softwarehersteller. Darunter fallen auch solche Firmen, die elektronische Komponenten herstellen oder Bürogebäude mit DV-Anlagen ausstatten (Liste der Gesellschaften unter: http://dynamic.nasdaq-amex.com/dynamic/comp_0.stm).
Nasdaq Insurance Index	Index, der auf die Versicherungsbranche ausgerichtet ist. Die Unternehmen kommen aus allen denkbaren Versicherungssparten (Leben, Gesundheit, Eigentum, Unfall, Haftpflicht). Eine Liste der Gesellschaften ist unter http://dynamic.nasdaq-amex.com/dynamic/insur_0.stm zu finden.
Nasdaq Other Finance Index	Neben dem Bank und Insurance Index ist dies ein weiterer Index mit Finanztiteln. Erfasst werden zum Beispiel Kreditvermittlungen, die keine Banken sind, Immobilien- und Wertpapiermakler, Börsen oder Wertpapierhändler (Liste der Gesellschaften unter: http://dynamic.nasdaq-amex.com/dynamic/fin_0.stm).
Nasdaq Transportation Index	Hierin finden sich über 100 Unternehmen aus den Bereichen Eisenbahn, LKW-Schwerverkehr (Speditionen), Luftfahrt, Pipelines. Außerdem erfasst der Transportation-Index Dienstleister, die in den genannten Sektoren tätig sind, zum Beispiel Logistik-Unternehmen oder Lagerhausverwaltungen (Liste der Gesellschaften unter: http://dynamic.nasdaq-amex.com/dynamic/trans_0.stm).
Nasdaq Telecommunications Index	Erfasst an die 200 Telekommunikationsunternehmen (Liste der Gesellschaften unter: http://dynamic.nasdaq-amex.com/dynamic/tele_0.stm).
Nasdaq National Market Industrial Index	In diesem Index, der sich nur auf den Nasdaq National Market bezieht, sind in erster Linie Firmen der Old Economy zu finden. Erfasst werden über 2.000 Aktiengesellschaften aus den Sektoren Landwirtschaft, Rohstoffförderung, Bau, Industrie, Dienstleistungen und öffentliche Verwaltung (Liste der Gesellschaften unter: http://dynamic.nasdaq-amex.com/dynamic/NNMInd_0.stm).
Nasdaq Industrial Index	Der Nasdaq Industrial Index ist ein Gesamtmarktindex, der dieselben Branchen umfasst wie der vorgenannte. Insgesamt befinden sich mehr als 3.000 Unternehmen in diesem Börsenbarometer (Liste der Gesellschaften unter: http://dynamic.nasdaq-amex.com/dynamic/indust_0.stm).

Wie Anleger sich an Wachstumsbörsen engagieren können

Wachstumsbörsen haben ihre Berechtigung

In noch nicht einmal drei Jahren hat sich in Deutschland ein Börsensegment etabliert, das inzwischen nicht mehr wegzudenken ist. Der Markt für junge, wachstumsstarke Unternehmen hat Scharen von Anlegern angezogen. Viele, die mit Unternehmensanteilen eigentlich nicht viel anfangen konnten und konservative Sparformen bevorzugten, haben sich mittlerweile zu risikobereiten Investoren entwickelt. An der Börse hat sich eine regelrechte Goldgräberstimmung verbreitet.

Lange Zeit hat es tatsächlich so ausgesehen, als hätten Wachstumsbörsen ihre eigenen Gesetze. Viele Firmengründer konnten kaum mehr als eine gute Idee vorweisen und wurden durch den Gang an den Neuen Markt über Nacht reich. Banken verdienten aufgrund üppiger Provisionen nicht schlecht und nicht zuletzt kamen auch die Anleger auf ihre Kosten, denn die Kurse kletterten, abgesehen von einigen kurzen Schwächeperioden, steil nach oben.

Wer das Auf und Ab der Kurse betrachtet, hat manchmal den Eindruck, dass es am Neuen Markt zugeht wie bei einer Tombola. Oft wechseln die Favoriten der Anleger über Nacht und Aktien werden häufig gekauft, ohne dass sich die Anleger intensiver mit den Unternehmen, die dahinter stehen, beschäftigt hätten. Viele halten den Neuen Markt deshalb weniger für einen soliden Marktplatz als vielmehr für ein gut organisiertes Glücksspiel, bei dem hohe Gewinne winken. Ein erster Blick auf die Zahlen scheint dies zu bestätigen: Mit den erfolgreichsten Wachstumswerten konnten Anleger seit ihrer Emission drei-, zum Teil sogar vierstellige Renditen erreichen. Zu den Spitzenreitern gehört das Medienunternehmen EM.TV, das seit seinem Börsenstart im Oktober 1997 innerhalb von nur knapp zwei Jahren sage und schreibe rund 17.000 Prozent im Wert stieg. Bei dreizehn Neuemissionen im Jahre 1999 legte der Kurs im Vergleich zum Ausgabepreis um über 100 Prozent zu. Aus solchem Stoff werden Anlegerträume gemacht. Doch so manchen Investor plagten auch Alpträume. Denn einige Wachstumsunternehmen machten ihrem Name keine Ehre und vernichteten das Kapital, das Sparer zur Verfügung gestellt hatten. Einige Firmen sind wegen Betrugs mittlerweile nicht mehr gelistet, andere Werte notieren derzeit weit unter ihren Höchstkursen.

Auch wenn die Zeiten am Neuen Markt rauer werden und nicht mehr jede Neuemission automatisch steil nach oben klettert, ist kaum abzustreiten, dass dieses Börsensegment viele Anlegern weiterhin aufgrund seiner verlockenden Gewinnmöglichkeiten anzieht. Unternehmen an den Wachstumsbörsen besitzen ein deutlich höhe-

es Wachstumspotenzial als Werte anderer Marktsegmente. Damit **Hohe Risiken**
sind sie für viele Anleger besonders interessant. Doch leider wird
allzu leicht übersehen, dass den enormen Gewinnchancen auch entsprechend hohe Risiken gegenüber stehen.

Neuer Markt hat ein eigenes Regelwerk

Auch wenn der Neue Markt als Zockerbörse gilt, handelt es sich nicht um einen Freiraum ohne Regelwerk. Im Gegenteil: Der Handel am Neuen Markt wird strengstens kontrolliert. Und auch die Zulassung für die Unternehmen ist um einiges härter als für andere Marktsegmente. Wer sich für das Regelwerk im Detail interessiert, kann es im Internet unter www.nm-info.de/about_nm_regelwerk.html herunterladen.

Vertraut man einer alten Börsenregel, dann lassen sich mit Aktien auf lange Sicht im Schnitt mehr als elf Prozent pro Jahr erwirtschaften. Doch das scheint vielen Anlegern in Zeiten von E-Commerce und Biotechnologie nicht zu reichen. Das Verlangen nach höheren Gewinnen nimmt zu und damit auch der Leichtsinn. Viele haben den Zusammenhang von Rendite und Risiko längst vergessen. Nicht umsonst sind Anleger an den Wachstumsmärkten oft als »Spieler« verschrien.

So etwas ist nicht unbedingt förderlich für den Markt. Denn Wachstumsbörsen sind nicht als Tummelplatz für waghalsige Investoren gedacht. Handelsplätze wie Neuer Markt und NASDAQ erfüllen eine wichtige Funktion, denn sie tragen zur Lösung eines echten volkswirtschaftlichen Problems bei. Für kapitalsuchende Unternehmen aus Wachstumsbranchen sind Kredite keine geeignete Finanzierungsquelle. Grund: Firmen aus innovativen Branchen halten den traditionellen Kreditwürdigkeitsprüfungen der Banken im Regelfall nicht stand. Häufig sind die Kreditkosten zu hoch und belasten darüber hinaus die Liquiditätslage im Unternehmen.

Zur Lösung dieses Problems haben die meisten Börsen spezielle Handelssegmente geschaffen, die »Neuen Märkte«. Sie richten sich an Anleger, die die Risiken derartiger Unternehmen einschätzen können und bereit sind, diesen Firmen Kapital zur Verfügung zu stellen.

Anders als bei eingesessenen Unternehmen gibt es für Werte aus **Historie fehlt**
der New Economy keine lange Historie.

Es ist deshalb außerordentlich schwierig, die Risiken bei solchen Aktien zu kalkulieren. Doch dies sollte Anleger nicht dazu veranlassen, vollkommen planlos in Wachstumsaktien zu investieren. Es existieren einige Grundregeln, die Anleger unbedingt befolgen sollten. Hierzu mehr im nun folgenden Kapitel.

Die wichtigsten Grundregeln

Entscheidungen fundieren

Auch an der Börse gilt der Grundsatz, dass eine Entscheidung umso besser ist, je fundierter die Informationen sind, auf denen sie beruht. Deshalb kann man Anlegern nur raten, sich die nötige Zeit zu nehmen, um die Entwicklung an den Wachstumsmärkten regelmäßig (in relativ kurzen Zeitabständen) selbst zu beobachten und selbst gründlich zu recherchieren. Nach diesem Motto geht auch *Warren Buffet* vor, der im Alter von 26 Jahren seine erste Investmentgesellschaft gründete und zu den erfolgreichsten institutionellen Anlegern der USA zählt. Buffet kauft nur Aktien von Unternehmen, die er kennt und deren Geschäft er versteht.

Gründliche Recherche

Es wäre töricht, blind der Meinung weniger Analysten zu folgen und sich auf deren Einschätzungen zu verlassen. Auch wenn viele Banken in den Augen der Anleger eine scheinbar sichere Informationsquelle sind, belegt die Praxis, dass auch die Möglichkeiten der Profis, Marktentwicklungen vorherzusagen, sehr begrenzt sind. Dazu kommt, dass Kreditinstitute nicht selten selbst daran interessiert sind, bestimmte Aktien zum Kauf oder Verkauf zu empfehlen. Nehmen wir an, eine Bank möchte das Mandat für die Platzierung einer bestimmten Unternehmensanleihe gewinnen. Die Analysten werden dieses Unternehmen dann wohl kaum auf »verkaufen« stufen.

Oft sind es also gar keine echten Marktgründe, auf denen die Ratschläge beruhen, sondern schlicht Eigeninteressen. Nicht selten suchen sich Banken aus der Vielzahl an Meinungen diejenige heraus, die mit den eigenen Wunschvorstellungen am besten harmoniert.

Eigene Meinung ist entscheidend.

Deshalb sollte jeder Tipp – gleichgültig, von wem er stammt – stets kritisch hinterfragt werden. Entscheidend ist, wie der Anleger selbst die Situation einschätzt. Denn schließlich ist es sein Kapital, das investiert wird.

Wachstumswerte nicht auf Kredit

Meist ist die Versuchung, Wachstumswerte zu kaufen, dann groß, wenn die Aktien von vielen Analysten und anderen Akteuren als besonders aussichtsreich eingestuft werden. Oft genug lassen sich Anleger in einer solchen Situation dazu verleiten, die Papiere durch Kreditaufnahme zu finanzieren.

Das Tückische am Wertpapierkredit

Wertpapierkredite sind nicht so harmlos, wie es auf den ersten Blick scheint. Denn der Kunde stellt der Bank Sicherheiten (= Aktien), deren Wert im Zeitablauf schwankt (mitunter sogar sehr stark). Dagegen muss er einen Kredit zurückzahlen, dessen Höhe eindeutig feststeht.

Bislang waren derartige Praktiken vor allem in den USA stark verbreitet. Doch mittlerweile machen immer mehr Anleger auch hierzulande vom sogenannten Effektenlombardkredit Gebrauch. Das liegt zum Teil auch daran, dass den Anlegern dieser Finanzierungsweg sehr leicht gemacht wird. Wer einen Wertpapierkredit will, hat kaum Probleme, eine Bank zu finden, die ihm dabei hilft. Der Anleger erhält einen Kredit und überträgt als Sicherheit Aktien (denkbar sind auch andere Vermögenswerte) an das Institut.

Effektenlombardkredit

Solange die Börsenkurse in die Höhe steigen, geht die Spekulation für den Schuldner auf. Wendet sich jedoch das Blatt und die Aktienpreise sinken unter ihren Beleihungswert, erleben die Anleger eine böse Überraschung. Denn viele Banken verlangen dann, Geld nachzuschießen – auch *margin call* genannt – oder aber die Kredite zurückzuzahlen. Oft bleibt Anlegern nichts anderes, als die beliehenen Wertpapiere zu verkaufen. Neben den Kursverlusten müssen dann auch noch die Kosten für den Kredit (Zinsen, Gebühren) verkraftet werden.

Margin call

Viele Fachleute warnen vor Wertpapierkrediten auch noch aus einem anderen Grund: Kommt es zu starken Kurseinbrüchen, kann – vorausgesetzt viele Anleger haben sich über diesen Weg finanziert – zu einer regelrechten Kettenreaktion kommen, die schlimmstenfalls in einem Börsencrash endet. Dass diese Befürchtungen gar nicht so abwegig sind, scheint die Entwicklung an der NASDAQ im April 2000 zu bestätigen. Die heftigen Turbulenzen sollen nach Expertenmeinungen noch dadurch verstärkt worden sein, dass Banken ihre – über Wertpapierkredite verschuldeten – Kunden gezwungen haben, Aktien zu verkaufen.

Auf Übersichtlichkeit achten

Wer selber gezielt Wachstumsaktien auswählt, sollte nicht den Fehler machen und zu viele verschiedene Papiere in sein Depot nehmen. Denn die Übersicht geht dabei schnell verloren. Man kann immer wieder beobachten, dass Anleger derart viele unterschiedliche Aktien im Bestand halten, dass sie nicht mehr in der Lage sind, jede einzelne im Blick zu behalten. Deshalb gilt der Ratschlag, sich besser auf wenige verschiedene Titel zu konzentrieren, die man dafür aber umso intensiver verfolgen kann.

Die eigenen Rahmenbedingungen sind ausschlaggebend, nicht Modetrends

Entscheidend für die Aktienauswahl sollten die individuellen Rahmenbedingungen sein, aber nicht kurzfristige Trends. Auch wenn es derzeit in Mode ist, am Neuen Markt zu kaufen, heißt das nicht dass zum Beispiel Technolgiepapiere für alle gleichermaßen geeignet sind. Ob ein Engagement an den Wachstumsbörsen für Anleger zu empfehlen ist und wenn ja, in welcher Form, ist von ganz anderen Dingen abhängig. Grundsätzlich gilt: Wer ein festes Sparziel hat, Risiken ablehnend gegenübersteht, ist mit Aktien – vor allem mit stark schwankenden Papieren von Wachstumsbörsen – falsch beraten. Nur Anleger, die über genügend Erfahrung verfügen, Risiken einschätzen und tolerieren können und Verluste notfalls verschmerzen können, sollten Wachstumsaktien in ihre Überlegungen mit einbeziehen. Doch das ist leicht gesagt. Denn die Praxis zeigt, wieviel Mühe viele Anleger haben, die eigene Risikobereitschaft richtig zu beurteilen. Hilfe bieten erfahrene Anlageberater, Unterstützung findet man inzwischen aber auch im Internet. An verschiedenen Stellen wird die Möglichkeit geboten, direkt im Netz einen Fragebogen zu bearbeiten, der im Anschluss umgehend ausgewertet wird. Aus den Antworten wird dann die Mentalität des Anlegers abgeleitet. Als Beispiel haben wir den Service der Allianz Vermögens-Management ausgewählt (www.allianz-vermoegen.de/js/vermoegen_2/frameset_anlegeranalyse_js.htm) Weitere Web-Adressen sind auf der Verlagsseite zu finden (www.schaeffer-poeschel.de).

Risikobereitschaft

Da bei Wachstumswerten immer mit extremen Wertschwankungen zu rechnen ist, darf man nur soviel Kapital binden, wie notfalls auch als Verlust verkraftet werden kann.

Auf Streuung achten

Kein vernünftig handelnder Anleger investiert sein Kapital heutzutage willkürlich in irgendwelche Finanzprodukte. Inzwischen ist allgemein bekannt, dass sich Renditen bei gegebenem Risiko steigern lassen, wenn man sein Geld geschickt aufteilt.

Die Praxis zeigt, dass viele Anleger ihr Kapital schon fast instinktiv auf unterschiedliche Finanzprodukte verteilen. Nahezu jeder kennt inzwischen den Satz, dass man nicht sämtliche Eier in einen Korb legen soll. Das gilt auch für Wachstumsaktien. Wer sich auf Einzelaktien konzentriert, hat natürlich die Gefahr, dass er sich den Risiken einzelner Werte extrem stark aussetzt. Deshalb sollte sich jeder Anleger genau überlegen, ob eine derartige Strategie sinnvoll ist. Allgemein ratsamer ist es, sein Kapital breit zu streuen.

Produkte in allen Schattierungen

Die Alternativen

Wer sich an Wachstumsbörsen engagieren will, hat mehrere Möglichkeiten. Ist der Anleger davon überzeugt, durch geschickte Auswahl einzelner Aktien – auch Selektion genannt – oder durch Abpassen des richtigen Ein- und Ausstiegszeitpunkt (Timing) besser abzuschneiden als der Marktdurchschnitt, gehört er zu den Anhängern des aktiven Managements.

Selektion
Timing

Aktives Management

Der Ansatz, durch Selektion und Timing den Markt zu schlagen, klingt zwar einleuchtend ist aber schwieriger, als man meinen könnte. Die Praxis auf anderen Aktienmärkten – etwa DAX-Papieren – belegt, dass es kaum ein professioneller Vermögensmanager auf Dauer schafft, einen höheren Wertzuwachs (Performance) zu erzielen als der zum Vergleich herangezogene Index. Im Gegenteil: Die tatsächliche Wertentwicklung liegt – zum Teil sogar drastisch – unterhalb des Marktes. Für den Neuen Markt lassen sich allgemeine Aussagen bislang leider nicht treffen, da dieses Segment noch nicht lang genug existiert. Doch es ist zu erwarten, dass die Ergebnisse hier ähnlich sein werden wie in allen übrigen Marktsegmenten.

Diese Erkenntnis veranlasst viele Anleger dazu, auf aktives Management zu verzichten und Aktien in der Marktzusammensetzung zu kaufen. Man bezeichnet sie auch als Vertreter des passiven Managements.

Passives Management

Jeder Anleger hat die Wahl, seinen Aktienbestand – je nachdem welcher Philosophie er folgt – selbst aktiv bzw. passiv zu verwalten oder diese Aufgabe einem professionellen Manager zu übertragen.

Wer die Aktienauswahl und den -handel selbst übernimmt und nicht auf Dritte (zum Beispiel Vermögensberater) überträgt, muss sich darüber im Klaren sein, dass dies – insbesondere bei aktivem Management – mit einem hohen Zeitaufwand verbunden ist. Wer durch Selektion und Timing Überrenditen erwirtschaften möchte, sollte zum einen bereit sein, die Marktentwicklung ständig zu beobachten. Zum anderen müssen die Voraussetzungen – inbesondere die technische Ausstattung – vorhanden sein, um jederzeit auf aktuelle Daten zugreifen und Transaktionen in kürzester Zeit ausführen zu können.

Der Erfolg aktiver Strategien ist sehr stark davon abhängig, wie schnell auf veränderte Marktbedingungen reagiert werden kann. Aktive Anleger unterscheiden sich damit ganz wesentlich von solchen, die auf passives Management setzen und ihre Depotzusammensetzung an einem Index ausrichten und nicht laufend extreme Umschichtungen vornehmen, sondern an einzelnen Werten normalerweise lange festhalten, um auf diese Weise Vermögenszuwächse zu bilden.

Gleichgültig, ob man eher aktiv- oder passivorientiert agieren möchte, gibt es die unterschiedlichsten Möglichkeiten, um die Strategien umzusetzen. Anleger können Aktien vom Neuen Markt oder von der NASDAQ selbst auswählen und direkt kaufen. Dieser Weg ist – wie eingangs erwähnt – im Allgemeinen sehr zeitraubend. Komfortabler ist die Alternative, Finanzprodukte zu wählen, die sich auf einen Aktienbestand beziehen, der von entsprechenden Spezialisten verwaltet wird (hierzu mehr in den nun folgenden Kapiteln). Ausserdem haben auch Normalanleger dank der Entwicklung sogenannter Derivate inzwischen sehr gute Möglichkeiten, an der Wertentwicklung von Aktien überdurchschnittlich stark zu profitieren (»mit überproportionalem Hebel«) oder Baisse- und Seitwärtsphasen gewinnbringend zu nutzen. Hierauf gehen wir in den letzten Kapiteln dieses Buchteils intensiver ein.

Hebel

Zur besseren Orientierung haben wir die Produkte, mit denen man an der Entwicklung der Wachstumsbörsen partizipiert, klassifiziert und in folgender Übersicht abgebildet. Wie man sieht, ist das Angebot an Finanzinstrumenten außerordentlich vielfältig.

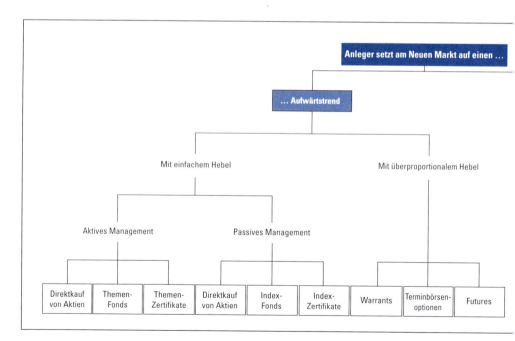

Fonds auf Wachstumswerte

In Deutschland gibt es mittlerweile zahlreiche Aktienfonds, die sich auf Wachstumsaktien spezialisiert haben. Meistens sind sie an Zusätzen wie »Growth«, »Dynamic« oder »Small Cap« zu erkennen. Wachstumsfonds (im Englischen Growth-Funds) können anhand des geografischen Anlageschwerpunktes unterschieden werden. Einige dieser Fonds sind international ausgerichtet, wohingegen sich andere auf bestimmte Regionen (zum Beispiel Europa oder Nordamerika) oder sogar einzelne Länder konzentrieren. Daneben gibt es aber auch Wachstumsfonds, die auf bestimmte Börsensegmente ausgerichtet sind. Ein Beispiel: Die Manager des »UniNeueMärkte«, einem Aktienfonds von Union Investment, kaufen Aktien überwiegend am Neuen Markt in Frankfurt und an der Nasdaq in den USA. Eine Übersicht über einige Investmentfonds mit Schwerpunkt auf diesen beiden Wachstumsbörsen liefert die Tabelle auf der nächsten Seite.

Da es sich bei den Neuen Märkten insgesamt um sehr junge, dynamische Segmente handelt und das Interesse der Anleger erst in den letzten Jahren richtig aufkam, ist in nächster Zeit mit weiteren Fondsprodukten zu rechnen. Dadurch steigt einerseits zwar der Wettbewerb unter den Anbietern, andererseits leidet darunter die Transparenz.

Growth Funds

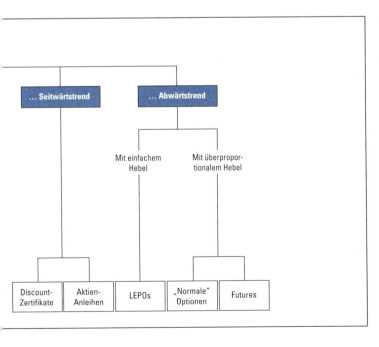

Mit welchen Produkten Anleger ihre Markterwartungen umsetzen können.

Der Neue Markt hat auch die deutsche Fondslandschaft verändert und dem Angebot an Investmentfonds eine überaus interessante Komponente hinzugefügt. Inzwischen gibt es etwa ein halbes Dutzend Publikumsfonds, die sich auf Aktien des Neuen Marktes spezialisiert haben oder diese Aktien zu mehr als 50 Prozent beimischen.

Aktienfonds mit Schwerpunkt auf den europäischen Neuen Märkten und/oder der Nasdaq

Name	Fondsgesellschaft	Name	Fondsgesellschaft
InvescoNeueMärkte	Invesco	UniDynamicFonds: Nordamerika	Union Investment
BfG NeueMärkte	BfG Bank	MMWI-US-Growth-Fund	Bankhaus Warburg
UniNeueMärkte	Union Investment	Metzler Euro Small Cap	Metzler
EuroAction: N. M.	Union Investment	DAC-Kontrast-Universal-Fonds	Universal
Oppenheim Topic New Markets	Sal. Oppenheim	Activest Lux New Markets	Activest
BWK-NovaMax-Neue Märkte	BWK	Nestor Neue Märkte	Nestor/ M.M. Warburg
Nordinvest – EuroGrowth	Nordinvest		
DIT Spezial	DIT		
A.L.S.A.	Adig	VMR Neuer Markt Europe	VMR
Kling Jelko Dr. Dehmed UI	Universal	JB Special German Stock B	Julius Bär

Aktienfonds und der Neue Markt

Die Idee, spezielle Investmentfonds für Neue-Markt-Aktien aufzulegen, kam etwa ein Jahr nach Bestehen des neuen Börsensegmentes zum ersten Mal auf. Mitte März 1998 waren 18 Unternehmen zum Handel am Neuen Markt zugelassen. Die Marktkapitalisierung fiel mit knapp neun Milliarden Mark zwar noch relativ gering aus. Es standen aber zahlreiche Neuemissionen für das laufende Jahr an, sodass eine ausreichende Marktbreite absehbar war. Bereits Ende Juli '98 war die Zahl der am Neuen Markt gelisteten Aktien auf 43 gestiegen. Die Marktkapitalisierung hatte sich seit März mehr als verfünffacht (Stand 31.07.98: ca. 42 Mrd. Mark).

Am 15. September 1998 legte Union Investment, die Fondsgesellschaft der Volks- und Raiffeisenbanken, dann mit UniNeueMärkte den ersten Fonds auf, der Aktien nahezu ausschließlich am Neuen Markt und der Nasdaq kauft. Im November erhielt ein weiterer Neuer-Markt-Fonds derselben Gesellschaft, EuroAction: N. M., eine Vertriebszulassung für Deutschland. Der Anlageschwerpunkt liegt in diesem Fall auf den europäischen Neuen Märkten in Frankreich, Belgien, den Niederlanden, Deutschland usw. Im Dezember 1998 zog schließlich die Kapitalanlagegesellschaft Invesco mit InvescoNeueMärkte nach. Die drei genannten Aktienfonds gehören zu den erfolgreichsten Wachstumsfonds der letzten zwei Jahre.

Passive Strategien am Neuen Markt mit Indexfonds

Wer nicht darauf vertrauen will, dass Fondsmanager mit der Auswahl von Wachstumsaktien besser abschneiden als der Marktdurchschnitt, kauft am besten sogenannte Index-Zertifikate (hierzu mehr im nächsten Kapitel) oder Index-Fonds. Es handelt sich hierbei um Produkte, deren Wert sich genau parallel zum Marktdurchschnitt entwickelt. Angeboten wird ein Fonds auf den Nemax 50 (Performance-Index) zurzeit beispielsweise von Franken Invest International S. A. Das Geld der Anleger wird so auf die Aktien aufgeteilt, dass das Depot anschließend exakt die Zusammensetzung des Nemax 50 aufweist. Ändert die Deutsche Börse die Gewichtung im Index, dann passt auch der Fondsmanager die Struktur entsprechend an. Da als Vorlage der Performance-Index dient, werden zwischenzeitlich keine Erträge an die Anleger ausgeschüttet. Es handelt sich also um einen thesaurierenden Fonds.

Der Ausgabeaufschlag beträgt regulär gegenwärtig 5 Prozent, die laufende jährliche Verwaltungs- und Depotbankvergütung ca. 0,70 Prozent. Den Ausgabeaufschlag können sich Anleger komplett ersparen, wenn sie den Fonds beim Discount Broker ConSors kaufen.

Zurzeit haben Nemax 50-Fonds verglichen mit -Zertifikaten noch einen gravierenden Vorteil, denn mit Fonds können Anleger Sparpläne realisieren. Bei Index-Zertifikaten verweigern viele Banken dies bislang noch. Aber es ist wohl nur noch eine Frage der Zeit, bis auch bei Index-Zertifikaten Sparpläne an der Tagesordnung sind.

Sparpläne

Zertifikate – Produkte mit rasantem Aufschwung

Ein kurzer Einblick

Seit einigen Jahren sorgen sogenannte Index-Zertifikate – oder schlicht Zertifikate – für Aufsehen. Diese neuartigen Produkte sind so konstruiert, dass Anleger eins zu eins an der Entwicklung eines Aktienindexes teilhaben. Betrachten wir ein Beispiel: Eine Bank hat ein Zertifikat ausgegeben, das sich auf den Nemax 50 bezieht. Für den Inhaber dieses Zertifikats ist es so, als besäße er tatsächlich einen Index, ohne Aktien aus dem Neuen Markt oder Fondsanteile gekauft zu haben. Mit jedem Ansteig des Nemax nimmt der Wert des Zertifikats im selben Maße zu, mit jedem Rückgang sinkt er entsprechend.

Rein rechtlich sind Index-Zertifikate Schuldverschreibungen. Der Käufer ist also Gläubiger und überlässt dem Emittenten (= Schuldner) sein Geld nur leihweise, um es nach Ablauf einer bestimmten Frist zurückzuverlangen. Deshalb haben Zertifikate meistens eine

Schuldverschreibungen

Als erstes Institut hat die ABN Amro Bank Index-Zertifikate ohne Laufzeitbegrenzung (»ewige Laufzeit«) herausgebracht. Darunter ist auch ein Nemax 50-Zertifikat. Allerdings liegt der Kurs- und nicht der Performance-Index zugrunde.

feste Laufzeit. Allerdings erfolgen keine Zins-, sondern lediglich Rückzahlungen am Ende der Laufzeit. Zertifikate weisen daher große Ähnlichkeit zu Nullkuponanleihen auf. Verglichen mit normalen Zerobonds ist im Voraus aber nicht bekannt, was am Fälligkeitstermin zurückfließt. Denn die Höhe des Tilgungsbetrages ist an einen Indexstand gekoppelt.

Anleger müssen aber nicht bis zum Laufzeitende warten, wenn sie Geld zurückerhalten wollen. Denn üblicherweise sind Zertifikate an der Börse handelbar und können so jederzeit ge- und wieder verkauft werden. Außerdem besteht die Möglichkeit, einen besonderen Service der meisten Emittenten zu nutzen. Die Institute bieten ihre eigenen, bereits herausgegebenen Zertifikate permanent zum Kauf an und verpflichten sich auch, die eigenen Produkte jederzeit – also nicht nur am Laufzeitende – zurückzunehmen. Man spricht auch von Market-Making. Die Banken orientieren sich normalerweise eng am Stand des Indexes, wenn sie Quotierungen stellen. Notiert der Nemax 50 zum Beispiel bei 6.000 Punkten, wird die Geldseite etwas unter, die Briefseite hingegen etwas über dieser Marke liegen. Eine Quote könnte vielleicht 5.980 zu 6.020 lauten. Besonderes Augenmerk sollten Anleger auf den Spread (Abstand zwischen Geld- und Briefkurs) richten. Denn: je enger der Spread, umso vorteilhafter ein Zertifikat

Wer sich intensiver mit dem Thema »Index-Zertifikate« beschäftigen will, findet ein Buch mit dem gleichnamigen Titel im Verlag Schäffer-Poeschel.

> **Von unterschiedlichen Bezeichnungen nicht verwirren lassen**
>
> Nicht alle Emittenten verwenden die Bezeichnung Zertifikate. Sehr häufig ist auch von Partizipationsscheinen – kurz »Participations« – die Rede. Der Begriff kommt daher, dass Anleger an der Wertentwicklung teilhaben (»partizipieren«).
>
> Man findet allerdings noch eine Vielzahl anderer Namen, etwa »Perles«, was als Abkürzung für Performance Linked to Equity Securities steht. Auch hierbei handelt es sich um Zertifikate. Der Anleger sollte deshalb genau in die Verkaufsprospekte schauen, um welche Art von Finanzprodukt es sich handelt.

Kursindexpapiere sind schwierig zu bewerten

Liegt ein Performance-Index zugrunde, ist ein Zertifikat leicht zu bewerten. Sein Preis muss dann in etwa mit dem aktuellen Indexstand übereinstimmen. Der Grund ist einleuchtend: Basiert ein Zertifikat auf einem Performance-Index, kann man es rein gedanklich wie ein aus verschiedenen Wertpapieren bestehendes Portfolio betrachten. Denn der Index beinhaltet ja nicht nur Kursänderungen, sondern obendrein auch Dividenden.

Ein wenig anders ist die Situation, wenn sich Zertifikate auf Kursindizes beziehen. Jetzt betreffen den Anleger lediglich Kursveränderungen, Dividendenzahlungen kommen ihm aber nicht zugute. Aus diesem Grunde ist es auch nicht gerechtfertigt, für das Zertifikat einen Preis zu zahlen, der dem Indexstand entspricht. Er müsste vielmehr einen Preisabschlag in Höhe der (zukünftig zu erwartenden) Dividendenzahlungen vornehmen.

Preisabschlag

Das Hauptproblem bei der Berechnung eines angemessenen Preisabschlags liegt freilich darin, dass niemand zukünftige Dividendenzahlungen ganz exakt abschätzen kann. Dieser Punkt wiegt umso schwerer, je mehr Aktien im Index enthalten sind und je länger die Laufzeit ist. Bei Kursindex-Zertifikaten ist – insbesondere zum Emissionszeitpunkt – die Gefahr besonders groß, dass Produkte zu teuer sind. Mit anderen Worten: Die Abschläge sind zu niedrig. Besondere Vorsicht sollten Anleger walten lassen, wenn keine Produkte von anderen Anbietern existieren, die eine gleichlange Laufzeit aufweisen, und ein direkter Preisvergleich deshalb unmöglich ist.

Nicht jedes Index-Zertifikat verdient diesen Namen

Längst nicht jedes Produkt verdient die Bezeichnung Index-Zertifikat. Denn die meisten Zertifikate beziehen sich gar nicht auf einen bekannten Börsenindex, sondern auf Aktienkörbe, die die Emittenten selbst zusammenstellen. Viel vorteilhafter sind für die meisten Anleger jedoch Börsenindizes. Nehmen wir den Nemax 50: Er wird von der Deutschen Börse berechnet und gepflegt, einer Institution, bei der man sicher sein kann, dass nicht spezielle Interessengruppen im Vordergrund stehen, sondern Rücksicht auf alle Marktakteure genommen wird – also private und institutionelle Anleger gleichermaßen.

Aktienkörbe

Von der Börse stammen eine ganze Reihe von Indizes, deren Stände ebenso im Internet abrufbar sind wie weitergehende Informationen zur Zusammensetzung, zum Basiszeitpunkt usw. (Adresse: www.exchange.de). Die Gefahr von Manipulationen bei Börsenindizes – oder Indizes, die von einer anderen neutralen Stelle kommen – ist normalerweise gering. Solche Indizes haben noch weitere Vorteile: Indexstände werden unter Einhaltung vorher festgelegter Kriterien berechnet und sämtliche Daten wie etwa das Konstruktionsprinzip, aktuelle Werte oder historische Volatilitäten regelmäßig zur Verfügung gestellt, und zwar so, dass sie der breiten Öffentlichkeit zugänglich sind. Die Transparenz ist ausgesprochen hoch. Denn veröffentlicht wird nicht ausschließlich in bestimmten Spezialmedien – hierzu zählt beispielshalber der Nachrichtendienst Reuters –, zu denen nur ein begrenzter Kreis (z. B. Banken) Zutritt hat, sondern in normalen Zeitungen, Radio- und Fernsehsendungen, im Videotext und Inter-

Transparenz

net. Daher sind Zertifikate – aber auch andere Finanzprodukte wie etwa Optionsscheine –, die sich auf einen Börsenindex beziehen, für einen Privatanleger am besten geeignet. Jedermann hat die Möglichkeit, sich alle notwendigen Daten zu beschaffen und kann damit zum Beispiel die Preisstellung relativ einfach nachverfolgen.

Zertifikate auf bankeigene Indizes – sogenannte Aktienkörbe (»Baskets«) – nennt man Basket- oder neuerdings auch Themen-Zertifikate.

Bei Indizes, die vom Emittenten stammen, ist dies nicht so. Denn die Zusammenstellung legt der Emittent selbst fest. Er allein bestimmt, welche Aktien im Index enthalten sind und welches Gewicht jedes Papier erhält. Deshalb weisen Baskets höchst individuelle Merkmale auf. Produkte anderer Emittenten, die sich zum direkten Vergleich eignen, existieren im Regelfall nicht. Im Unterschied zu Börsenindizes werden für Baskets oft keine Informationen (z. B. aktueller Wert, historische Volatilität) veröffentlicht und wenn, dann höchstens in Medien, die dem Normalanleger kaum zugänglich sind. Deshalb ist die Gefahr, dass unvorteilhafte Preise gestellt werden, für Basket- oder Themen-Zertifikate deutlich höher als für Produkte auf Börsenindizes. Wer die Quotierungen für Basket-Zertifikate selbst überprüfen möchte, muss die aktuellen Kurse der zugrunde liegenden Aktien beschaffen und selbst gewichten.

Zertifikate sind keine Aktien

Viele Anleger, nicht zuletzt Kleinanleger, jagen schon fast fanatisch hinter frisch emittierten Aktien am Neuen Markt her. Neuemissionen waren in der Vergangenheit regelmäßig um ein Vielfaches überzeichnet. Natürlich kann bei einer derartig hohen Nachfrage nicht jeder bedient werden. Damit Anleger dennoch an der Wertentwicklung teilhaben können, bieten Banken Zertifikate an. Es müssen – wie oben beschrieben – nicht unbedingt Indizes sein, auf die sich Zertifikate beziehen. Zu finden sind durchaus auch einzelne Aktien. Die Emittenten werben dann gern damit, dass Anleger, die bei der regulären Aktienausgabe nicht zum Zuge kamen quasi als Ersatz ein Aktienzertifikat nehmen können.

Wie solche Papiere funktionieren und welche Tücken sie haben, wollen wir nun näher betrachten. Zur Verdeutlichung ein Beispiel: Von einer Bank wird ein Zertifikat herausgegeben (Laufzeit zwei Jahre), das sich auf Aktien der PIXELPARK AG bezieht. Wer ein solches Zertifikat kauft, erhält am Laufzeitende einen Geldbetrag in Höhe des dann gültigen PIXELPARK-Börsenkurses. Denn die Bank verpflichtet sich, eine Auszahlung in dieser Größenordnung an den Inhaber zu leisten. Bei Zertifikaten handelt es sich nämlich rein rechtlich um Anleihen. Der Bankkunde hat dem Institut das Geld also nur leihweise zur Verfügung gestellt.

Anleger verleiht sein Kapital.

Nun könnte man meinen, dass es doch eigentlich unerheblich ist, ob man die Aktie direkt kauft oder ein Zertifikat. Beide Anlageprodukte haben in zwei Jahren ja sowieso denselben Wert. Doch diese Schlussfolgerung ist voreilig. Denn der Aktionär hat im Gegensatz zum Zertifikatbesitzer sowohl einen Anspruch auf zwischenzeitlich ausgeschüttete Dividendenzahlungen als auch die Gelegenheit, an der Hauptversammlung der PIXELPARK AG teilzunehmen und bestimmte Entscheidungen mitzubeeinflussen. Diese Dinge beziehen viele Anleger in ihre Überlegungen nicht mit ein und denken deshalb, ein Papier wie das PIXELPARK-Zertifikat ist mit der Aktie vergleichbar.

Aktionäre sind Miteigentümer (Eigenkapitalgeber), Zertifikatinhaber hingegen Gläubiger (Fremdkapitalgeber).

Ein Zertifikatinhaber hat gegenüber einem Aktionär sogar noch einen weiteren Nachteil in Kauf zu nehmen. Denn das Zertifikat hat eine feste Laufzeit und wird nach Ablauf von zwei Jahren definitiv zurückgezahlt, ob der Anleger will oder nicht. Ein Aktionär könnte noch warten und seine Papiere erst später veräußern, während der Zertifikatinhaber sich nach einer alternativen Anlage umsehen muss. Er hat zwar die Möglichkeit, Pixelpark-Aktien zu erwerben, muss sich dann im Regelfall allerdings zusätzlich mit Anschaffungskosten (Bankprovisionen usw.) abfinden und hat damit im Endeffekt einen höheren Aufwand als derjenige, der sofort Aktien gekauft hat.

Die aufgezählten Nachteile haben selbstverständlich Einfluss auf die Bewertung von Aktienzertifikaten. Verglichen mit einer normalen Aktie muss der Preis für ein entsprechendes Zertifikat unterhalb des Aktienkurses liegen. Bedauerlicherweise kann jedoch niemand genau sagen, wie hoch der Preisabschlag fairerweise sein sollte. Denn dafür müsste bekannt sein, wie hoch die Dividendenzahlungen in Zukunft ausfallen. Bekannt sind jedoch allenfalls Schätzungen und auch die variieren laufend.

Preisabschlag

Da Zertifikatinhaber im Vergleich zu Aktionären keinerlei Mitspracherechte besitzen, ist auch dafür eine Preisminderung erforderlich. Welchen Wert die Teilnahme an einer Hauptversammlung hat, ist allerdings noch viel schwieriger abzuschätzen als zukünftige Dividendenzahlungen.

Themen-Zertifikate

Themen-Zertifikate tragen diesen Namen, weil sie sich im Regelfall auf Aktien zu einem gerade aktuellen Thema beziehen. Phasenweise besonders gefragt waren Themen wie »Internet« und »Biotechnologie«.

Nach Branchenindizes Ausschau halten

Besser als Themenzertifikate sind Zertifikate, die sich auf Branchenindizes (von der Börse) beziehen. Anleger sollten nach Zertifikaten suchen, die sich auf einen NEMAX-Branchenindex beziehen.

Themen-Zertifikate wachsen wie Pilze aus dem Boden. Es vergeht kaum eine Woche, in der nicht neue Produkte auf den Markt kommen. Aus diesem Grund ist es fast unmöglich, einen vollständigen Marktüberblick zu geben. Damit sich der Leser einen besseren Eindruck von derartigen Produkten machen kann, haben wir zwei Beispiele aus der Praxis herausgepickt. Von Sal. Oppenheim stammt ein sogenanntes e-Banking-Zertifikat. Es bezieht sich auf einen Basket, den der Emittent wie folgt bestückt hat: Aus dem Bereich der Online Broker sind

e-Banking-Zertifikat

- ConSors Discount-Broker AG,
- Direkt Anlage Bank AG,
- Entrium Direct Bankers AG,
- Fimatex S. A.,
- Self Trade S.A.

vertreten. Außerdem enthält der Korb Aktien von Unternehmen, die spezielle e-Banking-Software herstellen. Dies sind:

- Brokat Infosystems AG,
- DataDesign AG,
- Heyde AG,
- Netlife AG,
- Trintech Group plc.

Das Zertifikat ist so aufgebaut, dass jede Aktie – was ihren Anlagebetrag betrifft – gleich stark gewichtet wird. Pro Zertifikat werden 99 Euro investiert. Maßgeblich für die Anzahl der Aktien ist laut Verkaufsprospekt der Durchschnitt der jeweiligen Schlusskurse an den drei Handelstagen ab Valuta. Die Zusammensetzung des Baskets ist nicht fest, denn, so der Wortlaut im Verkaufsprospekt, sie kann auf Vorschlag der Oppenheim Finanzanalyse GmbH geändert werden.

Wann und nach welchen Kriterien eine Umschichtung des Baskets erfolgt, ist im Prospekt nicht dargelegt. Der Anleger trägt also, ähnlich wie bei Fonds, ein Managementrisiko. Die Bank kann das Portfolio in Zukunft nach eigenem Ermessen umstrukturieren. Das gilt im Grunde auch für Dynamic Biotech 20 Zertifikate von Merrill Lynch, die sich auf 20 Biotechnolgie-Aktien aus Nordamerika und Europa beziehen. In der Informationsbroschüre des Emittenten heißt es, dass der Index (den der Emittent selbst bestimmt) im Rhythmus von vier Monaten entsprechend der Auswahlkriterien optimiert wird. Wie diese Kriterien im Einzelnen aussehen und was man unter Optimierung genau zu verstehen hat, ist den Unterlagen allerdings nicht zu entnehmen.

Managementrisiko

Dynamic Biotech-Zertifikate

> **Die Philosophie hinter einem Basket**
>
> In der überwiegenden Zahl der Fälle bestehen Baskets aus Aktien; andere Finanztitel verwendet man kaum. Zu einem Korb werden normalerweise nur Objekte zusammengefasst, die bestimmte Gemeinsamkeiten haben. Häufig werden Aktien gebündelt, die derselben Branche zuzuordnen sind (z. B. Automobil oder Telekommunikation). Man kann Körbe jedoch auch anders bestücken, zum Beispiel mit Aktien, die aus demselben Land stammen oder die in der Vergangenheit eine besonders hohe Dividendenrendite aufzuweisen hatten. Korbscheine geben dem Anleger die Möglichkeit, auf den Trend einer ganzen Gruppe von Aktien zu spekulieren.

Im Grunde könnte sich ein Anleger anstatt von Themen-Zertifikaten die zugrunde liegenden Aktien auch selbst in der angegebenen Zusammensetzung kaufen. Dieser Weg ist zwar etwas umständlicher, aber zumindest kann der Anleger anschließend selbst bestimmen, ob und in welcher Form er sein Portfolio umschichtet. Außerdem kann er sicher sein, dass sein Depot stets dem aktuellen Wert der Aktien entspricht. Kosten für Kauf und Verwahrung der Aktien fallen beim »Eigenbau« natürlich auch an. Je nach Beschaffungsweg (z. B. normale Präsenzbank oder Online-Bank), Anlagesumme und Verhandlungsgeschick besteht jedoch die Möglichkeit, Einfluss auf die Gebühren auszuüben.

Eigenbau

Gebührenfalle

Auf den ersten Blick scheinen Themen-Zertifikate eine ideale Anlageform zu sein. Das ist zumindest der Eindruck, der entsteht, wenn man die Produktbeschreibungen der Emittenten liest. Die Banken werben häufig mit dem Argument, dass es sich bei Themen-Zertifikaten um eine bequeme und zugleich kostengünstige Anlagealternative handelt. Doch der Schein trügt. Schaut man genauer auf die Bedingungen, treten an vielen verschiedenen Stellen Gebühren zutage. Die Financial Times Deutschland hat vor kurzem das sogenannte Communication-Select-Zertifikat der WestLB unter die Lupe genommen und festgestellt, dass die Bank für ihr Produkt einen Ausgabeaufschlag – wie man ihn von Fonds kennt – von einem Prozent verlangt. Hinzu kommt eine »Strukturierungspauschale« von 3,50 Euro für jedes 100-Euro-Zertifikat. Da bei einer Anlagesumme von 101 Euro aber nur 96,50 Euro angelegt werden, beläuft sich der Ausgabeaufschlag tatsächlich auf 4,7 Prozent – und das bei einer Laufzeit von lediglich zwei Jahren.

Ausgabeaufschlag

Gebühren in ähnlicher Größenordnung werden auch bei anderen Zertifikaten in Rechnung gestellt. Nehmen wir zum Beweis die Produkte aus dem letzten Abschnitt. Beim e-Banking-Zertifikat von Oppenheim werden 99 Euro investiert, während der Ausgabepreis bei 101,50 Euro liegt. Faktisch hat das Produkt also einen Ausgabeaufschlag von 2,53 Prozent. Liest man den Verkaufsprospekt genauer, kommt der nächste Kostenfaktor zum Vorschein. Wörtlich heißt es: »Für die Aussicht auf überdurchschnittliche Kursgewinne aus dem Zertifikat verzichten Sie auf laufende Dividendenzahlungen.« Da bedeutet im Klartext, dass die Dividenden, die die zugrunde liegenden Aktien während der zweijährigen Laufzeit abwerfen, der Bank und nicht dem Anleger zugute kommen. Ein weiterer Kostenfaktor ist die Geld-Brief-Spanne, die verloren geht, wenn die Zertifikate vor ihrem eigentlichen Ablauf an die Bank zurückgegeben werden.

Keine Dividenden

Geld-Brief-Spanne

Bei den Dynamic Biotech 20 Zertifikaten von Merrill Lynch ist die Situation ähnlich. Die Bank verlangt einen Ausgabeaufschlag; hinzu kommt eine laufende Verwaltungsgebühr von einem Prozent pro Jahr. Werden die Papiere vor Ablauf der Gesamtfrist an die Bank verkauft, muss der Anleger die Geld-Brief-Spanne tragen. Und auch bei Dynamic Biotech 20 Zertifikaten kassiert die Bank die Dividenden. Allerdings wird dies in den Verkaufsunterlagen etwas verklausuliert formuliert. Denn dort steht geschrieben: »Die Dynamic Biotech 20 Zertifikate bilden die Preisperformance … ab …«. Mit anderen Worten: Der Inhaber profitiert lediglich von Kurs-(= Preis-)Veränderungen.

Fazit: Bei Themen-Zertifikaten – oder besser: bei Zertifikaten allgemein – ist größte Vorsicht geboten. Einige Emittenten beherrschen es geradezu meisterhaft, Gebühren genau dort zu verstecken, wo sie kein Anleger vermutet. Deshalb empfiehlt es sich – auch wenn dies aufwendig erscheint –, den offiziellen Verkaufsprospekt sehr aufmerksam und vor allem vollständig durchzuarbeiten, bevor man Papiere ordert. Anleger sollten sich nicht davon beeindrucken lassen, dass Zertifikate auf Aktien von Wachstumsbörsen beruhen. Wenn ein Anleger unbedingt in E-Commerce- oder Biotech-Aktien investieren möchte, kann er die Strategie, auf der das Zertifikat beruht, zur Not auch selbst umsetzen, indem er die entsprechenden Aktien – wie bereits gesagt – direkt kauft. Außerdem besteht die Möglichkeit, auf andere Produkte auszuweichen (z. B. Investmentfonds).

Entscheidend ist eine gute Story

Produktentwicklung

Neue-Markt-Zertifikate entstehen wie die meisten anderen Finanzprodukte nicht zufällig. In den meisten Fällen findet in den Banken ein regelrechter Produktentwicklungsprozess statt. Dabei bildet der Kunde das wichtigste Glied in der Kette. Bevor eine Bank mit der Strukturierung beginnt, wird überlegt, wie man möglichst viel Interesse bei den Anlegern wecken kann. Nur wenn die Aussichten gut sind, dass von einem Zertifikat ein entsprechend hohes Volumen verkauft wird, ist der Emittent bereit, das Produkt aufzulegen. Im Allgemeinen steigen die Erfolgschancen, wenn die Produktentwickler eine besondere Attraktion – man sagt auch »Story« – finden, auf die Anleger »anspringen«. Dies können zum Beispiel eine anhaltende gute Aktienmarktentwicklung sein oder bestimmte Branchen (z. B. Internet- oder Biotechnologiewerte), von denen sich die Anleger in Zukunft einiges erhoffen. Wichtig ist, dass ein Zertifikat von seiner Ausstattung her zum gerade aktuellen Marktumfeld passt. Zur Verdeutlichung haben wir einmal einen konkreten Praxisfall ausgewählt: Im Jahr 2000 häuften sich in den ersten Monaten Fälle von Sicherheitsmängeln im World Wide Web. So verbreitete sich beispielsweise ein Computervirus namens »I LOVE YOU« weltweit und in einer bis dahin nicht gekannten Geschwindigkeit. Er hat riesige Datenbestände auf den Festplatten unzähliger Rechner vernichtet und damit enorme wirtschaftliche Schäden hervorgerufen. Aufgrund dieses Ausmaßes wurde in der Öffentlichkeit ausführlich über den Virus und seine Folgen diskutiert. Für viele Menschen wurde »Sicherheit im Internet« zu einem echten Thema. Damit war die Basis für eine gute Story vorhanden. Die ABN Amro Bank nahm die Entwicklung zum Anlass, ein sogenanntes »WEB & Security-Zertifikat« aufzulegen. Es bezieht sich auf Unternehmen aus dem Bereich Internet-Sicherheit und wurde in der Phase entworfen und auf den Markt gebracht, als sich die Technikpannen häuften. Dass ein derartiges Produkt in einer solchen Situation bei den Anlegern auf fruchtbaren Boden fällt, überrascht kaum. Die Bankstrategen haben den Eindruck, dass es sich um ein kompetent strukturiertes Produkt handelt, noch verstärkt. Denn sie haben das Zertifikat, wie es in den Verkaufsunterlagen heißt, in Kooperation mit dem Internet-Finanzinformationsdienst OnVista konzipiert.

Web & Security-Zertifikat

Wie ein Neue-Markt-Zertifikat entsteht

Gut vermarkten lassen sich Zertifikate – auch ohne überzeugende Story –, wenn der Anleger an hohe zukünftige Renditen glaubt. Wie leicht ein Emittent das erreichen kann, wollen wir an einem selbst konstruierten und bewusst etwas überzogenen Fallbeispiel demonstrieren. Unser Ziel ist es, ein Neue-Markt-Zertifikat zu entwickeln, das den Anschein erweckt, als würde es in der Zukunft zu exorbitanten Wertsteigerungen führen. Die Story für unser Produkt soll die historische Wertentwicklung des Baskets sein. Denn für viele Anleger ist die Rendite der Vergangenheit immer noch ein überzeugendes Argument dafür, dass sich die Kurse auch in Zukunft überdurchschnittlich entwickeln.

Aus dem Neuen Markt picken wir Aktien heraus, die im zurückliegenden Jahr überproportional starke Zuwächse verzeichnen konnten. Da wir den Basket später – zum Beispiel in den Verkaufsunterlagen – mit der allgemeinen Entwicklung am Neuen Markt vergleichen wollen, sind für uns nur Werte von Interesse, die den Nemax All Share (»Benchmark«) übertroffen haben.

Früher war eine derartig gezielte Suche für einen normalen Akteur (z. B. Privatanleger) mehr oder weniger unmöglich. Doch seit es das Internet gibt, kann im Grunde jeder selbst so anspruchsvolle Aufgaben lösen wie die Aktiensuche nach fest vorgegebenen Kriterien. Im WWW lassen sich an verschiedenen Stellen sogenannte Aktienfinder – auch als Stock-Screener bezeichnet – aufrufen. Wir haben einmal das Tool der Financial Times Deutschland gewählt (Adresse: www.ftd.de; siehe Abbildung).

Stock-Screener

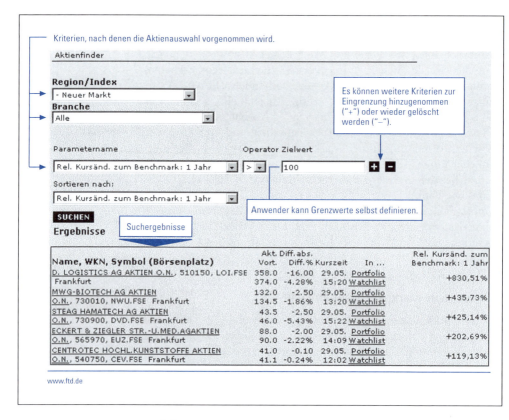

Auf der Homepage wählt man die Rubrik »Börsen + Märkte« und klickt anschließend auf »Aktienfinder«. Nun können wir Titel nach mehr als zwei Dutzend verschiedenen Kriterien genauestens eingrenzen. Wir haben nach Papieren aus dem Neuen Markt gesucht, die die

Wertentwicklung der Benchmark in den zurückliegenden zwölf Monaten um mindestens 100 Prozent übertroffen haben. Als Ergebnis wurden fünf Aktien geliefert, die in der Abbildung auch zu sehen sind. Der beste Wert lag um fast mehr als 830, der schlechteste immerhin noch um knapp 120 Prozent über dem Nemax All Share Index.

Diese Aktien stellen wir nun zu einem Basket zusammen, wobei der Korb aktuell einen Wert von 1.000 Euro haben soll. Wir legen außerdem fest, dass das Kapital gleichmäßig auf die Aktien aufgeteilt wird. In jedes Papier werden also 200 Euro investiert. Unser Basket hat dann folgende Zusammensetzung:

	Aktueller Kurs	Investierter Kapitalbetrag	Aktienzahl
D. Logistics AG	358,00	200,00	0,56
MWG Biotech AG	132,00	200,00	1,52
STEAG Hamatech AG	43,50	200,00	4,60
Eckert & Ziegler AG	88,00	200,00	2,27
Centrotec AG	41,00	200,00	4,88

Zusammensetzung des Baskets

Nun könnte man ein Zertifikat herausbringen, das sich auf diesen Basket bezieht. Mit etwas Fantasie findet man vielleicht sogar einige Dinge, die die hier vertretenen Aktien gemeinsam haben. Dann hat das Produkt nämlich eine plausiblere Story. Da die Unternehmen unterschiedlichen Branchen angehören, scheidet ein Branchen-Zertifikat aus. Aber man muss nur lang genug suchen, um irgendwann eine Übereinstimmung zu finden. Zufällig ist das Management der hier aufgeführten AGs – dazu zählen Vorstände und zweite Führungsebene – noch ziemlich jung. Wir nutzen dies und preisen unser Produkt als »Youngster-am-Neuen-Markt-Zertifikat« an. In Verkaufsprospekten und Finanzanzeigen könnte man potenziellen Anlegern das Wertpapier etwa wie folgt schmackhaft machen:

In einer Welt, in der die Globalisierung und Internationalisierung immer schneller voranschreitet, werden auf Dauer nur Unternehmen überleben, die dieses Tempo halten können. Entscheidender Erfolgsfaktor wird in Zukunft ein junges dynamisches Management sein. Das von der STORY-BANK konzipierte Youngster-am-Neuen-Markt-Zertifikat ermöglicht die direkte Anlage in fünf Wachstumsunternehmen, deren Management noch sehr jung ist.
Wie erfolgreich die Strategie sein kann, belegt ein Vergleich mit dem Nemax All Share Index. Im vergangenen Jahr hätte das Zertifikat diese Benchmark um mehr als 400 Prozent übertroffen. Zum Beweis stellen wir die Wertentwicklung in einer Grafik dar (siehe Abbildung).

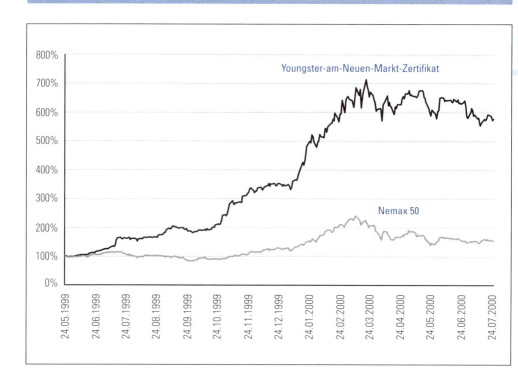

Empfehlenswerte Zertifikate

Es ist bedauerlich, aber wahr: Zertifikate, die sich auf einen reinen Börsenindex beziehen, der zudem noch ein Performance-Index ist, bilden eine seltene Ausnahme. Für diese Produkte wird auch kaum Werbung gemacht, sodass sie für den Anleger schwierig zu finden sind. Es gibt dennoch einige wenige Banken, die sich dazu entschlossen haben, Anlegern entsprechende Finanzprodukte anzubieten. Eine davon ist die Dresdner Bank. Sie hat ein Zertifikat auf den Nemax 50 herausgebracht, das bis zum Jahr 2019 läuft.

Bei Kursindizes – auch wenn es sich um einen Börsenindex handelt – sollten Anleger vorsichtig sein. Denn Dividenden fließen in die Wertentwicklung nicht mit ein. Für ein entsprechendes Zertifikat bedeutet das: Das Produkt müsste mit einem Kursabschlag gehandelt werden, der dem aktuellen Wert der zukünftigen Dividenden entspricht. Die genaue Berechnung ist eine schwierige Aufgabe, die von einem Normalanleger eigentlich nicht zu bewältigen ist. Das eröffnet den Banken natürlich die Möglichkeit, derartige Produkte überteuert anzubieten, ohne dass dies sofort auffällt. Aus diesem Grunde kann man Anlegern nur raten, auf Kursindex-Zertifikate im Zweifel zu verzichten.

Auch auf den Nasdaq 100 werden Zertifikate angeboten. Eines stammt von der Deutschen Bank. Sein Wert (in Euro) ist in etwa gleichbedeutend mit dem aktuellen Indexstand. Ein Währungskursrisiko hat der Anleger also nicht.

Fassen wir zusammen: Am transparentesten sind Zertifikate, die sich auf einen Performance-Index beziehen, der von einer interessenfreien Institution (Börse) stammt. Doch Anleger sollten auch bei solchen Produkten nicht vorschnell handeln. Denn wenn die Zertifikate direkt beim Emittenten gekauft werden, liegt zwischen An- und Verkaufspreis eine (Gewinn-) Spanne, die vom Institut im Grunde beliebig festgesetzt werden kann. Deshalb sollte man sich vorher informieren (am besten im Internet), wie groß dieser Abstand ist.

Außerdem ist nicht auszuschließen, dass die Emittenten in Zukunft auch bei Zertifikaten, die sich auf Börsenindizes (Performance) beziehen, Gebühren und andere Kostenkomponenten einbauen. Nicht auszuschließen sind etwa Ausgabeaufschläge, Abschläge bei der Rücknahme oder eine laufende jährliche Managementgebühr. Vor dem Kauf sollten Anleger die Mühe auf sich nehmen und den *Verkaufsprospekt* studieren, der – aufgrund gesetzlicher Vorschriften – jedes Detail enthalten muss.

Zertifikate sind riskant

Zertifikate sind keine sichere Kapitalanlage, denn diese Finanzprodukte beinhalten eine Vielzahl unterschiedlicher Risiken, von Marktpreis- bis hin zu Ausfallrisiken. Doch es würde den Rahmen dieses Buches sprengen, wenn wir darauf ausführlicher eingingen. Wer sich für diese Thematik interessiert, findet Details im Buch »Index-Zertifikate«, das ebenfalls im Verlag Schäffer-Poeschel erschienen ist.

Wachstums-Zertifikate und -Fonds im Vergleich

Generell lässt sich feststellen, dass Privatanleger bei einem Engagement in Wachstumswerte mit Fonds besser fahren, als wenn sie Aktien selbst aussuchen und kaufen. Gegenüber einer Direktanlage können sie sich mit geringem Aufwand einen sehr gut diversifizierten Aktienbestand zulegen. Darüber hinaus besteht natürlich die Möglichkeit, einen weiteren Teil des Geldes auf besonders aussichtsreiche Neuemissionen zu setzen oder bestimmte Titel durch den direkten Kauf an der Börse dem Portfolio beizumischen.

Auch im Vergleich zu Basketzertifikaten weisen Aktienfonds zweifelsohne Vorteile auf. Ihre Laufzeit ist »unendlich«, sodass man sich nicht ständig darum sorgen muss, ob auch in Zukunft adäquate Anlagealternativen vorhanden sind. Bei Aktienkorbzertifikaten ist das anders. Die Emittenten stellen die Verlängerung der Titel zwar in Aussicht – eine Garantie dafür bekommen Anleger aber nicht. Es ist nicht ungewöhnlich, wenn ein solches Zertifikat nicht wieder neu angelegt wird.

Wer sein Geld nicht einem einzigen Fondsmanager anvertrauen möchte, kann sich problemlos gleich mehrere Fonds unterschiedlicher Gesellschaften zulegen. Eine Aufteilung des Geldes auf insgesamt drei Fonds sollte dabei jedoch ausreichen.

Vergleicht man Aktienkorbzertifikate mit Investmentfonds, so muss man feststellen, dass sie im Regelfall schwächer diversifiziert sind, aber annähernd die gleichen Gebühren bei An- und Verkauf kosten.

Die höhere Flexibilität, mit der Aktienfondsmanager gegenüber Zertifikatskonstrukteuren Anlageentscheidungen treffen können, dürfte sich in jungen Märkten auch auf lange Sicht auszahlen. Problemlos können vielversprechende Neuemissionen ins Portfolio aufgenommen oder Aktien, die die Erwartungen nicht erfüllen, wieder aus dem Fonds entfernt werden. Untersuchungen in den USA haben gezeigt, dass sich passive Anlagestrategien, wie sie bei *Indexfonds Indexzertifikaten* sowie den meisten *Basketzertifikaten* umgesetzt werden, besonders in reifen Marktsegmenten (zum Beispiel die 100 größten Aktiengesellschaften der USA oder Europas), auszahlen. Beispielsweise lieferte der S & P 500-Index auf Sicht von 10 Jahren eine bessere Rendite ab als die meisten aktiv gemanagten Aktienportfolios. Das dürfte auch für den DAX in etwa gelten.

In bestimmten Marktsegmenten, zum Beispiel dem für Technologieaktien oder auch in den Aktienmärkten der Emerging Markets, stellte sich die Situation jedoch genau andersherum dar. Hier waren aktiv gemanagte Portfolios auf lange Sicht deutlich überlegen. In den USA beispielsweise waren 72 Prozent der Small-Cap-Growth-Funds – in diese Kategorie kann man die meisten Neuer-Markt-Fonds einordnen – in der Lage, den Benchmarkindex über eine Periode von fünf Jahren zu schlagen (Untersuchungszeitraum 31.12.1993 bis 31.12.1998; Quelle: Vanguard Group of Investment Funds).

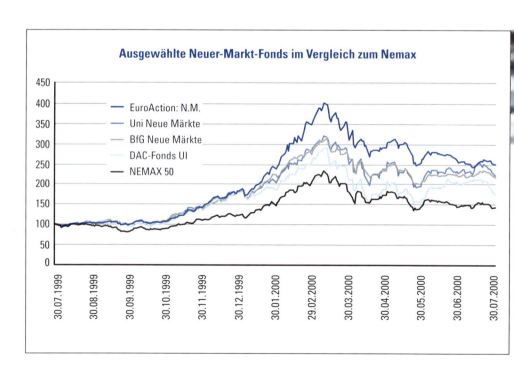

	Aktienkorbzertifikate	Investmentfonds
Kosten beim Kauf	Bankspesen, Briefspanne (zusammen ca. 2 Prozent); einige Zertifikate haben auch einen Ausgabeaufschlag	Ausgabeaufschlag (bei Aktienfonds zwischen 3 und 5 Prozent)
Kosten beim Verkauf während der Laufzeit	Bankspesen, Geldspanne (zusammen ca. 2 Prozent); evtl. auch ein Rücknahmeabschlag	Keine
Kosten bei Rückgabe am Fälligkeitstag	evtl. auch ein Rücknahmeabschlag	Keine
Laufende Kosten	0 bis 1,5 Prozent	0,5 bis 1,5 Prozent
Kosten für die Verwahrung	Depotgebühren	Depotgebühren

Korbzertifikate und Fonds im Vergleich (die Prozentangaben sind übliche Gebührensätze).

Last not least: Der Komfort, den die Fondsanlage bietet, ist derzeit kaum zu übertreffen. Monatliche Sparpläne beispielsweise können bereits mit Beträgen ab 50 Euro eingerichtet werden. Eventuell anfallende Dividendenzahlungen legen die Fondsmanager – sofern gewünscht – Jahr für Jahr wieder an. Kurzum: Ist das Depotkonto erst einmal eröffnet und ein Dauerauftrag eingerichtet, brauchen sich Anleger um fast nichts mehr zu kümmern.

Ein wenig getrübt wird das positive Bild für Fonds durch die anfallenden Kosten sowie die steuerliche Behandlung von laufenden Erträgen: Beim Kauf sind Ausgabeaufschläge von bis zu fünf Prozent zu zahlen. Außerdem werden Jahr für Jahr Gebühren in Höhe von etwa einem Prozent des durchschnittlich gebundenen Kapitals fällig. Laufende Dividendenausschüttungen müssen darüber hinaus mit dem persönlichen Steuersatz versteuert werden, sofern die Freibeträge ausgeschöpft sind. Aktienkorbzertifikate weisen demgegenüber normalerweise günstigere Konditionen auf und sind außerdem komplett steuerfrei, wenn die Spekulationsfrist von einem Jahr abgelaufen ist.

Fondskosten und Steuern

Wachstumsbörse mit Hebel

Optionen – eine kurze Einführung

Verglichen mit anderen Wertpapieren unterliegen Aktien an Wachstumsbörsen an sich schon starken Kursbewegungen. Einigen Anlegern reicht das aber noch nicht. Sie wollen von Wertschwankungen überdurchschnittlich stark profitieren und entscheiden sich daher für Optionen. Bevor wir uns speziell mit Optionen auf Wachstumswerte beschäftigen, wollen wir zur Wiederholung kurz auf diese Art von Finanzprodukten eingehen.

Eine Option ist ein Recht, das in Zukunft ausgeübt werden darf, aber nicht unbedingt ausgeübt werden muss. Ob es in Anspruch genommen wird oder verfällt, entscheidet der Inhaber selbst.

Bekannt sind Optionen vor allem in der Finanzwelt, wo sie ihren Besitzern das Recht verleihen, in Zukunft zum Beispiel eine bestimmte Aktie zu einem heute vereinbarten Preis zu kaufen. Solche Rechte heißen Kaufoptionen (oder »Calls«). Bei Verkaufsoptionen (Puts) ist es umgekehrt: Wird das Recht zukünftig ausgeübt, darf der Inhaber den zugrunde liegenden Finanztitel zum vorher fixierten Preis veräußern.

Entscheidend ist, dass heute ein Preis festgelegt wird, zu dem die Aktien später ausgetauscht werden dürfen, gleichgültig zu welchem Kurs sie tatsächlich notieren.

Ausstattungsmerkmale Jede Option ist gekennzeichnet durch bestimmte Eigenschaften wie etwa ihre Laufzeit oder das Bezugsobjekt. Man spricht allgemein auch von Ausstattungsmerkmalen (siehe Kasten).

An erster Stelle steht der Typ: Man unterscheidet Kauf- von Verkaufsoptionen.

Als Bezugsobjekt – man sagt auch Underlying – kommt im Prinzip jeder Finanztitel in Betracht, außer Aktien auch Anleihen oder zum Beispiel Devisen. Da im Rahmen dieses Buches lediglich Aktienoptionen von Bedeutung sind, konzentrieren wir uns hierauf.

Zu welchem Preis der Optionsinhaber die zugrunde liegende Aktie in Zukunft kaufen bzw. verkaufen darf, ist am sogenannten Basispreis (englisch: Strike) ablesbar.

Es ist wichtig zu wissen, dass Optionen nicht unbegrenzt existieren können, sondern stets zeitlich befristet sind. Wie lange ein bestimmtes Recht gilt, erkennt man an der Optionsfrist (Laufzeit).

Ob der Inhaber das Recht an jedem beliebigen Datum innerhalb Frist ausüben kann oder lediglich am Ende, hängt von der vereinbarten Ausübungsmodalität

---

Die wichtigsten Ausstattungsmerkmale

▶ Typ
▶ Underlying
▶ Basispreis
▶ Optionsfrist
▶ Ausübung

b. Handelt es sich um eine »europäische« Option, kann die zugrunde liegende Aktie nur am letzten Tag zum Basispreis ge- oder verkauft werden. Dagegen darf sich der Besitzer einer »amerikanischen« Option frei aussuchen, zu welchem Zeitpunkt er ausüben möchte – Bedingung ist nur, dass der Termin in der Optionsfrist liegt.

Wie bei jedem anderen Geschäft treten auch bei Optionen sowohl Käufer als auch Verkäufer in Erscheinung. Dafür, dass er in Zukunft die Freiheit besitzt, Aktien zu einem vorab vereinbarten Kurs kaufen bzw. veräußern zu dürfen, muss der Optionskäufer eine Prämie (»Optionsprämie«) entrichten. Diese fließt an den Verkäufer, der sich dafür verpflichtet, die Aktie später zum Basispreis zu übernehmen oder auszuhändigen – vorausgesetzt, die Gegenseite verlangt dies.

Der Verkäufer muss also abwarten, man könnten auch sagen »stillhalten« und sich der Entscheidung des Käufers beugen. Man bezeichnet ihn deshalb häufig auch als »Stillhalter«.

Stillhalter

Calls – oft spannender als der direkte Aktienkauf

Fragt man Anleger, warum sie sich für Optionen entscheiden, antworten die meisten, dass sie wegen des Hebeleffekts kaufen. Denn mit Optionen lassen sich erheblich höhere Renditen erzielen als mit herkömmlichen Kassaprodukten. Ein Beispiel: Ein Anleger kauft eine ENTRIUM DIRECT BANKERS-Aktie für 60 Euro. Für denselben Betrag bekommt er auch zehn Calls, die ihm jeweils das Recht geben, in einem halben Jahr eine Aktie für 60 Euro kaufen zu dürfen. Denn ein Call kostet aktuell 6 Euro.

Hebeleffekt

Ist der Börsenkurs ein Jahr später auf 72 Euro angestiegen, hat der Anleger mit der Aktie 12 Euro verdient. Seine Rendite beträgt 20 Prozent.

Nun unterstellen wir, dass ein anderer Anleger sein Geld nicht in Aktien anlegt, sondern Calls kauft. Bei einem Kursanstieg der Aktie werden die Optionen ausgeübt. Der Anleger zahlt 600 Euro (10 mal 60) an den Stillhalter und erhält im Gegenzug 10 ENTRIUM DIRECT BANKERS-Aktien. Die Papiere kann er sofort zum höheren Börsenkurs wieder verkaufen. Seine Erlöse betragen 720 Euro (10 mal 72). Subtrahiert man den Kaufpreis (600 Euro) bleiben 120 Euro übrig. Sein Anfangskapital (60 Euro) hat sich also verdoppelt, sodass seine Rendite bei 100 Prozent liegt. Von dem Kursanstieg der Aktie hat der Optionsanleger also fünfmal stärker profitiert als der Aktienanleger (Hebel = 5).

Zwar eignen sich Optionen auch zur Absicherung. Doch für diesen Zweck verwenden insbesondere Anleger an Wachstumsbörsen sie nur selten.

Allerdings wirkt der Hebel auch in die umgekehrte Richtung: Notiert die Aktie in einem Jahr auch nur einen Euro unter dem Strike – also bei 59 Euro –, hat der Aktienanleger lediglich einen Euro verloren (Rendite: minus 1,7 Prozent), während der Inhaber der Call zehn wertlose Optionen besitzt und sein gesamtes Kapital aufgebraucht hat (Totalverlust).

Hohes Totalverlustrisiko — Fazit: Spekulationen mit Optionen sind erheblich riskanter als mit Aktien. Zwar bieten Optionen überdurchschnittliche Gewinnchancen, sie sind aber auch mit einem deutlich größeren Totalverlustrisiko behaftet.

Wir werden später noch erfahren, dass es Optionen mit kleinen und solche mit großen Hebeln gibt. Wovon die Hebelwirkung im Einzelnen abhängt, werden wir ebenfalls in einem der folgenden Kapitel besprechen. Wir wollen an dieser Stelle lediglich festhalten, dass die hohen Gewinnchancen (und Verlustrisiken) für viele Anleger den größten Reiz darstellen und deshalb einer der Hauptgründe sind, warum Optionen gekauft werden.

Verschiedene Handelssorten

Optionsscheine — Wenn Privatanleger Optionen auf Wachstumsaktien kaufen, sind es in fast allen Fällen Optionsscheine (»Scheine«). Im Unterschied zu sogenannten OTC- und Terminbörsenoptionen, die wir nachher noch kennenlernen, handelt sich bei »Scheinen« um Wertpapiere. Diese haben wiederum eine besondere Eigenschaft: Denn die mit ihnen verbundenen Rechte bzw. Pflichten sind verbrieft, also – vereinfacht formuliert – durch Ausgabe von Urkunden garantiert. Die Verbriefung ist eine wichtige Voraussetzung für eine leichte Handelbarkeit. Anders als unverbriefte Titel werden Wertpapiere zum Beispiel zum Handel an Börsen – nicht Termin-, sondern Kassabörsen – zugelassen. Das bedeutet: Wertpapiere lassen sich in aller Regel leichter kaufen und wieder verkaufen als nicht verbriefte Finanzinstrumente.

Im Privatkundenbereich dominieren Optionsscheine, institutionelle Marktakteure bevorzugen dagegen OTC-Optionen oder Terminbörsenprodukte.

OTC-Optionen — Wir wollen uns zunächst den OTC-Geschäften näher widmen. Eine derartige Transaktion kann man sich so vorstellen: Zwei Vertragsparteien – mindestens eine davon ist meist eine Bank – vereinbaren das Optionsgeschäft – in vielen Fällen telefonisch – direkt miteinander. Die Ausstattungsmerkmale werden ganz individuell entsprechend den Bedürfnissen der Teilnehmer festgelegt. OTC ist die Abkürzung von Over-The-Counter, was übersetzt soviel wie »über den Tresen« bedeutet. Mit anderen Worten: es gibt keine festen Standards, nach denen derartige Geschäfte abgeschlossen werden, denn die Vertragsinhalte sind frei aushandelbar.

Institutionelle Akteure — OTC-Optionen werden wie bereits erwähnt typischerweise zwischen institutionellen Marktteilnehmern (z. B. Banken, Fondsgesellchaften, Versicherungen) gehandelt. In der Praxis kommt es beispielsweise vor, dass der Manager eines Technologiefonds Optionen kauft, um sich für eine gewisse Zeit gegen Kursverluste abzusichern.

Im Privatkundengeschäft findet man OTC-Produkte hingegen höchst selten. Meist sind es dann besonders vermögende Kunden.

Ein Abschluss von OTC-Optionen macht nur Sinn, wenn ein bestimmtes Mindestvolumen erreicht wird. Nahezu ausgeschlossen ist beispielsweise, dass eine Bank eine Option verkauft, der eine einzige Aktie zugrunde liegt. Allein aufgrund der Abwicklungskosten lohnt sich ein derartiges Geschäft nicht. Daher ist eine gewisse Losgröße erforderlich. Schon allein deshalb sind OTC-Produkte für die meisten Privatanleger uninteressant.

Wie oben bereits angedeutet, ist die freie Aushandelbarkeit der Ausstattungsmerkmale charakteristisch für OTC-Optionen. Die Vertragsparteien können also Underlying, Optionsfrist, Andienung und Ausübungsmodalitäten je nach Wunsch völlig frei vereinbaren. Dies hat natürlich zur Folge, dass OTC-Optionen mitunter ausgesprochen individuelle Merkmale aufweisen. Dies kann sehr hinderlich sein, wenn sich eine Vertragspartei vorzeitig wieder von der Option trennen möchte. Dies ist durchaus häufiger der Fall. Nehmen wir an, ein Fondsmanager hat vor einiger Zeit Puts gekauft, um damit Aktien abzusichern. Nach einiger Zeit nimmt er jedoch Abstand von seinen Verkaufsplänen; er möchte die Papiere nun doch noch länger behalten. Deshalb benötigt er die Verkaufsoptionen nicht mehr und würde sich gern davon trennen. Voraussetzung ist jedoch, dass sich auch jemand findet, der bereit ist, die Puts zu übernehmen. Das ist in vielen Fällen gar nicht so einfach. Schließlich muss ein Interessent gefunden werden, der eine Option mit derlei spezifischen Ausstattungsmerkmalen auch gebrauchen kann.

Solche Probleme treten bei sogenannten Terminbörsenoptionen im Regelfall hingegen nicht auf. Dafür muss man allerdings in Kauf nehmen, lediglich Optionen mit bestimmten genormten (»standardisierten«) Ausstattungsmerkmalen kaufen bzw. verkaufen zu können. Hierzu mehr im Kapitel über Terminbörsenoptionen.

Terminbörsenoptionen

Geringe Ratio sorgt für »attraktiven« Kaufpreis

Ratio

OTC- und Terminbörsen-Optionen sind eher für institutionelle Marktteilnehmer gedacht, Privatleute zählen hingegen zur Hauptzielgruppe der Optionsscheinemittenten. Man erkennt dies auch an den geringen Stückelungen. Das heißt, dass Anleger sich schon mit relativ geringen Beträgen engagieren können. Am sogenannten Bezugsverhältnis (englisch: Ratio) ist ablesbar, welche Underlyingmenge mit einem einzigen Warrant bezogen bzw. veräußert werden kann. Dazu ein Beispiel: Von Sal. Oppenheim wird ein INTERSHOP-Call angeboten (siehe Tabelle).

Underlying	INTERSHOP Communications AG
Strike	500 Euro
Ratio	0,1
Andienung	Cash Settlement
Ausübung	Amerikanisch
Optionspreis	16 Euro

Einem Warrant liegt aufgrund des Bezugsverhältnisses eine Zehntel INTERSHOP-Aktie zugrunde. Anders ausgedrückt berechtigen erst zehn einzelne Optionsscheine – Gesamtpreis: 160 Euro (10 mal 16) – zum Kauf einer einzigen Aktie.

Je geringer das Bezugsverhältnis, umso geringer auch der Warrantpreis. Durch Wahl eines entsprechenden Bezugsverhältnisses kann der Kaufpreis – zumindest optisch – attraktiver gestaltet werden. Diese Art von Preiskosmetik findet man bei nahezu allen Emissionshäusern.

Die häufigsten Underlyings

Einzelwerte

Anlegerinteresse entscheidet

Im letzten Abschnitt haben wir bereits erwähnt, dass Optionsscheine bei Privatanlegern auf der Beliebtheitsskala ganz oben stehen. Deshalb wollen wir uns zunächst mit diesen Produkten näher befassen. Welche Wachstumsaktien am häufigsten als Underlyings zu finden sind, kann man nicht allgemein gültig sagen. Denn das hängt stark davon ab, welche Papiere die Anleger gerade favorisieren. Die Emittenten bestücken ihre Produktpalette dann entsprechend den Anlegerwünschen. Im Allgemeinen konzentriert sich das Interesse auf umsatzstarke Aktien und Unternehmen mit einer hohen Börsenkapitalisierung. In Deutschland sind dies im Wesentlichen die im Nemax 50 vetretenen Titel. Für Aktien von der NASDAQ gilt im Grunde dasselbe. Auch hier geben die Anleger Optionsscheinen den Vorzug, die sich auf bekannte, umsatzstarke Werte beziehen. Solche Aktien präferieren auch die Emittenten. Denn um die mit der Ausgabe von Warrants verbundenen Risiken abzusichern, kaufen viele Häuser die zugrunde liegenden Papiere. Wichtig ist, dass nicht bereits durch geringe Ordergrößen erhebliche Kurssprünge verursacht werden. Außerdem müssen sich die Papiere – je nachdem wie Anleger Scheine nachfragen und wieder zurückgeben – schnell genug an- und verkaufen lassen. Dies ist im Regelfall nur bei großen (umsatzstarken) Aktien gegeben, während die Preise von Nebenwerten durch hohe Orders oft stark beeinflusst werden. Oft lassen sich Aktien von kleineren Unternehmen in der benötigten Stückzahl auch gar nicht schnell genug kaufen bzw. verkaufen.

Ob es zu einer Aktie aus dem Neuen Markt (oder von der NASDAQ) Optionsscheine gibt, findet man schnell im Internet heraus, etwa bei OnVista (www.onvista.de). Auf der Homepage trägt man in das Feld »Aktien: Name, Ticker, WKN« die entsprechende Aktie ein. Es erscheint eine neue Seite mit der Rubrik »Funktionen für diese Aktie«, wo nun unter anderem die Funktionen »OS-Calls« und »OS-Puts« angeklickt werden können. Dann öffnet sich eine Maske, in die der Anwender nur noch den gewünschten Fälligkeits- und Basispreisbereich eintragen muss. Angezeigt werden schließlich sämtliche Warrants, die die Kriterien erfüllen.

Optionsscheinsuche im Internet.

Körbe

Es sind nicht immer einzelne Titel, die einer Option zugrunde liegen. Oft wird ein ganzer Bestand an verschiedenen Aktien verwendet. Man kann unterscheiden zwischen Indizes und Baskets.

Die am häufigsten verwendeten Indizes sind der Nemax 50 und der NASDAQ 100. Viele Emittenten bieten Warrants an, die sich darauf beziehen. Für Anleger (und Emittenten) haben Nemax 50 und der NASDAQ 100 den Vorteil, dass es sich um sehr transparente Underlyings handelt, deren aktuellen Wert man ebenso problemlos beschaffen kann wie weitere Kennzahlen (z. B. Volatilitäten), die zur Optionsbewertung notwendig sind. Jeder Anleger kann solche Scheine also leicht nachpreisen und eventuelle Fehlbewertungen erkennen.

Da beide Indizes lediglich die größten und liquidesten Aktien beinhalten, ist es für Emittenten relativ einfach, ausgegebene Optionsscheine mit Hilfe der Aktien abzusichern.

Bei Baskets ist die Situation hingegen etwas anders. Im Zusammenhang mit Zertifikaten haben wir bereits geschildert, dass Aktienkörbe nicht so transparent sind wie Indizes. Im Allgemeinen ist es deutlich schwieriger, den aktuellen Wert und insbesondere die zu erwartende Basket-Volatilität zu bestimmen. Von den Emittenten wer-

Körbe weniger transparent als Börsenindizes.

den Basket-Warrants trotzdem – oder vielleicht gerade deswegen – angeboten. Man findet beispielsweise Scheine, denen Aktien aus der Biotechnolgie- oder der Internet-Branche zugrunde liegen.

Was Optionen auf Wachstumsaktien kennzeichnet

Unternehmen, die typischerweise am Neuen Markt vorkommen, stammen aus zukunftsweisenden Branchen mit sehr guten Gewinnaussichten, wie beispielsweise Biotechnologie, Telekommunikation und Multimedia. Doch auch Firmen aus traditionellen Zweigen, die ein innovatives Produktsortiment anbieten und sich auch ansonsten neueren Entwicklungen öffnen, sind am Neuen Markt gelistet.

Diese Gesellschaften haben eines gemeinsam: Sie besitzen ein hohes Wachstumspotenzial, beinhalten gleichzeitig aber auch verhältnismäßig hohe Risiken (Volatilitäten). Das macht sie als Underlying für Optionen besonders interessant.

Hohe Volatilitäten

Hohe Volatilitäten am Neuen Markt

Volatilitäten von Wachstumsaktien im direkten Vergleich zu anderen Marktsegmenten zeigt zum Beispiel die Vola-Matrix von OnVista (www.onvista.de). Es ist leicht zu erkennen, dass die Werte vom Neuen Markt zum Teil Volatilitäten aufweisen, die deutlich über den Schwankungsbreiten liegen, die Papiere in anderen Marktsegmenten haben. Das macht Wachstumsaktien als Basiswerte für Optionen so interessant.

Man sieht, dass die Aktien am Neuen Markt die höchsten Volatilitäten aufweisen.

Vola-Matrix (04.08.2000, 23:54:01)

Basiswert	Restlaufzeit (in Monaten)			Hist. Vola
	1 - 3	3 - 6	6 - 12	30 Tage
Aktien im DAX	59,4%	43,9%	41,1%	36,6%
Aktien im MDAX	47,4%	63,1%	54,6%	37,8%
➤ Aktien am Neuer Markt	138,6%	79,0%	77,9%	69,6%
Ausländische Aktien	69,6%	70,6%	65,5%	84,4%
Deutsche Indizes	31,6%	33,4%	38,2%	147,2%
Ausländische Indizes	38,5%	34,4%	30,2%	24,3%
Währungen	20,3%	14,1%	13,6%	9,1%
Zinsen	0,0%	7,6%	6,1%	4,0%

http://optionsscheine.onvista.de/

Optionen auf Wachstumswerte unterscheiden sich – was Ausstattungsmerkmale und Handelsusancen betrifft – nicht grundsätzlich von anderen Optionen. Da Wachstumsaktien verglichen mit anderen Papieren häufig eine hohe Volatilität aufweisen, sind Optionen entsprechend teuer. Nehmen wir als Beispiel die Aktie der MET@BOX AG. Über das Internet (www.onvista.de) haben wir die wichtigsten Kennzahlen für diese Aktie abgerufen. Die 30-Tage-Volatilität liegt bei ungefähr 150 Prozent, der aktuelle Aktienkurs bei etwa 80 Euro. Mit Hilfe eines Optionsrechners – den wir ebenfalls im Internet abrufen (zum Beispiel: www.oppenheim.de) – kalkulieren wir nun die Prämie für einen einjährigen amerikanischen MET@BOX-Call (Strike: 80 Euro). Sie liegt bei knapp 44 Euro (siehe Abbildung).

Neuer-Markt-Optionen haben oft relativ hohen Preis.

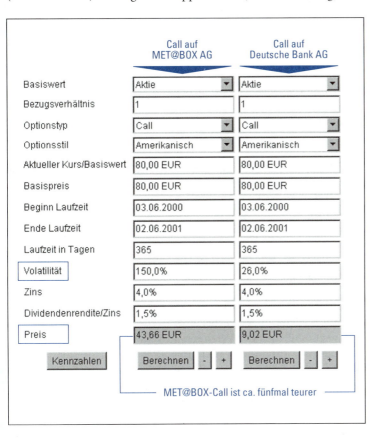

Zum Vergleich betrachten wir jetzt ein eher konservatives Underlying, und zwar die Aktie der Deutschen Bank AG. Im Unterschied zur MET@BOX AG ist der Titel im amtlichen Handel gelistet und Bestandteil des DAX. Ihr aktueller Kurs liegt gegenwärtig auch bei circa 80 Euro, die 30-Tage-Vola ist jedoch deutlich niedriger. Sie beträgt knapp 26 Prozent. Ein Deutsche-Bank-Call, dessen Ausstattung identisch ist mit der MET@BOX-Option, hat lediglich einen Wert, der gut ein Fünftel beträgt.

Die Bewertung von Optionen auf Wachstumsaktien ist häufig deshalb besonders schwierig, weil der Umfang an Bewertungsdaten verglichen mit Aktien aus Sektoren der »Old Economy« gering ist. Nehmen wir einen konkreten Fall aus der Praxis: Die Aktie der T-Online AG kam Mitte April 2000 auf den Markt. Zu diesem Zeitpunkt wurden auch schon T-Online-Calls angeboten. Da es für die Aktie jedoch keine Vergangenheitskurse gibt, kann man noch nicht einmal einen schemenhaften Eindruck von deren Schwankungspotenzial gewinnen. Hier ist die Gefahr besonders hoch, dass derartige Optionen fehlbewertet sind. Dieses Risiko gilt für viele Optionen, die auf Wachstumsaktien basieren, denn längere Kurszeitreihen sind aufgrund der kurzen Existenzdauer der Unternehmen noch nicht vorhanden. Wer dennoch mit dem Gedanken spielt, solche Optionen zu kaufen, könnte sich an vergleichbaren Aktien orientieren. Voraussetzung ist natürlich, dass gewisse Parallelen vorhanden sind (z. B. gleiche Branche) und die Papiere tatsächlich schon über einen längeren Zeitraum an der Börse notieren.

Keine Vergangenheitskurse verfügbar.

Aus Baisse-Phasen am Neuen Markt Profite schlagen

Mit Optionen können Anleger bestimmte Markterwartungen gewinnbringend umsetzen, was – zumindest für Normalanleger – mit anderen Finanzprodukten nicht möglich ist. Nehmen wir zum Beispiel einen Anleger, der in Zukunft mit sinkenden Kursen bei FREENET.DE-Aktien rechnet und gerne darauf spekulieren möchte. Eine Spekulation mit der Aktie selbst ist im Allgemeinen ausgeschlossen, denn das Wertpapier müsste dafür »leerverkauft« werden, was jedoch institutionellen Marktakteuren wie Banken, Fondsgesellschaften und Versicherungen vorbehalten ist. Bei einem Leerverkauf wird etwas verkauft, was der Verkäufer in Wirklichkeit gar nicht besitzt (aus diesem Grund die Bezeichnung »leer«). Um zum Beispiel eine FREENET-Aktie zu verkaufen, die man nicht im Besitz hat, muss das Wertpapier für einen bestimmten Zeitraum (z. B. 6 Monate) zunächst ausgeliehen werden (zum Beispiel bei einer Bank). Anschließend verkauft man die Aktie sofort wieder und kassiert den aktuellen Kurs (z. B. 60 Euro). Da die Aktie lediglich entliehen wurde, muss sie nach Ablauf der Leihfrist an den Verleiher zurückgegeben werden. Ist der Aktienkurs dann gesunken (z. B. auf 45 Euro), entsteht ein Gewinn, denn der »Leerverkäufer« hat für das Papier beim Rückkauf weniger bezahlt, als er beim Verkauf erlöst hat. Steigt der Aktienpreis dagegen, ist er gezwungen, das Papier teurer zurück-

Leerverkauf

zukaufen und Verluste entstehen – doch nun zurück zu Optionen. Mit einem Put, der sich auf FREENET-Aktien bezieht, erzielt man denselben Effekt wie mit einem Leerverkauf. Betrachten wir einen konkreten Put, der uns das Recht gibt, die Aktie in einem halben Jahr für 60 Euro zu verkaufen. Ist der Kurs bis dahin z. B. auf 45 Euro gesunken, kaufen wir Aktien an der Börse, üben unsere Puts aus und verkaufen die Papiere für 60 Euro pro Stück an den Stillhalter. Fazit: Mit Puts kann man ebenso wie mit einem Leerverkauf auf sinkende Preise spekulieren.

Put-Option ist mit Leerverkauf vergleichbar.

Neuer-Markt-Produkte an der Eurex

Handel an Terminbörsen bringt gewisse Vorteile

Lange Zeit konnten private Anleger Nemax-Optionen nur in Form von Warrants erlangen. Seit Juni 2000 hat sich dies jedoch geändert. Seither bietet die Eurex Optionen sowohl auf den Nemax 50 als auch auf ausgewählte Aktien vom Neuen Markt an.

Kurz zur *Eurex*: Sie ist eine sogenannte Terminbörse, an der – wie die Bezeichnung schon sagt – lediglich Termingeschäfte handelbar sind. Kassainstrumente – etwa Aktien oder Anleihen – findet man hier also nicht.

Terminbörsenprodukte haben eine ganz besondere Eigenschaft: Sie sind sehr stark standardisiert, denn die Börse lässt nur bestimmte, fest vorgeschriebene Ausstattungsmöglichkeiten zu. Nehmen wir als Beispiel die Verfalltermine der Nemax 50-Optionen: Sie fallen stets auf den dritten Freitag eines Fälligkeitsmonats, während Fälligkeitsmonate die kommenden drei Kalendermonate sind, außerdem die drei folgenden Monate aus dem Zyklus März, Juni, September sowie Dezember und schließlich die beiden folgenden Monate aus dem Zyklus Juni/Dezember. Ende August 2000 kann ein Anleger demnach wählen zwischen Nemax-Optionen, die im September, Oktober, November und Dezember 2000 auslaufen. Zur Auswahl stehen desweiteren die Monate März, Juni sowie Dezember 2001 und schließlich Juni 2002. Andere Fälligkeitstermine sind nicht möglich. Ähnlich restriktiv geht die Börse auch bei der Festlegung anderer Ausstattungsmerkmale vor. Jede Nemax-Option kann nur am Endtermin ausgeübt werden (»europäisch«), amerikanische Optionen sind hingegen nicht verfügbar. Auch die Basispreise hat die Börse fest vorgegeben. Davon abweichende Strikes sind wiederum ausgeschlossen.

Standardisierung

Nun fragt man sich natürlich, aus welchen Gründen das Produktspektrum derart stark eingegrenzt wird. Dies hat eigentlich einen ziemlich einfachen Grund: Wegen der starken Limitierung kann an der Eurex nur eine stark begrenzte Zahl verschiedener Nemax-Optionen gehandelt werden. Als Folge sind die Umsätze in den einzelnen Optionen – man sagt auch Kontrakte – im Allgemeinen sehr hoch. Dadurch ist eine schnelle Orderausführung selbst bei großen Volumina gewährleistet und die Möglichkeit zur Auflösung (auch Glattstellung genannt) zu einem fairen Preis vor Erreichen des Laufzeitendes wird begünstigt. Außerdem läuft der Handel sehr transparent ab – nicht nur die Preisentwicklung kann jederzeit verfolgt werden, auch die Ausführung von Aufträgen lässt sich einfach nachvollziehen.

Schnelle Orderausführung

Insbesondere für Privatanleger hat der Handel an der Eurex aber noch einen anderen bedeutenden Vorteil: Sie können sehr leicht Optionen schreiben. Dies ist auf andere Weise – zum Beispiel mittels Optionsscheinen – nicht darstellbar.

Optionen können relativ leicht geschrieben werden.

Der Terminbörsenhandel ist ein eigenes Thema und mittlerweile so komplex und facettenreich, dass man damit problemlos ein ganzes Buch füllen könnte. Deswegen wollen wir hier nicht näher auf weitere Details eingehen, die den allgemeinen Handel an der Eurex betreffen. Wer sich ausführlicher informieren möchte, ist sehr gut beraten, wenn er die Eurex im Internet aufsucht (www.eurexchange.com). Hier findet man fast alles über sie und ihre Handelsusancen, Neuigkeiten, Informationen zur Abwicklung von Geschäften usw. Vieles davon steht zum Download zur Verfügung, sodass Anleger die Texte ausdrucken und dann in Ruhe studieren können.

Eurex-Optionen auf Neuer-Markt-Werte

Kommen wir nun konkret zu Eurex-Produkten, die sich auf Wachstumsaktien beziehen. Im Angebot sind – wie erwähnt – sowohl Index- als auch Aktienoptionen. Als Index findet man bislang lediglich den Nemax 50 (Performance-Index). Die Optionen, die sich darauf beziehen, sind – wir hatten es im letzten Abschnitt schon gesagt – ausschließlich europäisch ausgestattet. Die Eurex bietet für jede Option sowohl einen Call als auch einen Put an. Am Laufzeitende erfolgt keine effektive Andienung – vorausgesetzt, die Option hat einen positiven Inneren Wert –, sondern ein Barausgleich.

Nemax 50-Optionen

Vorteile gegenüber Optionsscheinen sollen Eurex-Optionen vor allen Dingen durch hohe Umsätze erlangen. Daraus würde sich dann ergeben, dass man schnell ein- und ebenso schnell auch wieder aussteigen kann. Voraussetzung ist natürlich, dass die angenommenen hohen Handelsvolumina auch tatsächlich zustande kommen. Dies tritt jedoch nur ein, wenn die Marktakteure Interesse an den Produkten finden. Mit endgültiger Sicherheit kann man dazu jetzt noch keinerlei Aussagen machen. Es gibt genügend Beispiele aus der Vergangenheit, die belegen, dass die Eurex mit ihren Produktangeboten nicht die erhoffte Resonanz bei den Anlegern gefunden hat und Produkte deswegen nach einiger Zeit wieder aus dem Angebot entfernt wurden. Dies kann selbstverständlich auch für Instrumente zutreffen, denen Neuer-Markt-Aktien zugrunde liegen.

Bei Terminbörsenprodukten sind die Kontraktgrößen in den meisten Fällen relativ hoch – zumindest war dies in der Vergangenheit so. Einer Indexoption lag deshalb zum Beispiel der Index multipliziert mit 10 Euro (oder einer anderen relativ hohen Zahl) zugrunde. Aus diesem Grunde waren solche Produkte für Privatleute – insbesondere Normal- und Kleinanleger – kaum geeignet und eher für institutionelle Teilnehmer gedacht.

Doch derzeit beobachtet man verstärkt die Bemühungen an einigen Terminbörsen, derlei Produkte auch für Normalanleger attraktiv zu gestalten. Deshalb wurden die Kontraktgrößen zum Teil drastisch verringert. Ein schönes Beispiel ist die Nemax 50-Option. Sie bezieht sich lediglich auf einen ganzen Index, eine für Terminbörsen normalerweise geringe Losgröße. Mit anderen Worten: jede Option besitzt ein Bezugsverhältnis von 1,0. Damit gilt ein Nemax 50-Kontrakt verglichen mit Index-Warrants immer noch als relativ »schwere« Option, denn viele Warrants haben erheblich geringere Bezugsverhältnisse meist 0,1 oder sogar 0,01 und daher einen entsprechend niedrigeren Preis, der selbst für Kleinstanleger erschwinglich ist. Zur Verdeutlichung: Eine Nemax-Option an der Eurex mit sechsmonatiger Laufzeit (aktueller Indexstand: 5.750 Punkte; aktuelle Nemax 50-Vola: 75 Prozent) hat einen Preis von rund 1.220 Euro. Bietet man die Option hingegen als Warrant an mit einem Bezugsverhältnis von 0,01, kann man das Produkt für gut 12 Euro verkaufen. Aufgrund des hohen Bezugsverhältnisses kommt die Eurex-Option nur für kapitalstarke Anleger in Frage, aber kaum für die breite Masse. Bei Warrants ist es, wie man an dem Zahlenbeispiel gut sehen kann, hingegen anders.

Geringe Kontraktgröße

Zwar sind Produkte an Terminbörsen im Allgemeinen sehr liquide, doch auch Optionsscheine können eigentlich jederzeit mit den Emittenten gehandelt werden, da sich die Häuser im Regelfall zum Market-Making verpflichten. Auch Warrants sind also liquide. Oft wird argumentiert, der stark reglementierte und transparente Handel an einer Börse schütze den Anleger. Das ist sicherlich richtig. Doch auch Optionsscheinemittenten können es sich heutzutage gar nicht mehr leisten, Privatleute systematisch zu benachteiligen; dafür ist das Handelsgeschehen inzwischen einfach zu durchsichtig. Ein Beispiel: Wenn Anleger wollen, können sie die Preisstellungspolitik eines Warranthauses penibel im Internet nachverfolgen. Die Optionsscheinbörse Euwax – das ist die Abkürzung für European Warrant Exchange – zeichnet die von den Emittenten gestellten Geld-/Brief-Kurse systematisch auf, und zwar zum Zwecke der Handels-

Liquidität

überwachung. Diese Daten werden inzwischen ins Internet gestellt und sind damit für jedermann zugänglich. Unter der Adresse www.euwax.de/kurse/hist_emittenten_kurse/index.html kann der Benutzer die Wertpapierkenn-Nummer des betreffenden Optionsscheins eingeben und den Zeitraum, für welchen er die Kursinformationen benötigt ganz exakt eingrenzen (siehe Abbildung).

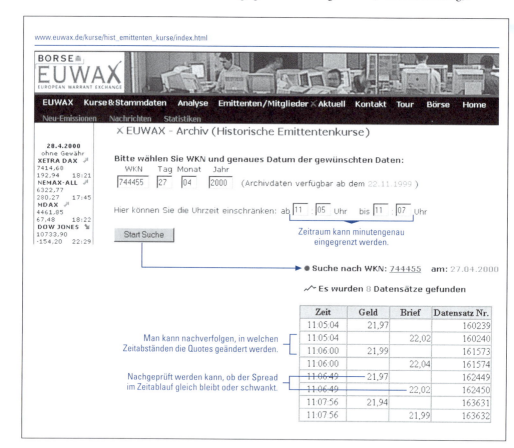

Warrants an der Börse handeln.

Zwar sind die Handelsspannen (Geld-Brief-Spread) bei Eurex-Optionen häufig enger als bei den Optionsschein-Quotes der Emittenten. Doch ob man deswegen an der Eurex handeln sollte, ist fraglich. Im Übrigen muss man Optionsschein-Orders ja nicht unbedingt sofort an den Emittenten richten, sondern kann durchaus den Weg an eine Kassabörse (z. B. Euwax) wählen. Dort versucht der Makler dann, eine Gegenpartei zu finden, mit der man das Geschäft abschließen kann. Nur wenn sich niemand findet oder ein möglicher Handelspartner schlechtere Konditionen einbrächte als der Emittent, wendet sich der Makler direkt an das Optionsscheinhaus.

Anleger sollten außerdem daran denken, dass an der Eurex nur Optionen auf einige wenige ausgewählte Aktien vom Neuen Markt zur Verfügung stehen. Hierzu gehören zurzeit zum Beispiel Intershop, T-Online, MobilCom und ConSors Discount Broker. Bei Optionsscheinen ist die Palette an Underlyings hingegen deutlich weiter gefächert. Hier stößt man auch auf Aktien, die an der Eurex (bislang) nicht zu finden sind.

Produktspektrum an der Eurex ist begrenzt.

Fazit: Die Einsatzzwecke der an der Eurex angebotenen Index- und »normalen« Aktienoptionen unterscheiden sich nicht von denen, die Warrantanleger verfolgen. Eines der Hauptmotive für den Handel ist auch hier die Ausnutzung kurzfristiger Preisschwankungen aus Spekulationsgründen und vor allem die Ausnutzung des Hebeleffekts.

Alles, was man über Index- und »normale« Aktienoptionen wissen muss, hält die Eurex im Internet bereit. Hier finden Anleger nicht nur die Ausstattungsmerkmale im Detail, sondern auch viele weitere Informationen (z. B. Handelskalender, Marginberechnung).

LEPOs auf Wachstumswerte

Einige Leser werden sich bestimmt gewundert haben, warum wir im vorangegangenen Abschnitt immer von »normalen« Eurex-Optionen gesprochen haben. Dafür gibt es einen Grund: Die Börse bietet nämlich seit einiger Zeit sogenannte Low Exercise Price Options, kurz LEPOs. Es handelt sich um Optionen mit einem ausgesprochen niedrigem Basispreis (»Low Exercise Price«) von einem Euro. Bemerkenswert ist zudem, dass es LEPOs nur als Calls gibt.

LEPOs nur als Calls

Dass sich LEPOs so deutlich von den übrigen (»normalen«) Optionen unterscheiden, hat seine Gründe: Mit dem Kauf eines LEPOs erlangt der Anleger zwar das Recht, eine Aktie zu kaufen, allerdings zu einem extrem niedrigen Preis. Als Folge ist der Innere Wert ausgesprochen hoch. Betrachten wir eine LEPO, die sich auf die Aktie der ConSors Discount-Broker AG bezieht (aktueller Aktienkurs: 110 Euro). Ihr Innerer Wert liegt bei 109 € (110 € minus 1 €). Damit entspricht der Wert der LEPO praktisch dem Wert der Aktie. Die Eigenschaften, die man von »normalen« Optionen kennt – insbesondere der Hebeleffekt –, sind bei LEPOs im Grunde überhaupt nicht vorhanden. Die Kurse einer LEPO entwickeln sich deshalb nahezu vollkommen gleich wie die der Aktie. Für einen Anleger ist es – sieht man einmal von den mit der Aktie verbundenen Rechten (Dividenden, Teilnahme an der Hauptversammlung usw.) ab – daher eigentlich egal, ob er die Aktie kauft oder eine LEPO. Zu Recht wird deswegen auch von synthetischem Aktienhandel gesprochen.

Synthetischer Aktienhandel

Man fragt sich deshalb, was mit LEPOs genau bezweckt werden soll. Die Antworten auf diese Frage sind recht vielschichtig. Zum einen ist es dank LEPOs möglich, quasi Aktien an der Eurex zu handeln. Sollte es – aus welchen Gründen auch immer – an einer Kassabörse einmal zu Engpässen kommen, können die Marktakteure sozusagen an der Eurex weiterhandeln.

Optionen – und damit auch LEPOs – kann man nicht nur kaufen, sondern auch schreiben. Wer eine Stillhalter-Position in einer LEPO eröffnet hat praktisch die zugrunde liegende Aktie leerverkauft. Mit LEPOs wird – insbesondere für Privatleute – also die Möglichkeit, Papiere leerzuverkaufen, erheblich verbessert.

Die Eurex bietet diese Produkte auf ausgewählte Aktien vom Neuen Markt an (nicht jedoch auf Indizes). Hierzu gehören neben ConSors Discount Broker zum Beispiel auch EM.TV + Merchandising oder MobilCom. Rechnet ein Anleger bei einem aktuellen Kurs der EM.TV-Aktie von 55 € mit einem Rückgang, kann er LEPOs schreiben. Tritt die erwartete Entwicklung tatsächlich ein (angenommen, der Kurs sinkt auf 45 €), kauft der Anleger die Optionen preiswerter wieder zurück und hat seine Position damit geschlossen.

Detailinformationen über LEPOs lassen sich im Internet auf der Seite der Eurex abrufen (www.eurexchange.com). Hier findet man nicht nur die genauen Kontraktspezifikationen, sondern auch Neuigkeiten zu den Produkten sowie die Handelsusancen.

Nemax 50-Future

Das Besondere an Optionen ist die Wahlmöglichkeit, die der Käufer hat. Er kann in Zukunft frei entscheiden, ob er das Geschäft zu den vorab vereinbarten Bedingungen durchführen oder darauf verzichten will. Abhängig ist dies vom Eintritt einer bestimmten Bedingung, bei Call-Optionen zum Beispiel davon, dass der Basispreis überschritten wird. Daher nennt man Optionen auch *bedingte Termingeschäfte*. Die andere Gruppe sind die sogenannten *unbedingten Termingeschäfte*. Hier hat der Käufer kein Wahlrecht, vielmehr sind beide Vertragsparteien (Käufer und Verkäufer) auf jeden Fall – anders gesagt »unbedingt« – zur Erfüllung verpflichtet. Solche Geschäfte nennt man auch Forwards. Ein einfaches Beispiel: Zwei Parteien (A und B) schließen einen Forward über eine T-Online-Aktie ab. A ist Käufer, B Verkäufer. Als Terminpreis vereinbaren die beiden 50 Euro, die Laufzeit beträgt 6 Monate. Eine Prämie, wie wir sie von Optionen gewohnt sind, existiert hier nicht, da Käufer und Verkäufer gleichermaßen zur Erfüllung verpflichtet sind.

Hat die Aktie in einem halben Jahr einen Börsenkurs von 60 Euro, hat sich das Forward-Geschäft für den Käufer gelohnt. Denn er muss lediglich die vereinbarten 50 Euro an B zahlen. B ist dagegen gezwungen, eine Aktie zu liefern, die tatsächlich 10 Euro höher notiert. Umgekehrt die Situation, wenn der Wert der Aktie auf 40 Euro sinkt.

A ist auch dann gezwungen, 50 Euro an B zu zahlen und B liefert ein geringwertigeres Papier. Jetzt hat sich das Termingeschäft für B ausgezahlt. Liegt der Börsenkurs nach sechs Monaten bei 50 Euro, hat keiner von beiden Vor- oder Nachteile.

Forward-Geschäfte, wie wir sie gerade beschrieben haben, sind üblich zwischen institutionellen Marktteilnehmern, bei Privatanlegern hingegen eine Seltenheit. Grund sind in aller Regel die Losgrößen, die einen gewissen Umfang haben müssen, damit sich derlei Transaktionen überhaupt lohnen.

Ähnlich wie Optionen lassen sich auch Forwards standardisieren und an einer Terminbörse anbieten. Die Produkte heißen dann aber nicht mehr Forwards, sondern Futures. An der Eurex gibt es zurzeit genau einen Future, dem ein Instrument aus dem Neuen Markt zugrunde liegt. Es handelt sich um einen Future auf den Nemax 50 (Performance-Index).

Futures

Genau wie bei den Optionen haben die Produktentwickler auch beim Future Wert auf geringe Kontraktgrößen gelegt, um die Attraktivität vor allem für Privatanleger zu steigern. Ein Kontrakt des Nemax-Futures bezieht sich auf einen Index, während jeder Indexpunkt einem Euro entspricht. Liegt der Future-Kurs zum Beispiel bei 5.800 Punkten, so hat ein Kontrakt einen Wert von 5.800 Euro.

Das Entscheidende beim Handel mit Futures ist – wie wir bei Optionen schon festgestellt haben – der *Hebeleffekt*. Er kommt dadurch zustande, dass beim Kauf nicht der volle Kontraktwert bezahlt werden muss, sondern lediglich eine Sicherheitsleistung (Margin) zu hinterlegen ist. Die Margin ist so bemessen, dass sie genau den Verlust abdeckt, den man schlimmstenfalls von einem auf den nächsten Handelstag erwarten darf. Sollte es tatsächlich zu einem Verlust kommen, wird der Anleger am nächsten Tag aufgefordert, seine Sicherheitsleistungen zu erhöhen.

Margin

Entwickelt sich der Kontraktwert hingegen in die erwartete Richtung, erzielt der Anleger seine Gewinne mit relativ geringem Einsatz. Dadurch kommt die Hebelwirkung zustande.

Zudem lassen sich Futures in beide Richtungen handeln. Rechnet ein Anleger also in Zukunft mit sinkenden Nemax-Ständen, braucht er nur Futures zu verkaufen. Geht die Spekulation auf und fällt sein Wert tatsächlich, schließt der Anleger die Position in Zukunft, indem er eine entsprechende Zahl von Kontrakten kauft.

Genaue Produktmerkmale und alle weiteren Informationen zum Nemax 50-Future lassen wir wie gewohnt im Internet unter www.eurexchange.com aufrufen. Hier sind Angaben über die genauen Ausstattungsmerkmale ebenso zu finden wie Informationen zur Berechnung von Margins. Eingestellt ist ebenfalls ein Handelskalender, der die exakten Fälligkeitstermine beinhaltet.

Gewinne trotz Seitwärtsbewegung an Wachstumsbörsen

Es gibt – mitunter auch längere – Phasen, in denen einzelne Aktien oder sogar ganze Märkte mehr oder weniger stagnieren. Die Preise verharren über einen gewissen Zeitraum auf einem in etwa gleichen Niveau. Es zeichnet sich kein klarer Trend ab, erkennbar ist also weder eine eindeutige Aufwärts- noch Abwärtsbewegung. Solche Entwicklungen kann man auch am Neuen Markt und an der NASDAQ beobachten.

In derartigen Phasen – Fachleute sprechen auch von Seitwärtsbewegungen (oder Seitwärtsmärkten) –, kann man weder mit Aktien noch mit gekauften Call- oder Put-Optionen Geld verdienen. Es existieren dennoch Möglichkeiten, um von Seitwärtsbewegungen zu profitieren. Eine besteht darin, Optionen zu schreiben. Diese Alternative ist grundsätzlich zwar auch für Normalanleger realisierbar. An einer Terminbörse wie der Eurex ist das – zwar mit einigem Aufwand – auch für Normalanleger machbar, allerdings beschränkt sich das Spektrum auf ausgewählte Aktien. Die meisten Werte aus dem Neuen Markt sind zum Beispiel an der Eurex nicht verfügbar. Viel interessanter sind dagegen so genannte Aktienanleihen und Discount-Zertifikate. Inzwischen werden eine ganze Reihe derartiger Produkte angeboten, die sich auf Aktien oder Indizes aus dem Neuen Markt beziehen.

Aktienanleihen

Das Auffällige an einer Aktienanleihe ist ihr hoher, meist erheblich über dem Marktniveau liegender Zins. Ebenso ausgefallen ist die Art und Weise, wie die Rückzahlung am Laufzeitende zustande kommt. Im Unterschied zu einer klassischen Anleihe ist der Emittent nämlich nicht unbedingt zur Rückzahlung des Nennwertes verpflichtet. Er kann wählen, ob er den Anleihebetrag (Nominalwert) zurückzahlt oder stattdessen eine bestimmte vorher festgelegte Anzahl von Aktien liefert. Betrachten wir als Beispiel die »30,00 % Internet MediaHouse.com« von Sal. Oppenheim (Laufzeit ein Jahr). Die Bank kann am Ende der Laufzeit pro Anleihe 5.000 Euro zurückbezahlen oder alternativ 98 Aktien liefern.

Für die Papiere der Internet MediaHouse.com AG wird sich Sal. Oppenheim dann entscheiden, wenn diese weniger als 5.000 Euro wert sind, eine Aktie also einen Kurs von weniger als 51,02 Euro (5.000 durch 98) hat (zum Beispiel 40 Euro).

Entweder besitzt die Bank die Papiere bei Fälligkeit der Anleihe schon und gibt sie an den Gläubiger oder sie kauft diese an der Börse und reicht sie anschließend weiter. Damit hat der Emittent seine Pflicht erfüllt, faktisch aber nur einen Gegenwert von 3.920 Euro zurückgezahlt. Verglichen mit dem Nennwert (= 5.000 Euro) spart er 1.080 Euro. Notiert die Aktie hingegen oberhalb von 51,02 Euro, lohnt sich die Aktienlieferung nicht mehr. Der Emittent wird sich dann für eine Rückzahlung zum Nennwert entscheiden.

Der Anleger trägt in punkto Tilgung ein hohes Verlustrisiko, hat aber nur begrenzte Gewinnchancen. In unserem Beispielfall sind das 30 Prozent (Verkaufskurs der Anleihe: 100 Prozent).

Aktienanleihen und Discount-Zertifikate müssen zerlegt werden

Aktienanleihen und Discount-Zertifikate kann man nicht direkt bewerten. Denn sie bestehen aus mehreren Finanzbausteinen. Deshalb ist es zunächst erforderlich, das Produkt in seine Einzelteile zu zerlegen und jeden Baustein separat zu bewerten. Anschließend kann man aus den Preisen der Einzelbestandteile auf den Wert der Aktienanleihe schließen. Für Normalanleger ist diese als »Pricing by Duplication« bekannte Methode nicht leicht anzuwenden. Deshalb sollten Anleger, die keinerlei Erfahrung damit haben, Aktienanleihen und Discount-Zertifikate im Zweifelsfall meiden.

Kommen wir nun zu Discount-Zertifikaten. Es handelt sich hierbei um Produkte, deren Risiko-Ertrags-Struktur im Grunde identisch ist mit der von Aktienanleihen. Der wesentliche Unterschied besteht darin, dass der Emittent zwischendurch keinerlei Zinszahlungen leistet. Betrachten wir ein Praxisbeispiel: UBS Warburg gibt derartige Produkte heraus, allerdings nicht unter der Bezeichnung »Discount-Zertifikat«, sondern »BLOC« (BLOC steht als Abkürzung für »Buy Low or Cash«). Eine Vielzahl der BLOCs bezieht sich auf Aktien aus dem Neuen Markt oder von der NASDAQ, so etwa der »IDS Scheer BLOC«. Er hat die WKN 563822 und besitzt folgende Ausstattung:

Discount-Zertifikate

Bezugsverhältnis	1,0 (1 BLOC je 1 Aktie)
Laufzeit	20.04.2001
Cap	25 Euro

Aktueller Kurs der IDS-Scheer-Aktie: 23,49 Euro

Auch wenn ein BLOC keinen Nominalzins aufweist, muss er gegenüber einer Aktienanleihe keine Nachteile haben. Denn als Ausgleich für den fehlenden Kupon werden Discount-Zertifikate zu einem geringeren Preis angeboten als vergleichbare Aktienanleihen. Der »IDS Scheer BLOC« notiert aktuell zum Kurs von 18,70 Euro, wenn man so will mit einem Preisabschlag (»Discount«), daher die Bezeichnung »Discount-Zertifikat«.

Anleger, die einen BLOC kaufen, wissen heute noch nicht, wie das Zertifikat am Ende der Laufzeit getilgt wird. Denn die Bank kann wählen, ob sie 25 Euro oder alternativ eine IDS-Scheer-Aktie zurückbe-

Cap

zahlt. Abhängig ist die Entscheidung natürlich vom Aktienkurs am 20.04.2001. Liegt er unter 25 Euro – dem sogenannten »Cap« – ist es vorteilhafter, die Aktie anzudienen. Wird der Cap hingegen überschritten, ist eine Rückzahlung in Form von Geld günstiger. Man sieht, dass die Tilgungsstruktur identisch ist mit der bei Aktienanleihen.

> **Eigene Terminologie für Discount-Zertifikate**
>
> Für Discount-Zertifikate hat sich im Laufe der Zeit ein eigener Sprachgebrauch herausgebildet. In der Praxis verwendet man fast ausschließlich die Bezeichnung »Zertifikate«, während »Anleihe« kaum anzutreffen ist, obwohl es sich rein rechtlich um Schuldverschreibungen handelt. In den Produktbeschreibungen ist so gut wie nie vom »Strike« die Rede; gebraucht wird dafür der Ausdruck »Cap«. Der Begriff Wandlungsverhältnis ist zwar bei Aktienanleihen, nicht jedoch bei Discount-Zertifikaten üblich. Hier gibt es ein Bezugsverhältnis, das anzeigt, wie viele Zertifikate erforderlich sind, um am Laufzeitende eine Aktie bzw. den dazu korrespondierenden Nennbetrag als Tilgung zu erhalten.
>
> Obwohl es sich um Anleihen handelt, besitzen Zertifikate keinen Nominalbetrag. Bei ihnen hat sich die Einheit »Stücke« eingebürgert.

Wann sich Aktienanleihen und Discount-Zertifikate bezahlt machen

Die Deutsche Bank bietet mehrere Aktienanleihen, die sich auf den Nemax 50 beziehen. Am Laufzeitende kann die Bank wählen, ob sie Geld zurückzahlt oder eine bestimmte Anzahl von Nemax 50-Zertifikaten liefert.

Der Reiz von Aktienanleihen und Discount-Zertifikaten, die sich auf Wachstumswerte beziehen, liegt vornehmlich darin, Gewinne bei in Zukunft mehr oder weniger gleichbleibenden Aktienkursen zu erzielen. Anleger, die darauf eingestimmt sind, dass die Wertentwicklung bestimmter Titel oder vielleicht sogar des gesamten Marktes in absehbarer Zeit weitgehend stagniert und damit einer Seitwärtsbewegung folgt, kann seine Meinung mit Aktienanleihen und Discount-Zertifikaten umsetzen. Mit anderen Finanzprodukten wäre dies dagegen nur eingeschränkt möglich. Zwar könnte man auch Optionen auf Aktien aus dem Neuen Markt schreiben und so von stagnierenden Kursen profitieren. Aber dies ist für den Normalanleger – wenn überhaupt – nur an der Eurex machbar. Dort sind jedoch – wie bereits erwähnt – längst nicht alle Wachstumsaktien »veroptionierbar«.

Range-Optionen

Eine weitere Möglichkeit bieten bestimmte *exotische Optionen* (z. B. Range-Optionen), die zum Teil sogar als Warrants angeboten werden und damit auch für private Marktteilnehmer zugänglich sind. Bei Range-Warrants erhält der Anleger am Laufzeitende eine Rückzahlung, wenn der Kurs zu diesem Zeitpunkt innerhalb einer vorher festgelegten Bandbreite (»Range«) liegt. Bewegt sich der Aktienpreis während der Optionslaufzeit weder stark nach oben noch nach unten, folgt er also einer Seitwärtsbewegung, so bleibt er auch innerhalb der Bandbreite und die Option gewinnt an Wert. Deshalb eignen sich Range-Optionen gut, wenn ein Anleger mit einer Seitwärtsentwicklung rechnet. Das Problem ist, dass es – zumindest derzeit – so gut wie keinen Range-Warrant oder andere vergleichbare Exoten gibt, denen Wachstumsaktien zugrunde liegen.

Als einziger Ausweg bleiben daher lediglich Aktienanleihen und Discount-Zertifikate. Wann es sinnvoll sein kann, derlei Produkte zu kaufen, wollen wir an einem konkreten Fallbeispiel zeigen. Dafür verwenden wir das Discount-Zertifikat von UBS Warburg aus dem letzten Abschnitt (zugrunde liegende Aktie: IDS-Scheer) und die dort angegebenen Daten (z. B. aktueller Aktienkurs).

Von der Deutschen Bank stammen Diskont-Zertifikate, die sich auf den Nemax 50 beziehen.

Über Aktienanleihen und Discount-Zertifikate ...

gibt es weitaus mehr zu sagen. Doch wir wollen hier nicht ausführlicher auf diesen Themenbereich eingehen, da wir sonst den Rahmen dieses Buches sprengen würden. Weitergehende Informationen findet der interessierte Leser in dem Buch »Aktien-Anleihen«. Es ist im Verlag Schäffer-Poeschel erschienen.

Am Verfalltag wird eine IDS-Scheer-Aktie geliefert, wenn deren Kurs unter dem Cap liegt. In allen anderen Fällen erhält der Anleger 25 Euro pro BLOC.

Da die Rückzahlung auf einen Höchstbetrag begrenzt ist, kann man aus stärkeren Aktienkursanstiegen keinen Profit schlagen. Bei entsprechenden Aufwärtsbewegungen wäre ein direkter Aktienkauf die vorteilhaftere Alternative.

Sinkt der Börsenkurs von IDS-Scheer in Zukunft, können bei entsprechend starker Abwärtsbewegung normal verzinsliche Wertpapiere – zum Beispiel Finanzierungsschätze vom Bund oder einfaches Termingeld – ein besseres Ergebnis bringen.

Vorteilhaft bei Seitwärtsbewegungen.

Man sieht, dass das BLOC-Zertifikat eigentlich nur dann vorteilhafter ist als Anlagealternativen, wenn der Aktienkurs mehr oder minder unverändert bleibt.

Eigene Markterwartung ausschlaggebend

Bei Aktienanleihen sollte nicht die Höhe des Zinssatzes für eine Anlageentscheidung ausschlaggebend sein, sondern einzig und allein die eigene Markterwartung. Nur wer mit einer Seitwärtsbewegung rechnet, sollte Aktienanleihen (oder Discount-Zertifikate) in Betracht ziehen. Ein Kauf lohnt sich besonders in Phasen hoher Volatilitäten (mit abschließenden Seitwärtsphasen). Da der Anleger praktisch Optionen verkauft – also auch Volatilität – sind entsprechend hohe Preise (=hoher Kupon bei Aktienanleihen bzw. hoher Discount bei Zertifikaten) zu erzielen.

Doppel-Aktienanleihen und -Discount-Zertifikate

Es sind Aktienanleihen und Discount-Zertifikate auf dem Markt, die dem Emittenten nicht mehr eine Aktie zur Auswahl lassen, sondern gleich zwei verschiedene (daher die Bezeichnung »Doppel«). Ein Beispiel sind die so genannten *Two Asset Discount Certificates*, die sich auf »Cisco Systems« und »Dell Computer« beziehen (WKN 579 443). Die Bank kann am Ende der Laufzeit (28. 12. 2001)

- 1.000 € zurückzahlen,
- 16 Cisco- oder
- 22 Dell-Aktien liefern.

Sie entscheidet sich natürlich für die Alternative, die am günstigsten ist.

Für den Anleger ist das Risiko höher als bei einem herkömmlichen Discount-Zertifikat. Denn welchen Wert die Tilgungsleistung am Ende hat, hängt nun von zwei verschiedenen Aktien ab. Deshalb ist der Discount entsprechend höher oder – bei Aktienanleihen – der Kupon.

Doch für wen sind derartige Produkte eigentlich sinnvoll? Eine Antwort finden wir, wenn wir prüfen, was den Wert eines Doppel-Discount-Zertifikates beeinflusst. Auswirkungen hat vor allem der Gleichläufigkeit der Aktienkurse. Bewegen sich die Kurse synchron, so steigt bzw. sinkt Cisco im Wert, wenn auch Dell steigt (sinkt). Denkbar sind aber auch gegenläufige Entwicklungen: Steigt Cisco im Kurs, dann sinkt Dell und umgekehrt. In einem solchen Fall steigt natürlich die Wahrscheinlichkeit, dass am Ende eine Aktie einen relativ niedrigen Kurs hat und geliefert wird. Laufen die Kurse der zugrunde liegenden Papiere hingegen mehr oder weniger parallel, so sinkt das Risiko, dass anstatt der 1.000 Euro Aktien beim Anleger landen.

Korrelation

Wie stark sich die Kurse gleichläufig entwickeln, lässt sich auch messen. Man verwendet dafür den so genannten *Korrelationskoeffizienten* (kurz Korrelation). Er ist so konstruiert, dass Werte nur in den Bereich von −1 bis +1 fallen können. Läge der Wert für Cisco und Dell zum Beispiel bei +1, so steigen oder sinken Dell-Kurse immer dann, wenn auch Cisco steigt oder sinkt. Das andere Extrem wäre eine Korrelation von −1. Steigt (sinkt) Cisco im Kurs, dann ist es bei Dell stets genau umgekehrt.

Extremwerte von +1 bzw. −1 findet man in der Praxis – zumindest bei Aktien – nicht. Meist liegen die Korrelationen zwischen null und eins. Je näher der Wert bei +1 liegt, umso stärker positiv ist der Zusammenhang ausgeprägt, bei exakt +1 ist er – wie bereits gesagt – perfekt.

Gewinne trotz Seitwärtsbewegung an Wachstumsbörsen

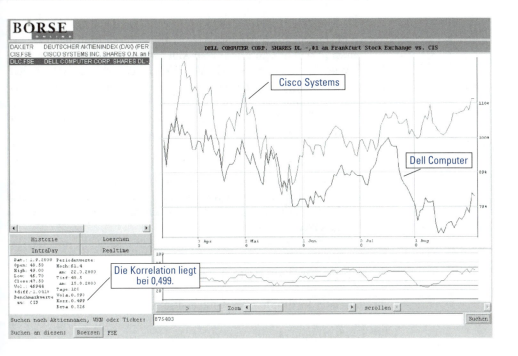

Je geringer die Korrelation, umso wahrscheinlicher ist es, dass von der Bank am Laufzeitende Aktien geliefert werden.

Wie stark der Zusammenhang von Aktienkursen in der Zukunft sein wird, kann niemand mit Sicherheit sagen. Als Schätzwert verwendet man in der Praxis daher Korrelationen, die auf historischen Kursen basieren. Diese Werte werden dann unter Umständen – etwa weil die aktuelle Marktsituation Anlass dazu gibt – nach oben oder unten angepasst.

Man kann sich nun vorstellen, wie sich der Kurs des Doppel-Discount-Zertifikats verändert, wenn die Marktakteure ihre Schätzungen verändern. Gehen sie von einer geringeren Korrelation – also einem schwächeren Kurszusammenhang – aus, dann haben sie die Erwartung, dass sich die Aktienkurse in Zukunft stärker entgegengesetzt entwickeln und damit die Wahrscheinlichkeit einer Aktienandienung. Der Kurs des Doppel-Discount-Zertifikats sinkt. Umgekehrt würde sein Wert steigen, wenn von einem Anstieg der Korrelation auszugehen ist.

Nun kann man sich denken, wofür Produkte wie Doppel-Discount-Zertifikate nützlich sein können: Anleger haben die Möglichkeit, auf Veränderungen der Korrelation zu spekulieren. Wer damit rechnet, dass sich zwei Wachstumsaktien in Zukunft stärker parallel entwickeln, kann mit entsprechenden Doppel-Aktienanleihen oder

Nur für erfahrene Anleger geeignet.

-Discount-Zertifikaten davon profitieren. Da der Preisbildungsmechanismus deutlich komplizierter ist als bei herkömmlichen Produkten, sind sie nur sehr erfahrenen Anlegern zu empfehlen.

Java Trader

Wie stark die Kurse zweier Aktien korrelieren, kann man mit dem sogenannten Java Trader herausfinden, der im Internet abrufbar ist (z. B. bei Börse Online unter www.boerse-online.de). In das Feld »Aktiennamen, WKN oder Ticker« haben wir zunächst die WKN von Cisco Systems eingegeben, dann die von Dell Computer. Auf dem Display erscheint lediglich das Kursdiagramm einer Aktie, ein zweites Papier lässt sich über die Funktion »Auswahl« und dann »Benchmark« laden. Als Zeitraum haben wir 6 Monate eingestellt, wählbar sind aber auch 12 oder 24 Monate. Im Kennzahlenfenster erscheint anschließend unter anderem der *Korrelationskoeffizient* (siehe Abbildung).

Speed- und Kick-Start-Zertifikate

Als erstes Institut hat die Bankgesellschaft Berlin Anfang 2000 sogenannte Speed-Zertifikate auf den Markt gebracht. Es handelt sich um Wertpapiere mit denen der Anleger

- innerhalb einer bestimmten Kursspanne bei steigendem Aktienkurs doppelt so stark profitiert wie mit der Aktie selbst,
- bei sinkenden Kursen dieselben Kursverluste erleidet wie ein Aktienbesitzer,
- aber bei Aktienkursen, die über den Höchstpunkt der festgelegten Spanne hinausgehen, keinen zusätzlichen Gewinn mehr erzielt und
- außerdem – im Unterschied zum Aktieninhaber – keine Dividenden erhält.

Auch andere Banken emittieren inzwischen solche Papiere – allerdings mit einer anderen Bezeichnung. Während zu Beginn Aktien aus traditionellen Marktsegmenten bevorzugt wurden, sind nunmehr insbesondere Werte aus dem Neuen Markt anzutreffen. So hat Sal. Oppenheim Mitte Juli 2000 sogenannte KickStart-Zertifikate auf bekannte Aktien des Neuen Marktes (EM.TV, INTERSHOP und MobilCom) herausgebracht. Wir wollen am Beispiel des INTERSHOP-Kick-Start-Zertifikats einmal zeigen, wie derartige Produkte funktionieren. Ein einzelnes Zertifikat bezieht sich auf genau eine Aktie der INTERSHOP Communication AG und besitzt eine Laufzeit bis zum 5. Oktober 2001.

Mitte Juli 2000 brachte Sal. Oppenheim das Produkt auf den Markt und bot es zum Preis von 450 Euro an (in der Terminologie der Bank auch »Startpreis« genannt). Dies entsprach exakt dem Börsenkurs der Aktie zu diesem Zeitpunkt.

Startpreis

Während der Laufzeit erhält der Anleger keine Zinsen (oder die Dividenden der zugrunde liegenden Aktie). Die Bank zahlt am Ende einen bestimmten Betrag zurück, dessen Höhe vom dann gültigen Kurs der INTERSHOP-Aktie abhängig ist. Liegt er unterhalb des Startpreises (450 Euro), liefert die Bank eine Aktie. Ist der Kurs hingegen höher, gibt es eine Aktie und zusätzlich eine Barzahlung in Höhe der Differenz aus INTERSHOP-Kurs und Startpreis. Dies gilt aber nur, solange der Aktienkurs die Marke von 675 Euro (in der Terminologie der Bank auch »Stopppreis« genannt) noch nicht erreicht hat. Denn bei Werten oberhalb des Stoppreises – und zwar unabhängig davon, wie weit dieser Wert überschritten wird – zahlt die Bank eine feste Summe von 900 Euro aus.

Stopppreis

Wir haben einmal dargestellt, wie hoch die Rückzahlung für den Anleger bei unterschiedlichen Aktiekursen ist (siehe folgende Tabelle). Bis zu einem Kurs von 450 Euro sind Aktie und Zertifikat – sieht man von Dividenden ab – gleichbedeutend. Ab dem Startpreis erwirtschaftet das Zertifikat eine bessere Rendite. Sie ist im Vergleich zur Aktie (ohne Berücksichtigung von Dividenden) doppelt so hoch.

Dieser Vorteil hält aber nicht unbegrenzt, denn ab einem Aktienkurs von 675 Euro zahlt die Bank einen festen Betrag von 900 Euro, gleichgültig, wie hoch die Aktie tatsächlich notiert. Das bedeutet: Mit steigenden Kursen wird der Vorteil des Zertifikats gegenüber der Aktie immer kleiner, bis er bei einem Aktienpreis von 900 Euro schließlich ganz geschmolzen ist. Von da an bringt die INTERSHOP-Aktie dem Anleger ein besseres Ergebnis.

Kick-Start-Zertifikate sind nur bei ganz bestimmter Markterwartung zu empfehlen.

Das Kick-Start-Zertifikat ist also nur empfehlenswert, wenn die Aktie über 450 Euro steigt, den Wert von 900 Euro dagegen nicht überschreitet.

	INTERSHOP-Kurs am Laufzeitende	Anleger erhält	Wert der Aktie		Höhe der Zahlung		Rückzahlung Kick-Start-Zertifikat	
	430 Euro	Aktie	430 Euro	+	0 Euro	=	430 Euro	Zertifikat hat denselben Wert wie 1 Aktie. Da die Aktie Dividende abwirft, hat sie Vorteile.
	440 Euro	Aktie	440 Euro	+	0 Euro	=	440 Euro	
Startpreis	450 Euro	Aktie	450 Euro	+	0 Euro	=	450 Euro	
	460 Euro	Aktie + Barzahlung	460 Euro	+	10 Euro	=	470 Euro	
	500 Euro	Aktie + Barzahlung	500 Euro	+	50 Euro	=	550 Euro	
	550 Euro	Aktie + Barzahlung	550 Euro	+	100 Euro	=	650 Euro	Zertifikat ist vorteilhafter als die Aktie.
	600 Euro	Aktie + Barzahlung	600 Euro	+	150 Euro	=	750 Euro	
	650 Euro	Aktie + Barzahlung	650 Euro	+	200 Euro	=	850 Euro	
Stoppreis	675 Euro	Aktie + Barzahlung	675 Euro	+	225 Euro	=	900 Euro	
	700 Euro	900 Euro	------------	+	900 Euro	=	900 Euro	
	800 Euro	900 Euro	------------	+	900 Euro	=	900 Euro	
	900 Euro	900 Euro	------------	+	900 Euro	=	900 Euro	Aktie ist vorteilhafter als das Zertifikat.
	1.000 Euro	900 Euro	------------	+	900 Euro	=	900 Euro	
	1.100 Euro	900 Euro	------------	+	900 Euro	=	900 Euro	

Wie sich der Wert eines Kick-Start-Zertifikats während der Laufzeit entwickelt, lässt sich nur abschätzen, wenn man das Produkt in seine einzelnen Bestandteile zerlegt. Auf eine tiefergehende Analyse wollen wir hier allerdings verzichten, da wir den Rahmen des Buches sonst sprengen würden. Wir wollen lediglich kurz sagen, in welche Komponenten das INTERSHOP-Zertifikat aufgeteilt werden kann: Ein Zertifikat entspricht

- einer gekauften INTERSHOP-Aktie,
- einem gekauften europäischen INTERSHOP-Call (Basispreis: 450 Euro) sowie
- zwei verkauften europäischen INTERSHOP-Calls (Basispreis: 675 Euro).

Außerdem muss noch der aktuelle Wert der bis zum Laufzeitende fälligen Dividenzahlungen berücksichtigt werden.

Bei Schwankungen einzelner Parameter – etwa des Kurses der INTERSHOP-Aktie oder deren Volatilität – verändern sich auch die Preise der einzelnen Bestandteile und damit der Wert des Kick-Start-Zertifikats entsprechend.

Fazit: Wir haben gesehen, dass man die unterschiedlichsten Erwartungen am Neuen Markt durch entsprechende Finanzprodukte umsetzen kann. Anleger können nicht nur auf Baisse und Hausse, sondern auch Seitwärtsbewegungen, Änderungen von Volatilitäten und Korrelationen oder kurze Aufwärtsbewegungen setzen.

Zerlegung in Einzelbestandteile.

OPPENHEIM KICKSTART–ZERTIFIKATE

Neuemission vom 13. Juli 2000

KickStart-Zertifikat auf INTERSHOP Communications AG

Überschreitet der Kurs der Stammaktie der INTERSHOP Communications AG am 28. September 2001 den Startpreis von € 450,00, erhält der Anleger eine Stammaktie der INTERSHOP Communications AG zuzüglich eines Zusatzbetrages in Höhe der Differenz zwischen Schlusskurs der Aktie am Ausübungstag und Startpreis. Bei einem Aktienkurs über dem Stoppreis von € 675,00 wird dieser Betrag plus die Differenz zwischen Stoppreis und Startpreis, also insgesamt € 900,00 ausgezahlt. Liegt der Kurs der Stammaktie der INTERSHOP Communications AG jedoch beim Startpreis oder darunter, so erhält der Anleger eine Stammaktie der INTERSHOP Communications AG.

Ausstattung im Überblick

Emittentin:	Sal. Oppenheim jr. & Cie. KGaA, Köln
Typ:	KickStart-Zertifikat
Beginn Laufzeit / Valuta:	20. Juli 2000
Basiswert / Aktie:	Stammaktie der INTERSHOP Communications AG (WKN: 622 700)
Startpreis:	€ 450,00
Stoppreis:	€ 675,00
Art der Rückzahlung:	Die Rückzahlung des Zertifikats erfolgt am Fälligkeitstag durch - die Lieferung einer Aktie oder - durch Zahlung des Stoppreises, sofern der Schlusskurs am Ausübungstag über dem Stoppreis liegt
Zusatzbetrag:	Der Anleger erhält zusätzlich einen Zusatzbetrag in Höhe der positiven Differenz zwischen Schlusskurs und Startpreis, maximal jedoch € 225,00.
Ausübungstag:	28. September 2001
Fälligkeitstag:	5. Oktober 2001
Schlusskurs:	Maßgeblicher Schlusskurs ist der Schlusskurs des Basiswertes am Ausübungstag im Xetra-Handelssystem an der Frankfurter Wertpapierbörse
Bezugsverhältnis:	1:1
Mindestanlage:	1 Zertifikat
Börsennotierung:	Freiverkehr Düsseldorf, Frankfurt am Main und Stuttgart
Emissionsvolumen:	300.000 Zertifikate
Anfänglicher Verkaufskurs:	€ 449,00 (Stand 13. Juli 2000, Verkaufskurs wird fortlaufend festgelegt)
WKN:	821 568
ISIN Code / Valorennr.:	DE 000 821 568 2 / 110 567 4

Diese Übersicht erscheint lediglich zur Information. Allein maßgeblich sind die Zertifikatsbedingungen im Verkaufsprospekt, der kostenlos bei Sal. Oppenheim jr. & Cie. KGaA, Zertifikate, Unter Sachsenhausen 4, 50697 Köln erhältlich ist.

Aktuelle Kurse: Videotext: ARD Seite 819 • Internet: www.oppenheim.de/zertifikate • Reuters: SALOPP02

Service-Telefon: 069 / 7134 - 2299

Informationen rund um den Neuen Markt und die NASDAQ

Das Internet dominiert

Wie viel Erfolg ein Anleger mit Werten vom Neuen Markt erzielt, hängt – wie bei anderen Börsesegmenten auch – ganz wesentlich davon ab, zu welchem Kurs Aktien gekauft werden. Diese Erkenntnis gilt an Wachstumsbörsen ganz besonders, da die Kursschwankungen hier erfahrungsgemäß größer sind als an anderen Aktienmärkten.

Vergleichsmöglichkeiten fehlen

Wie bei vielen Dingen, die neu sind, fehlen zu Beginn Vergleichsmöglichkeiten. Dies trifft auch für Aktienkurse am Neuen Markt zu. Es ist daher auch nicht verwunderlich, dass viele Papiere vollkommen falsch eingeschätzt werden und Marktteilnehmer ihre Meinungen in relativ kurzen Abständen wieder ändern. Dies ist sicherlich einer der Hauptgründe für die hohen Volatilitäten, die viele Wachstumswerte zu verzeichnen haben.

Wer am Neuen Markt Erfolg haben will, braucht eine fundierte Entscheidungsgrundlage. Deshalb sind aktuelle Informationen über Kurse, über Unternehmensstrategien, geplante Fusionen usw. erforderlich.

Dem Anleger steht eine Vielzahl von Datenquellen zur Verfügung. Welche davon im konkreten Einzelfall genutzt werden sollte, ist abhängig vom eigenen Wissensstand und den Anlagegewohnheiten. Langfristanleger sind nicht unbedingt auf zeitnahe Informationen angewiesen, weil sie nicht alle paar Sekunden entscheiden müssen, ob sie Aktien halten oder verkaufen wollen. Wer eine Buy-and-hold-Strategie verfolgt, kommt mit dem Finanzteil einer Zeitung also problemlos aus. Ein Trader dagegen braucht Realtime-Daten.

Berichte zum Neuen Markt findet man inzwischen in beinahe jeder Ausgabe überregionaler Wirtschafts- und Finanzzeitungen, wie Handelsblatt oder Financial Times Deutschland. Hier sind auch Tabellen abgedruckt mit Aktienkursen und Indexständen vom Vortag.

Printmedien nur eingeschränkt brauchbar.

Lange Zeit waren Tageszeitungen ein wichtiges Informationsmedium für Anleger. Doch mit der Verbreitung des Internet schwindet deren Bedeutung zusehends. Einer der Hauptgründe liegt sicherlich darin, dass die abgedruckten Daten – in erster Linie natürlich Kurse – verhältnismäßig alt sind und der Erscheinungsrhythmus (täglich) für Anleger, die auf Marktänderungen sofort reagieren wollen, einfach zu langsam ist. Außerdem kann eine Zeitung, aufgrund der begrenzten Kapazität, Informationen nicht in dem Umfang bereithalten, wie er von vielen Anlegern gewünscht wird.

Diese Kritik gilt grundsätzlich auch für spezielle Börsenzeitschriften, von denen in den letzten Monaten immer mehr Neuerscheinungen auf den Markt kamen. Viele davon beinhalten feste Rubriken zum Thema Wachstumsbörsen. Hier kann der Leser vor allem Hintergrundberichte zu bestimmten Unternehmen finden. Abgedruckt werden häufig auch Kurslisten. Doch deren Nutzen ist fraglich. Denn der Zeitraum zwischen Erstellung und Veröffentlichung beträgt oft mehrere Tage, in denen sich die Situation am Neuen Markt schon wieder völlig verändert haben kann.

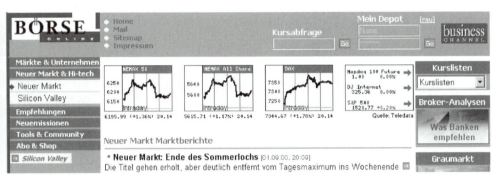

Empfehlen kann man Anlegern eigentlich auch nur das Internet. Es genügt den Anforderungen gleich in vielerlei Hinsicht: Die dargebotenen Informationen sind – vorausgesetzt sie werden entsprechend gepflegt – aktuell und umfangreich. Zudem bietet das Netz seinen Nutzern bestimmte Anwendungsmöglichkeiten, an die bei normalen Zeitungen und Zeitschriften überhaupt nicht zu denken ist. Wir haben einige davon – speziell für Wachstumsmärkte – schon kennengelernt.

Viele Printmedien stellen Beiträge auch direkt ins Internet ein.

Aber nicht alle Angebote im Internet besitzen die gleiche Qualität. Es existieren zum Teil deutliche Unterschiede. Selbst wenn ein Dienst aus heutiger Sicht seine Seiten ständig aktualisiert, kann dieser Service morgen schon – aus was für Gründen auch immer – plötzlich eingestellt werden. Jeder Anleger ist gezwungen, selbst zu überprüfen, auf welche Dienste am meisten Verlass ist. Allgemein lässt sich nur sagen: Je renommierter das Unternehmen, das hinter dem Internet-Auftritt steht, umso sicherer kann der Anwender sein, dass die eingestellten Daten aktuell und – das ist besonders wichtig – auch verlässlich sind.

Qualitätsunterschiede bei Internet-Angeboten.

Anleger sollten nicht alles, was sie im Netz finden für bare Münze nehmen. Die Praxis zeigt, dass das Internet inzwischen auch zu einem Medium für Scharlatane geworden ist. Nehmen wir als Beispiel Chats und Foren: Diese werden zu den unterschiedlichsten (Börsen-) Themen angeboten. Am häufigsten vertreten sind zurzeit die an Wachstumsbörsen gehandelten Papiere, also etwa Werte vom Neuen Markt und von der NASDAQ.

Wir wollen uns in den folgenden Abschnitten ausführlicher mit den Möglichkeiten befassen, im Internet Informationen über Wachstumsaktien zu finden.

Chats und Newsboards

Chats und *Foren* gibt es zu den unterschiedlichsten (Börsen-) Themen. Doch nicht alle Beiträge haben die gleiche Qualität. Es kann passieren, dass man in Foren und Chats auf absolute Anfänger stößt, dort allerdings ebenso professionelle Akteure trifft, zum Beispiel Broker. Man sollte daher etwas Geduld aufbringen und die Botschaften regelmässig überfliegen, um die seriösen und qualifizierten Teilnehmer herauszufiltern und nützliche Hinweise für die eignen Entscheidungen zu erhalten.

Oft besteht die Möglichkeit, zu einer bestimmten Zeit mit Fachleuten wie Analysten, Fondsmanagern oder Unternehmensvorständen im Netz zu diskutieren. Derartige Chats werden zum Beispiel von Fachzeitschriften und Direktbanken angeboten. Die Veranstaltungen werden natürlich rechtzeitig angekündigt, damit Anleger auch wissen, wann sie sich beteiligen können. ConSors beispielsweise zeigt auf seinen Internet-Seiten einen Veranstaltungskalender, auf dem die Termine genau aufgeführt sind.

> Wer gezielt nach Newsgroups im Internet suchen möchte, kann auf spezielle Suchhilfen zurückgreifen. Am bekanntesten ist wohl www.deja.com.

Chatter haben ihre eigenen Zeichen

Oft verwenden Chatter statt Worten und vollständigen Sätzen eigene Symbole, sogenannte Smileys. So steht zum Beispiel »$-)))« für geldgierig oder »:#« für zensiert.

Wer die Diskussionen in Chats regelmässig verfolgt, erfährt nicht nur viel über bestimmte Aktien, sondern bekommt häufig auch Hinweise auf interessante Quellen im Internet. Das alles trägt natürlich zu einer kontinuierlichen Weiterentwicklung der Anleger bei. Doch auch Vorsicht ist geboten: Mitunter versuchen Diskussionsteilnehmer durch unseriöse Beiträge den Kursverlauf bestimmter Aktien gezielt im eigenen Sinne zu beeinflussen. Man kann jeden Anleger deshalb nur warnen, allein aufgrund eines Beitrages in einem Chat Entscheidungen zum Kauf oder Verkauf von Aktien zu treffen. Man sieht also, dass das Internet den Anleger nicht von der Verantwortung befreien kann, sich eine eigene Meinung zu bilden.

Nun zu *Newsboards*: Zwischen einem Chat und einem Newsboard (auch Forum genannt) liegt ein feiner Unterschied: Ein Chat oder Chat Room hat Ähnlichkeit mit einem Telefongespräch. Die Beteiligten (»Community«) tauschen ihre Informationen in Echtzeit aus. Man trifft in einem Chat zum Neuen Markt auf Teilnehmer, die die gleichen Anlageinteressen teilen. Dabei besteht die Möglichkeit, so-

> Community

Was genau ist »Chatten«?

»Chatten« kommt aus dem Englischen und heißt »Schnattern«. Mehrere Personen treffen sich in einem virtuellen Raum, dem sogenannten Chatroom, und unterhalten sich über ein bestimmtes Thema. Beliebt sind vor allem Diskussionen rund um die Börse und dabei insbesondere Wachstumsaktien. Chatter gehen anonym mit einem selbstgewählten Spitznamen – zum Beispiel »Alleswisser« oder »Mr. New Market« – in den Chat. Handelt es sich um moderierte Chats, erscheinen lediglich bestimmte Fragen im Chatroom, die für die Allgemeinheit interessant sind. Sie werden von Experten beantwortet. Anders hingegen die Situation bei offenen Chats: Hier gehen die Botschaften oft durcheinander und es kann einige Zeit dauern, bis man eine Antwort auf seine Frage erhält.

wohl nach einer bestimmten Person als auch nach ausgewählten Interessenschwerpunkten, Anlagezielen, Erfahrungsstand oder sonstigen Kriterien zu suchen. Als Suchergebnis erhält der Nutzer eine Liste der in Frage kommenden Community-Mitglieder. Ein Klick auf den Namen eines Mitglieds genügt häufig, und seine sogenannte Visitenkarte ist einsehbar. Die Kontaktaufnahme erfolgt dann über ein spezielles Formular – vergleichbar mit einer E-Mail –, wobei die E-Mail-Adresse des Empfängers allerdings verborgen bleibt. So ist seine Privatsphäre geschützt.

Bei einem Newsboard sind die Mitteilungen dagegen wie an einem Schwarzen Brett auch zu einem späteren Zeitpunkt noch in der ursprünglichen Reihenfolge einsehbar. Der Benutzer hat die Möglichkeit nach Beiträgen zu suchen. Als Suchkriterien kann man etwa Stichworte (z. B. »T-Online«), einen Benutzernamen oder ein Datum angeben.

»Schwarzes Brett«

Ein stark frequentiertes Board ist das von wallstreet:online.

Neuer Markt	Neues Thema beginnen	Boardrichtlinien (offenes Forum)	NEMAX (All Share) 02.09.00 23:51:14 5615.71 (1.15 %)
Titel	Beiträge	Autor	letzter Beitrag
WAS NEINT IHR ÜBER """"""FANTASTIC""""""	10	ACG	03.09.00 15:38:01
An alle (Ex-)Infomatec - Aktionäre!!! Meldet Euch bei der SdK!!! Weitersagen!!!	6	wasel	03.09.00 15:37:20
Jetzt geht die Party los am Neuen Markt	2	Frechdaxx	03.09.00 15:37:16
Concept erwacht aus Lethargie	26	gravedigger	03.09.00 15:36:36
Mogwei hat sich gemeldet !	63	MBen123	03.09.00 15:35:49
Förtsch-Blase die 57. platzt, heutiges Opfer: OAR	47	GrossmeisterB	03.09.00 15:35:27

Mailinglisten und Suchmaschinen

Nicht selten hat ein Anleger sehr ausgefallene Fragen zu Wachstumsaktien, die niemand im Bekanntenkreis – nicht einmal der Anlageberater in der Bank – beantworten kann und die auch im Internet nicht unmittelbar aufzufinden sind. Aber möglicherweise gibt es irgendwo auf der Welt irgend jemanden, der seine Erfahrungen bereits ins Internet gestellt hat oder bereitwillig Auskunft geben würde, zum Beispiel über Chats, Newsgroups oder Mailinglisten. Diese Quellen sollte jeder Anleger anzapfen, wenn er an einem bestimmten Punkt nicht so recht weiter kommt.

Was Chats und *Newsgroups* sind und wie sie funktionieren, haben wir im letzten Buchkapitel (Abschnitt: Chat und Newsboard) bereits besprochen. Trägt sich ein Anleger in eine Mailingliste ein – zum Beispiel eine Liste zum Thema Neuer Markt oder NASDAQ –, so wird er in einen E-Mail-Verteiler aufgenommen. Von da an erhält er in festen oder unregelmäßigen Abständen elektronische Post zu diesem Themenbereich. Bei einigen Mailinglisten besteht die Möglichkeit, eigene Fragen und Anmerkungen zu senden, die jeder Teilnehmer dann erhält.

Eine zu einem Thema passende Mailingliste findet man in Newsgroups, aber auch über spezielle Suchmaschinen. Häufig genutzt werden www.liszt.com und www.lisde.de.

> So genannte Newsletter sind mit Mailinglisten vergleichbar. Diskussionen der Teilnehmer untereinander sind allerdings nicht möglich. Der Herausgeber sendet den Abonnenten die Beiträge lediglich per E-Mail zu.

Mailinglisten haben bestimmte Vorteile: Der Anleger wird mit Informationen zu seinem Interessensgebiet versorgt, ohne sich ständig neu darum kümmern zu müssen. Er hat außerdem die Gelegenheit, gezielt Fachleute anzusprechen und mit diesen zu diskutieren. Darüber hinaus bieten Mailinglisten oft Auswertungen von Internet-Quellen – etwa Newsgroups – an, sodass dem Nutzer diese Arbeit zum Teil erspart bleibt. Bevor man sich in eine List einträgt, sollten jedoch einige grundsätzliche Dinge geklärt werden: Wichtig ist, dass der Anleger sich einprägt, wie ein Teilnehmer aus einer Mailingliste entfernt werden kann. Geprüft werden sollte aber auch, wie oft E-Mails verschickt werden und welche Gepflogenheiten in der entsprechenden Liste gelten.

Bei der Suche nach bestimmten Informationen ist in vielen Fällen der Weg über Suchhilfen sehr nützlich. Man kann sich diese Tools als Datenbanken vorstellen, die Informationen für Recherchezwecke vorhalten. Zu unterscheiden sind *Suchkataloge* von Suchmaschinen.

> Gelbe Seiten

Einen Katalog könnte man mit einem Branchenbuch (»Gelbe Seiten«) vergleichen. Die Einträge in einen Suchkatalog nehmen spezielle Katalogredaktionen vor.

Zu den bedeutendsten Katalogen zählen zurzeit www.web.de, Yahoo (www.yahoo.com [International] bzw. www.yahoo.de [Deutschland]) und www.dino-online.de.

Kataloge haben den Vorteil, dass man insbesondere gezielt nach Unternehmen suchen und einen guten Marktüberblick (Branchen usw.) gewinnen kann. Durch regelmäßige, automatisch stattfindende Checks ist sichergestellt, dass die genannten Seiten auch tatsächlich existieren. Es besteht zudem generell die Möglichkeit, Filter zu setzen und damit zum Beispiel regionale oder thematische Eingrenzungen vorzunehmen.

Seitenchecks

Suchmaschinen funktionieren dagegen anders als Kataloge. Das Prinzip, nach dem diese Tools arbeiten, lässt sich bildhaft etwa so darstellen: Rechner durchforsten systematisch das Internet nach neuen Informationen, die dann in den bereits vorhandenen Datenbestand aufgenommen werden. Der Unterschied zum Suchkatalog wird schnell deutlich, wenn man zum Beispiel »Aktie« in eine Suchmaschine eingibt und deren Trefferzahl mit der eines Katalogs vergleicht. Die erheblich höhere Menge ist darauf zurückzuführen, dass der Begriff auf vielen Internet-Seiten an allen möglichen Stellen auftaucht. Weltweit existieren schätzungsweise weit mehr als 100 Suchmaschinen. Zu den bekanntesten zählen:

- www.fireball.de
- www.infoseek.de
- www.google.de
- www.lycos.de
- www.aladin.de
- www.eule.de
- www.excite.com (International) bzw. www.excite.de (Deutschland)
- www.altavista.com (International) bzw. www.altavista.de (Deutschland)
- www.hotbot.com

Führt die Suche zu keinem brauchbaren Ergebnis, sollte man es noch einmal über eine so genannte *Meta-Suchmaschine* probieren. Die Suchanfrage wird gleichzeitig an eine Vielzahl von Suchmaschinen weitergeleitet und die Ergebnisse übersichtlich zusammengefasst. Oft verwendet werden etwa Metager (www.metager.de) oder Nettz (www.nettz.de).

Suchmaschinen haben den Vorteil, dass der Nutzer schnell herausfindet, ob zu einem bestimmten Bereich überhaupt Informationen vorhanden sind. Außerdem ist eine Suchmaschine der richtige Weg, wenn man annehmen kann, dass gewisse Informationen im WWW zu finden sind.

Ad-Hoc-Meldungen – Internet unschlagbar

Laut Wertpapierhandels-Gesetz (WpHG) muss ein Emittent Unternehmensmeldungen, die den Aktienkurs beeinflussen, umgehend (»ad hoc«) publizieren, daher die Bezeichnung »Ad-hoc-Mitteilung«. Für Unternehmen am Neuen Markt schreiben die Regeln außerdem vor, die Tatbestände nicht nur in deutscher, sondern – um internationale Anleger nicht zu benachteiligen – auch in englischer Sprache zu veröffentlichen.

Ein Verstoß gegen das Gesetz wird übrigens mit empfindlichen Bußgeldern geahndet.

Kursrelevante Informationen

Das Ziel von Ad-hoc-Meldungen liegt darin, sämtliche Marktteilnehmer gleichermaßen mit Informationen zu versorgen. Kommt es zu einer Neuigkeit, die den Kurs einer Aktie beeinflusst, erscheint die Meldung in aller Regel nicht nur umgehend auf den Bildschirmen der bekannten Nachrichtenagenturen (Reuters, Bloomberg usw.) und bei den Wertpapierhändlern der Banken, sondern ebenso schnell im Videotext und Internet. Jeder Privatanleger kann Ad-hoc-Meldungen also genauso rasch abrufen. Zu verdanken ist dieser Service der DGAP (Deutsche Gesellschaft für Ad-hoc-Publizität), die kurz nach Inkrafttreten des Wertpapierhandels-Gesetzes gegründet wurde. Mitglieder sind neben der Nachrichtenagenturen Reuters und vwd (Vereinigte Wirtschaftsdienste) die Deutsche Börse AG.

DGAP

> **Hier ein Beispiel für eine Ad-hoc-Meldung, die von der Deutschen Börse im Internet veröffentlicht wurde**
>
> **Ad hoc-Service: Biodata Inform. Tech. AG Dt./**
> Ad hoc-Mitteilung verarbeitet und übermittelt durch die DGAP.
> Für den Inhalt der Mitteilung ist der Emittent verantwortlich.
> --
>
> Biodata verstärkt Vorstand
>
> AI Ewers wird neuer Chief Sales Officer.
>
> Lichtenfels, 28. Juli 2000. Die Biodata Information Technology AG beruft AI Ewers (29) in den Vorstand. Der neue Chief Sales Officer hat große Erfahrung beim Aufbau moderner Vertriebsstrukturen und leitete zuletzt die Biodata-Niederlassung in San Francisco, USA, überaus erfolgreich.
>
> AI Ewers rückt zum 1. August neben Tan Siekmann (CEO), Stefan Schraps (CFO) und Andre Münch (CTO) in den Vorstand der Biodata AG. Mit Ewers Vertriebs-Know-how aus dem US- amerikanischen Markt will das Lichtenfelser Unternehmen für IT- Sicherheit die international starke Expansion noch schneller vorantreiben. Gerade die USA und künftig verstärkt der asiatisch- pazifische Markt eröffnen für das Technologieunternehmen enormes Wachstumpotenzial.

> Ewers studierte in Deutschland und den USA, kam 1996 zu Biodata
> und war zunächst federführend für den Vertrieb in Europa. 1998
> wechselte er in die USA, zeichnete dort für den Aufbau der
> ersten Biodata-Niederlassung in San Francisco verantwortlich
> und gewann namhafte amerikanische Konzerne als Kunden für Biodata. Dazu zählen etwa Citibank, Boeing und General Motors.
>
> Quelle: www.neuer-markt.de/INTERNET/NM/home/index.htm

Die DGAP hat die Aufgabe, Emittenten bei der Abwicklung von Ad-hoc-Meldungen zu unterstützen und für eine zeitgleiche Veröffentlichung über ein weitreichendes Informationsnetzwerk zu sorgen, umso eine hohe Transparenz herzustellen.

In Frankfurt betreibt die DGAP ein Nachrichtenzentrum, an das Unternehmen an 365 Tagen im Jahr rund um die Uhr Meldungen übermitteln können. Von dort werden die Nachrichten dann an die Börse, das Bundesaufsichtsamt für den Wertpapierhandel, an Nachrichtenagenturen usw. weitergeleitet (siehe Abbildung). Über die

Nachrichtenzentrum

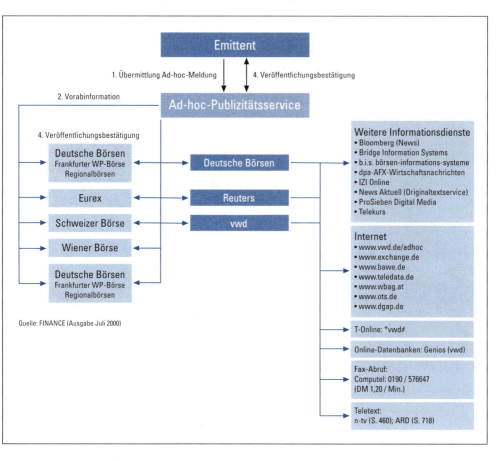

Quelle: FINANCE (Ausgabe Juli 2000)

DGAP sind im Jahr 1999 knapp 4.000 Ad-hoc-Meldungen verbreitet worden, wovon ungefähr 40 Prozent auf Unternehmen aus dem Neuen Markt entfielen.

Wie die Märkte auf Neuigkeiten reagieren, kann man täglich aufs Neue an den Börsen verfolgen. Dringt etwas Positives an die Öffentlichkeit, etwa die Meldung, dass ein Hersteller von IT-Lösungen ein Mittel gefunden hat, um Transaktionen im Internet sicherer zu machen, so wird der Kurs der Aktie dadurch beflügelt. Man kann sich leicht ausmalen, dass es für einen Kaufinteressenten umso ärgerlicher ist, je später er eine derartige Information erhält. Daher sollten insbesondere kurzfristig orientierte Anleger, Ad-hoc-Meldungen regelmäßig verfolgen, zum Beispiel auf der Internetseite der Deutschen Börse (www.neuer-markt.de/INTERNET/NM/home/index.htm).

Ad-hoc-Datenbank

Die DGAP bietet im Internet unter www.dgap.de eine Ad-hoc Datenbank, mit deren Hilfe Anleger aktuelle und vergangene Meldungen abrufen können (siehe Abbildung). So haben Anleger die Möglichkeit, die gesamte »Ad-hoc-Historie« nachzuverfolgen.

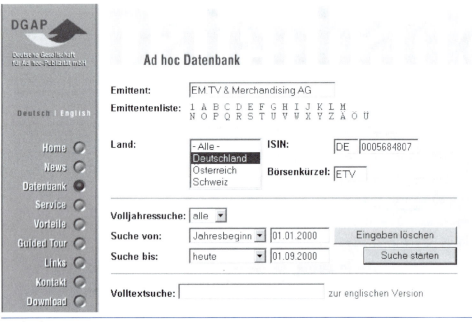

www.dgap.de

Informationen über künftige Neuemissionen

In der Vergangenheit war ein Phänomen insbesondere am Neuen Markt besonders häufig zu beobachten, das sogenannte Underpricing. Viele Papiere wurden von den Akteuren zu Beginn zu gering bewertet und kamen deshalb zu sehr geringen Emissionspreisen an den Neuen Markt. Dies ist sicherlich auch ein Grund für die regelrechten Kursexplosionen, die bestimmte Werte anschließend zu verzeichnen hatten.

Underpricing

Man kann sich deshalb gut vorstellen, wie groß das Interesse der Anleger insbesondere an neuen Wachstumspapieren ist. Informationen über anstehende Emissionen am Neuen Markt gibt es in hohem Umfang im Internet. Als Beispiel haben wir den Service von wallstreet:online gewählt (siehe Abbildung).

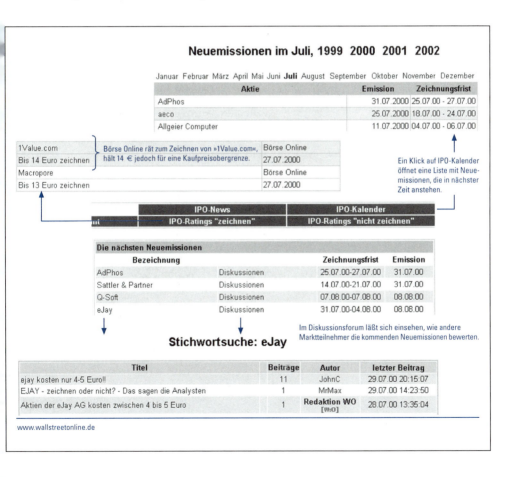

Emittieren und Zeichnen per Internet

Mittlerweile können sich Aktienemittenten und Anleger den Weg zu einer Präsenzbank sparen. Denn sowohl Herausgabe als auch Zeichnung von Aktien sind im Internet realisierbar. Zu den führenden virtuellen Emissionshäusern zählt net.IPO (www.netipo.de). Dort können Anleger Aktien zeichnen, die – sollte es zu einer Zuteilung kommen –, von net.IPO anschließend an die vom Anleger genannte depotführende Bank geliefert werden. Zeichnungen via Internet sind im Übrigen auch bei Direktbanken möglich.

Was professionelle Analysten meinen

Fast alle großen Banken, aber auch Kapitalanlagegesellschaften, Versicherungen und andere Institutionen, die einen Teil ihrer Gelder in Aktien investieren, arbeiten mit eigenen Analysten. Sie haben die Aufgabe, den aktuellen und vor allem den zukünftigen Wert von Aktien zu schätzen. Deren Vorgehensweise haben wir im ersten Teil unseres Buches bereits ausführlich dargestellt.

Viele Anleger interessieren sich natürlich dafür, was die Profis von bestimmten Wachstumsaktien halten. Nun muss man heutzutage nicht mehr wie früher üblich bei einzelnen Banken, Fondsgesellschaften oder Versicherungen nachfragen, um an Auswertungen und Research-Berichte zu kommen. Seit einiger Zeit kann man die Ergebnisse in zusammengefasster Form auch kostenlos im Internet abrufen. Anbieter wie OnVista nehmen den Anlegern die Mühe ab und erkundigen sich bei Banken, Research-Instituten und Börsenmagazinen nach den Einschätzungen der Analysten. Diese werden dann gebündelt und ins Netz gestellt.

Aktienanalysen im Internet.

> Hier ein Fallbeispiel für eine Analyse, die von der Stadtsparkasse Köln erstellt und im WWW bei OnVista abgerufen wurde.

Stadtsparkasse Köln
EM.TV spekulativer Kauf
Datum: 21.07.2000
Zeit: 09:40

Die Analysten der Stadtsparkasse empfehlen dem spekulativen Anleger die Aktie des Medienkonzerns EM.TV & Merchandising WKN 568480) zum Kauf.

Das Unternehmen gehöre aufgrund seiner guten Diversifikation zu den am besten positionierten Medienwerten am Markt. Die bedeutendste Akquisition des ersten Quartals 2000 sei die vollständige Übernahme der US-Gesellschaft The Jim Henson Company gewesen, die unter anderem durch die Muppets-Show Bekanntheit erringen konnte.

Darüber hinaus habe man 50 Prozent an der Formel 1-Gruppe erworben und somit den Einstieg in die Sportwelt geschafft. Die Formel 1 würden jährlich etwa 58 Mrd. Menschen verfolgen und zähle zu den größten internationalen Sportereignissen. Außerdem plane der Merchandiser die Vermarktung von 6 Top-Formel-1-Teams zu übernehmen. Im Gespräch seien Ferrari, McLaren-Mercedes, Jordan, BMW-Williams, Benetton und Jaguar. Ab der kommenden Saison sollen an den Rennstrecken Restaurants errichtet werden, wo sich der Fan auch mit Souvenirartikeln eindecken könne.

Für zusätzliche Kursphantasie würden die Börsengänge der Tochterunternehmen sorgen. So solle im Herbst 2000 die israelische Tochter Talit Productions an den Markt gebracht werden, im kommenden Frühjahr soll dann die Tele München folgen. Auch die Formel 1 stelle einen interessanten Börsenkandidaten dar.

> Durch den massiven Kursrückgang seit Anfang Mai habe sich die Marktkapitalisierung des Konzerns um über 4 Mrd. Euro verringert. Dies führt der Finanzchef Florian Haffa weitgehend auf die Verkäufe von US-Hedge-Fonds zurück. Trotzdem erwartet er künftig ein deutliches Geschäftswachstum.
>
> Die Geschäftszahlen des ersten Quartals 2000 hätten mit einem 30-prozentigen Umsatzwachs und einem Ergebnisanstieg von 36 Prozent die guten Prognosen untermauert.
>
> In Anbetracht der guten Geschäftsperspektiven könne dem spekulativ orientierten Anleger ein Engagement in den NEMAX-50-Titel nahegelegt werden.
>
> Quelle: http://aktien.onvista.de/cgi-bin/analysten_empfehlung.mpl?OSI=DE568480

Die Einschätzung von Aktien ist eine schwierige Aufgabe, die vor allem auch sehr stark von subjektiven Einflüssen geprägt ist. So kann es in der Praxis durchaus vorkommen, dass Analysten ein und dieselbe Information unterschiedlich werten. Darüber hinaus haben einige Analysten bestimmten Informationen eher als andere oder sie wissen etwas, was andere nicht erfahren haben, etwa weil sie sich mit den Managern eines Unternehmens persönlich unterhalten konnten und nicht nur auf Material zurückgreifen mussten, dass öffentlich dargeboten wird (z. B. Geschäftberichte, Zeitungsmeldungen). Es ist daher auch nicht ungewöhnlich, wenn die Meinungen auseinanderdriften.

Durchschnittsmeinung — Für den Anleger stellt sich nicht selten das Problem, dass er vor lauter unterschiedlichen Einzelmeinungen gar nicht mehr weiß, wo die Analysten mit ihren Einschätzungen im Durchschnitt eigentlich liegen. Hier bietet das Internet Hilfestellung. So kann man beispielsweise bei OnVista für jede beliebige Aktie unter der Rubrik »Empfehlung« ansehen, wie professionelle Analysten den Wert im Mittel einstufen. Zu diesem Zweck hat OnVista die einzelnen Analystenmeinungen ausgewertet und dann zu einer Art Durchschnittsmeinung verdichtet (siehe Abbildung). Am Beispiel von EM.TV ist gut zu erkennen, dass die Mehrheit der Analysten die Aktie als kaufenswert einstuft. Keiner von ihnen hat in den zurückliegenden vier Wochen seine Meinung geändert. Und am Trend ist ablesbar, dass sich die Einschätzung der Analysten in dieser Woche (»aktuell«) ganz leicht noch mehr in Richtung »Kaufempfehlung« verschoben hat. Wenn die Empfehlungen der Analysten ein gutes Indiz für die zukünftige Entwicklung sind, dann müsste man die EM.TV-Aktie eigentlich kaufen.

Was professionelle Analysten meinen 223

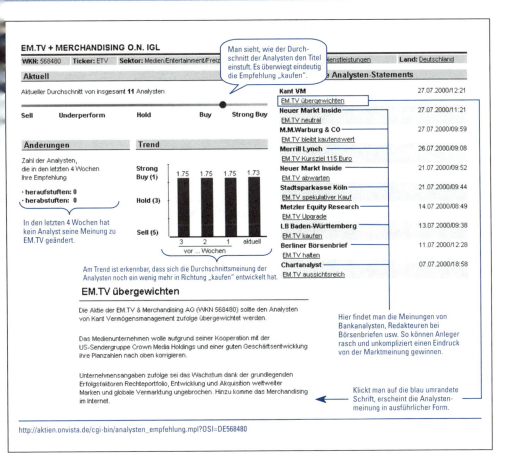

Recherche in Archiven

Wie sich eine Aktie im Laufe der Zeit entwickelt hat, was in der Gesellschaft vorgefallen ist und wie die Medien darüber berichtet haben, lässt sich häufig am leichtesten herausfinden, wenn man in Zeitungen aus der Vergangenheit liest. Natürlich ist es äußerst umständlich, Ausgabe für Ausgabe selbst nach relevanten Meldungen und Berichten zu duchsuchen. Seit es das Internet gibt, hat sich die Situation jedoch gewandelt. Inzwischen ist das Recherchieren eine Leichtigkeit, zum Beispiel bei der Financial Times Deutschland (FTD) oder dem Handelsblatt. Nehmen wir zur Veranschaulichung das Handelsblatt-Angebot.

Archivsuche im www.
Wir möchten sämtliche Artikel auflisten, die im Zusammenhang mit der T-Online erschienen sind. Auf der Homepage (www.handelsblatt.com) im Handelsblatt geben wir in das Feld »Archivsuche« die WKN der Aktie ein und warten kurz ab, bis eine Liste mit Schlagzeilen erscheint (siehe Abbildung).

Verglichen mit der Printversion weisen Zeitungs- und Zeitschriftenausgaben im Internet unübersehbare Vorteile auf: Der Anleger kann Neuigkeiten erfahren noch bevor sie in gedruckter Form erscheinen. Ohne lange blättern zu müssen, lässt sich auf interessante Inhalte zurückgreifen. Außerdem kann man sich das zeitraubende Archivieren von Artikeln ersparen. Denn es besteht – wie oben gesehen – die Möglichkeit, auf ältere Ausgaben online zurückzugreifen. Viele Herausgeber bieten den Nutzern interaktive Anwendungen, die eine normale Zeitung verständlicherweise gar nicht bereithalten kann.

Technische Analyse

Im Bewertungsteil dieses Buches haben wir ausführlich gezeigt, wie man Wachstumsaktien fundamental beurteilen kann und wo man die dazu notwendigen Daten im Internet erhält.

Auf einer gänzlich anderen Anschauung als fundamentalen Verfahren basiert die Technische Analyse. Wesentliches Merkmal ist, dass aus Kursen der Vergangenheit Rückschlüsse auf die zukünftige Aktienentwicklung gezogen werden. »Techniker« sind davon überzeugt, dass sich bestimmte Kursmuster in der Zukunft wiederholen.

Typisch für Verfahren der Technischen Analyse ist die grafische Darstellung des Kursverlaufs in Form sogenannter Charts. Man probiert nun, den Kurvenverlauf in die Zukunft fortzuschreiben. Bestimmte charakteristische – angeblich immer wiederkehrende – Muster sollen bereits im Ansatz erkannt werden, um daraus die weitere Entwicklung vorherzusagen. Zukünftige Kurse lassen sich aus historischen lediglich dann vorhersagen, wenn sich bestimmte Formationen auch tatsächlich wiederholen. Die Praxis hat gezeigt, dass dies in bestimmten Fällen tatsächlich so ist. Insbesondere kurzfristige Aktienkursentwicklungen lassen sich erfahrungsgemäß mit technischen Verfahren viel besser einschätzen als mit fundamentalen. Deshalb sollte man die Technische Analyse auch nicht einfach als »Kaffeesatzleserei« bezeichnen, wie es von Kritikern oft getan wird.

Charts

> **Die Technische Analyse ist ein weites Feld**
>
> Unter dem Begriff der Technischen Analyse lassen sich sehr viele verschiedene Verfahren zusammenfassen, mit denen man leicht ein ganzes Buch füllen könnte. Es würde hier viel zu weit führen, diese jeweils ausführlicher zu betrachten. Wer sich für das Thema interessiert, findet unter www.equis.com in der Rubrik »Free Stuff« kostenfrei das Buch »Technical Analysis from A to Z« des bekannten Experten Steven B. Achelis.

Für den Normalanleger ist es ohne Zweifel ziemlich aufwendig, Charts selbst anzufertigen. Deshalb werden für beinahe sämtliche Finanzinstrumente – nicht nur Aktien, auch Anleihen, Zinsen oder zum Beispiel Währungen – bereits fertige Kursgrafiken angeboten. Früher waren diese lediglich in Papierform erhältlich (z. B. in Fachzeitschriften), doch das ist längst Vergangenheit. Denn inzwischen kann jeder Charts kostenlos im Internet abrufen. Unterscheiden lassen sich grob zwei Sorten von Angeboten. Zum einen sind »fertige« Kursbilder zu finden, die vom Anleger nicht mehr nach seinen individuellen Wünschen verändert werden können. Dies trifft zum Beispiel für die Charts zu, die man unter www.neuer-markt.de abrufen kann.

Etwas ausführlicher wollen wir auf den weiter oben schon erwähnten Java Trader eingehen, ein Internet-Tool, das derzeit wohl zu den ausgereiftesten seiner Sorte zählt und von vielen Banken angeboten wird, so auch von der Comdirekt Bank unter www.comdirect.de. Auf der Homepage wählen wir die Rubrik »Finanz Toolbox«, klicken anschließend auf das Feld »Java Trader« und warten etwas, bis sich dieser öffnet. In das Feld »Suchen nach Aktiennamen, WKN oder Ticker« geben wir EM.TV ein. Sekunden später erscheint die Grafik mit dem Kursverlauf. Eingegeben werden kann, über welchen Zeitraum und in welcher Form die Kursdarstellung erfolgen soll (Linien-, Balken- oder Candle-Stick-Chart). Wir haben den Verlauf der zurückliegenden 24 Monate als Linienchart abgerufen. Der Anwender hat die Möglichkeit, eine Vielzahl von *technischen Signalen* (z. B. Trendkanäle, Dreiecke, Flaggen, Kopf-Schulter-Formationen) oder sonstige Analysehilfen einzeichnen zu lassen, etwa einen Gleitenden Durchschnitt (siehe Abbildung). Mit Hilfe der linken Maustaste lassen sich sogar Geraden frei in das Diagramm eintragen.

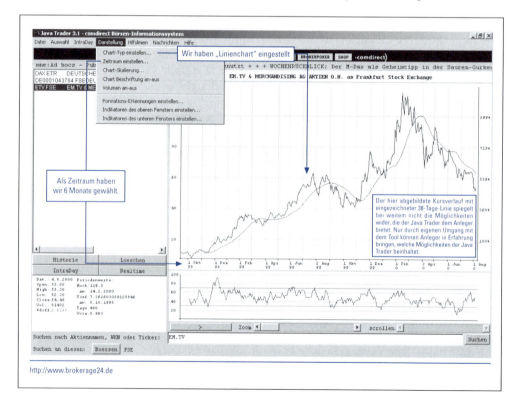

Wer mit der Technischen Analyse Erfolg haben will, braucht viel Übung. Unerfahrene Anleger sollten besonders vorsichtig sein und nicht aufgrund vermeintlich eindeutiger Signale voreilige Entscheidungen treffen. Routine kann man auch erlangen, wenn im Internet zunächst ein Trainingsdepot eingerichtet wird, das lediglich durch fiktive Transaktionen bestückt wird. Der Anleger hat die Möglichkeit, Kauf- und Verkaufsentscheidungen »technisch« abzuleiten. An der Wertentwicklung des Depots lässt sich dann ablesen, wie treffsicher die Analyse letztlich ist.

Trainingsdepot

Im Internet sind auch ausführliche Interpretationen von Aktienkurscharts abrufbar. Als Beispiel haben wir das Angebot des Nachrichtensenders n-tv gewählt. In regelmäßigen Abständen (meist wöchentlich) tritt *Hans-Dieter Schulz* – er ist Initiator und Mitherausgeber der Hoppenstedt-Charts – als Studiogast auf und kommentiert Charts. Seine Analysen stellt der Sender dann zum Download ins Internet in die Rubrik »Wirtschaft & Börse« (Unterpunkt: Analystenstimmen) ein (www.n-tv.de). Als Beispiel haben wir auf der nächsten Seite eine Besprechung der Aktie von EM.TV & Merchandising.

Für Anleger bieten die Kommentare des sehr erfahrenen Chart-Analysten sehr gute Anhaltspunkte, worauf man bei der technischen Analyse achten muss und wie man die Muster am sinnvollsten deuten kann.

Hervorragend geeignet sind Charts im Übrigen, um die Kursentwicklung einer Aktie im Zeitablauf zu beurteilen. Ob ein Papier derzeit auf einem hohen Niveau notiert oder sich die Kurse in einem schon länger währenden Auf- oder Abwärtstrend befinden, kann man insbesondere am grafischen Verlauf sehr gut erkennen.

Technische Analyse und Psychologie

Kurse an Aktienmärkten werden von Menschen gemacht. Dies ist eine sehr wichtige Erkenntnis, insbesondere für kurzfristig orientierte Anleger. Während die ökonomischen Faktoren den Kurstrend bestimmen, sind die Schwankungen um diese längerfristige Entwicklung dagegen eher das Ergebnis menschlicher Psychologie.

Aktienkursprognosen mit Methoden der Technischen Analyse funktionieren nur, wenn die Voraussetzung gegeben ist, dass die Marktakteure in bestimmten Situationen ähnlich agieren. Im Grunde ist die grafische Darstellung von Kursverläufen nichts anderes als eine visuell wahrnehmbare Wiedergabe von Angebot und Nachfrage der an den Aktienmärkten handelnden Akteure. Je besser man die Menschen und ihr Tun einschätzen kann, umso eher lassen sich deren Verhaltensweisen auch voraussagen und kurzfristig gewinnbringend nutzen.

Aktuelle Analysen

EM.TV & Merchandising: Bärenfalle oder Doppel-Top

Das internationale Medienunternehmen und Indexschwergewicht EM.TV gilt als Inbegriff der Erfolgsgeschichte des Neuen Marktes. Zuletzt erlitt die Aktie allerdings einen Schwächeanfall.

Gerüchten zufolge soll der jüngste Kursverlust durch Verkäufe von Altaktionären der Formel Eins ausgelöst worden sein, die sich nach Ablauf der Lock-up-Period von der Aktie getrennt haben. Diese Kursverluste haben dazu geführt, daß die Aktie derzeit als technisch angeschlagen zu bezeichnen ist. Es besteht die Gefahr, daß die Verkaufswelle weitere Kreise zieht.

Ausgehend vom Allzeithoch Mitte Februar dieses Jahres bei 120 Euro sind die Kurse innerhalb von viereinhalb Monaten um mehr als 50 Prozent gefallen.

Während der NEMAX 50 Performance-Index im Bereich seiner 200-Tage-Glättungslinie nach oben gedreht hat, haben die EM.TV-Kurse ihre 200-Tage-Glättungslinie nach unten geschnitten. Dies ist insbesondere deshalb negativ zu werten, weil der Durchschnitt der letzten 200 Börsentage in der Vergangenheit als Unterstützung wirkte.

Außerdem hat sich seit Februar dieses Jahres eine Doppel-Top-Formation ausgebildet. Diese obere Umkehrformation könnte einen ausgeprägten Kursrückgang einläuten. Die Nackenlinie dieser Formation, die man als Horizontale an den Tiefpunkt zwischen den beiden Hochpunkten bei ca. 63 Euro anlegt, wurde zuletzt unterschritten. Dies war ein Verkaufssignal und die Kurse „purzelten" auf fast 56 Euro.

Das Mindestkursziel, das sich aus dieser Formation gemäß klassischer charttechnischer Regeln ableiten läßt, bemißt sich nach dem Abstand zwischen dem Niveau des höchsten Hochs und dem Niveau der Kerbe. Im vorliegenden Fall beträgt diese Entfernung ca. 47 Prozent. Dieser Prozentwert wird an der Ausbruchstelle nach unten abgetragen. Aufgrund der logarithmischen Skalierung des Charts kann dies graphisch gelöst werden, indem man den Abstand zwischen Kerbe und Kopf am Niveau der Kerbe nach unten spiegelt. Die Kurse könnten somit in den unter 40 Euro fallen.

Dieses Kursziel sollte aber nicht als „Dogma" aufgefaßt werden, sondern in Beziehung gesetzt werden zu möglichen Unterstützungsmarken. Im vorliegenden Fall sind die Unterstützungen bei 56 Euro, 52 Euro, 47 Euro, 41 Euro und bei ca. 38 Euro zu beachten.

Zuletzt testeten die Kurse eine Unterstützungszone im Bereich von 56 bis 58 Euro. Sollte diese Zone unterschritten werden, könnten die Kurse die Marke bei 52 Euro testen. Danach könnten die Kurse die vorgenannten Unterstützungen anpeilen.

Der mittelfristige technische Indikator, das 100-Tage-Momentum ist allerdings auf ein niedriges Niveau gesunken und würde bei einer unteren Wende eine Kurserholung ankündigen. Dennoch könnte die Grundrichtung der Kurse weiter abwärtsgerichtet sein, weil die zeitlich weit ausgedehnte Doppel-Top-Formation ein Indiz dafür liefert, dass sich das Erreichen des Mindestkursziels durchaus über mehrere Wochen hinziehen könnte. Entwarnung wäre erst gegeben, wenn die Kurse die 200-Tage-Glättungslinie und die Abwärtstrendlinie und den Widerstand bei 96 Euro überwinden würden.

Michael Hanf / Dr. H.-D. Schulz

Aktuelle Kurse und Indexstände

Wer Wachstumsaktien mit dem Ziel gekauft hat, von kurzfristigen Schwankungen an der Börse zu profitieren, braucht natürlich laufend Zugriff auf die aktuellen Kurse. Diese findet man zwar auch im Videotext oder kann sie sich telefonisch ansagen lassen, doch viel komfortabler und zeitgemäßer ist das Internet. Man findet Kursinformationen dort inzwischen an so vielen verschiedenen Stellen, dass man sie – selbst wenn man wollte – gar nicht mehr vollständig aufzählen könnte. Häufig genutzt werden die Seiten der Deutschen Börse (www.exchange.de) oder die von OnVista (www.onvista.de). Dort bekommt man mittlerweile auch zeitnahe Kurse (*Realtime-Kurse*), mitunter sogar ohne Registrierung.

Kurse bei OnVista.

Wer Kurse im Internet abfragen wollte, war bislang auf einen Computer angewiesen und musste sich Zugang über ein Festnetz verschaffen. Dies hat die Mobilität vieler Anleger doch arg eingeschränkt, denn sie waren auf einen Ort angewiesen, an dem die entsprechende Infrastruktur verfügbar war. Doch das gehört, seit es die WAP-Technologie, gibt der Vergangenheit an. WAP steht als Abkürzung für Wireless Application Protocol und bedeutet übersetzt »kabelloses Anwendungsprotokoll«. Es handelt sich dabei um einen neuen Übertragungsstandard, der den Internet-Zugriff über Mobiltelefone (Handys) ermöglicht. Allerdings kann man die Technik nicht mit jedem Gerät nutzen, sondern nur mit speziellen WAP-Handys.

WAP

Welche Vorteile haben Anleger von dieser neuen Technologie? Nun, dank WAP können Börsendaten mit dem Handy abgerufen werden, und zwar völlig unabhängig vom aktuellen Aufenthaltsort. Der Anleger kann sich frei bewegen und trotzdem jederzeit das Geschehen an den Wachstumsbörsen verfolgen. Zudem sind die Möglichkeiten nicht auf die reine Abfrage von Kursen beschränkt. Selbst Charts lassen sich auf dem Handy-Display anzeigen. Wer schließlich Börsenorders erteilen möchte, braucht dafür auch keinen Festnetzzugang mehr, denn viele Banken – insbesondere Direktbanken im Internet – bieten ihren Kunden die Möglichkeit, Aufträge über ein WAP-Handy aufzugeben.

Den für Internet-Seiten gebräuchlichen HTML-Code können Handy-Browser – zumindest gegenwärtig – noch nicht lesen. Es ist aber damit zu rechnen, dass Ende 2001 mit UMTS (Universal Mobile Telecommunications System) eine Technolgie bereit steht, die schnellere Übertragungen gestattet. Dann wird es wahrscheinlich möglich sein, etwa aufwendige Grafiken in angemessener Zeit zu übermitteln.

> **Individuelle Daten im Internet speichern und per Handy mobil abrufen**
>
> Unter www.yourwap.com können Anleger nach Belieben Daten über das Internet speichern und dann später mit einem WAP-Handy wieder abrufen. So kann man zum Beispiel die Möglichkeit nutzen und Wertpapierkenn-Nummern dort hinterlegen oder Kurse, zu denen man Wachstumsaktien gekauft hat.

WAP ist sicherlich eine faszinierende Technolgie, zumindest derzeit, aber nicht für jeden erschwinglich. Doch auch ein herkömmliches Handy kann sinnvoll in die Umsetzung von Handelsstrategien integriert werden. Fast jeder Anleger hat am Neuen Markt schon einmal die Erfahrung gemacht, dass die Kurse binnen kurzer Zeit extrem schwanken. Deshalb ist es besonders wichtig, laufend über die aktuelle Entwicklung informiert zu sein. Viele Anleger haben jedoch nicht die Zeit, das Geschehen auf den Finanzmärkten permanent zu verfolgen. In solchen Fällen ist es hilfreich, wenn beim Erreichen bestimmter kritischer Kurse eine Nachricht an den Anleger erfolgt. Dieser ist dann nicht mehr gezwungen, die Kursentwicklung selbst zu verfolgen, kann gleichzeitig aber sicher sein, in turbulenten Situationen umgehend informiert zu werden.

Marktgeschehen mit dem Handy verfolgen (in der Abbildung ist der Service von OnVista dargestellt).

Marktübersicht

- Wichtige Indizes mit Veränderungen
- Devisenkurse
- Detailansichten

Kursabfrage

- Alle in Deutschland handelbaren Wertpapiere
- Kurse, Veränderungen, Hoch/Tief, Volumen etc.
- Zugriff über Name, Ticker oder WKN

Charts

- Für alle Aktien
- Intraday, 3-Monate, 6-Monate

Top/Flop-Übersichten

- Für die wichtigsten Aktienmärkte
- Top 5/Flop 5 mit Kurs und Veränderung
- Detailansichten

Aktuelle Kurse und Indexstände

Früher war dies aufwendig und häufig Anlegern vorbehalten, die ein gewisses Vermögen hatten. Denn die Nachricht kam im Regelfall vom Bankberater. Üblich war – und ist es zum Teil auch heute noch –, dass der Berater seinen Kunden per Telefon Bescheid gibt. Diese können dann entscheiden, wie sie reagieren wollen.

Inzwischen ist die Alarmierung der Anleger bei Erreichen bestimmter Limits zum einen nicht mehr so aufwendig, zum anderen kann im Grunde jeder diesen Service nutzen. Denn die Benachrichtigung lässt sich über das Internet steuern. Nehmen wir als Beispiel Digital-Investor (www.digital-investor.de). Jeder Anleger kann sich hier kostenlos ein Muster-Depot einrichten, jedes Wertpapier in die Watchlist aufnehmen und dort sowohl ein Höchst- als auch Niedrigstlimit eingeben. Wird die vorgegebene Kursgrenze erreicht, erhält der Anleger Nachricht per E-Mail. Die gesetzten Limite bleiben so lange bestehen, bis der Anleger sie ändert. Voraussetzung ist natürlich, dass der Anleger auf diesem Weg erreichbar ist und seine Mails auch regelmäßig abruft.

Mail-Service

Beliebt bei Anlegern, die ständig über die aktuelle Börsensituation informiert sein wollen, sind auch Laufbänder, so genannte Ticker. Sie ermöglichen es, Daten platzsparend und dennoch ständig sichtbar vorzuhalten. Der Anleger arbeitet ganz normal an seinem Rechner und oben bzw. unten am Bildschirm laufen aktuelle Börsenkurse von einer Seite zur anderen. So lassen sich während der Arbeit die Entwicklungen an den Finanzmärkten ohne großen Aufwand beobachten.

Ticker

Angeboten wird ein solcher Börsenticker zum Beispiel von der Financial Times Deutschland, die ihn auf ihrer Internet-Seite (www.ftd.de) unter der Rubrik »Börsen + Märkte« zum Download bereitstellt. Jeder Nutzer kann individuell bestimmen, ob er Börsenkurse, Nachrichten oder sein eigenes Portfolio über den Ticker laufen lassen will. Selbstverständlich muss das Laufband nicht die ganze Zeit über sichtbar sein. Es kann beliebig ab- und wieder zugeschaltet werden.

Gezielte Aktiensuche

Oft wollen Anleger mit Wachstumsaktien spekulieren, die ganz spezielle, vom Anleger vorgegebene Kriterien erfüllen müssen. So kommt es vor, dass Werte gesucht werden, die zum Beispiel der Finanzdienstleistungsbranche angehören und deren Volatilität gleichzeitig innerhalb einer bestimmten Bandbreite liegt. Man könnte das Ganze selbstverständlich noch viel weiter eingrenzen, aus Platzgründen verzichten wir aber darauf. Deutlich werden soll lediglich, dass Papiere, die mehrere Kriterien auf einmal erfüllen sollen, auch ganz gezielt gesucht werden müssen.

Noch vor wenigen Jahren war das – zumindest für Normalanleger – kaum oder nur mit erheblichem Aufwand möglich. Dank des Internet existieren die Probleme unterdessen nicht mehr. Nehmen wir als Beispiel das Anlegermagazin Börse Online, auf dessen Internetseite ein Aktien-Analyser zu finden ist (www.boerse-online.de), mit dem Anleger ganz gezielt auf Aktiensuche gehen können.

Aktien-Analyser

Auf der Homepage öffnet man die Rubrik »Tools & Community«. Es erscheint eine Liste, aus der man schließlich den »Aktien-Analyser« auswählt. Nun kann der Anwender Aktien nach den unterschiedlichsten Kriterien genauestens eingrenzen (siehe Abbildung nächste Seite). Wir haben das einmal am 6. August 2000 probiert und gezielt Werte gesucht, die im Nemax All Share vertreten sind, aus dem Bereich IT-Sicherheit stammen und deren aktueller Kurs mindestens 50 Prozent unterhalb des »Allzeithoch« liegt. Als Ergebnis wurden drei Aktien geliefert, Biodata, Norcom Info und Secunet.

Ein auf deutschsprachigen Seiten sehr ausgefeiltes Tool, das ähnliche Zwecke erfüllt wie die Anwendung von Börse Online, ist der sogenannte Asset Analyzer, den zum Beispiel die Comdirect Bank jedem kostenlos im Internet zur Verfügung stellt. Damit können Anleger Wertpapiere nach ihren eignen Vorstellungen sortieren lassen.

Asset Analyzer von Comdirekt.

Das Tool lässt sich wie folgt aktivieren: Auf der Homepage (www.comdirect.de) wählt man die Rubrik »Finanz Toolbox« und dort dann Asset Analyzer aus.

Zunächst gibt man den Markt vor, aus dem die Aktien stammen sollen (z. B. Nasdaq 100), anschließend können diese nahezu beliebig selektiert werden. Zu den Auswahlkriterien zählen zum Beispiel das KGV und die prozentuale Kursänderung des letzten Börsentages, aber auch so »exotische« Kennziffern wie etwa das Treynor-Maß.

Risk-Return-Map

Ebenfalls einzigartig ist zurzeit auch die sogenannte Risk-Return-Map von OnVista. Der Nutzer entscheidet zunächst, nach welchen Kriterien er Aktien eingrenzen möchte. Zur Auswahl stehen die Rubriken »Index«, »Branche« und »Land«. Wir haben – um das Ganze

Gezielte Aktiensuche

Allgemein			Hilfe
Branche	**Marktsegment**		
IT-Sicherheit	☐ Alle ☐ DAX ☐ MDAX ☐ SDAX ☐ Nemax 50 ☑ Nemax All Share ☐ SMAX		

Kennzahlen	(Eingaben sind nicht zwingend)		Hilfe
Dividendenrendite 2001	> ☐ %	Gewinnwachstum 2001	> ☐ %
KGV 2001	< ☐	dynamisches KGV 2001	< ☐
Differenz Allzeithoch	< 50 %	Umsatzmultiple	< ☐
relatives Handelsvolumen	unerheblich	Abstand 200-Tage-Linie	unerheblich

Suchkriterien zeitraumabhängig	(Eingaben sind nicht zwingend)		Hilfe
Zeitraum		1 Jahr	
relative Stärke (im Zeitraum)		unerheblich	
Differenz zum Hoch (im Zeitraum)		< ☐ %	
Differenz zum Tief (im Zeitraum)		< ☐ %	
Wertentwicklung (im Zeitraum)		> ☐ %	
pro Seite maximal 10 Ergebnisse anzeigen.			**Aktien suchen**

www.boerse-online.bch.de/cgi-bin/gx.cgi/AppLogic%2bFTContentServer?pagename=BoerseOnline/home

zu demonstrieren – »Index« ausgewählt und anschließend konkret den Nemax 50 angegeben. Möglich sind jedoch auch nahezu sämtliche anderen bekannten Indizes wie etwa der Nasdaq 100.

Danach ist festzulegen, über welche Zeitspanne die Analyse erfolgen soll. Wählen kann man flexibel zwischen 1 Woche und 1 Jahr. Wir haben einen Zeitraum von 52 Wochen vorgegeben. Anhand der Auswahlmöglichkeiten »absolut« oder »relativ« können die Anwender festlegen, ob die Darstellung im Standardgraphen (»absolut«) oder im angepassten Graphen (»relativ«) gezeigt wird. Bei der Auswahl »relativ« erfolgen Ausrichtung und Skalierung des Graphen anhand der jeweiligen Minima und Maxima, die Werte an sich bleiben unverändert.

Nun zu den eigentlichen Möglichkeiten dieses Tools: In einem Koordinatenkreuz sind die jeweiligen Aktien als Punkte eingezeichnet. Auf der x-Achse ist die Performance (»Total Return«), auf der y-Achse die Volatilität abgetragen. An der Lage der Punkte lässt sich also erkennen, wie hoch die Schwankungen (»Risiko«) im Verhältnis zur Wertentwicklung im betrachteten Zeitraum waren. Führt man den Mauszeiger auf ein Unternehmen in der Firmenauswahlliste – in

Total Return

Risiko

unserem Fall INTERSHOP –, wird der entsprechende Punkt im Diagramm rot umrandet. Umgekehrt besteht auch die Möglichkeit, auf einen Punkt in der Grafik zu zeigen. Dann wird in der Firmenliste die zugehörige Gesellschaft markiert. Wie hoch Performance und Volatilität exakt sind, lässt sich ebenfalls ablesen, da die entsprechenden Zahlenwerte in den Feldern »Performance« und »Volatilität« ausgewiesen werden.

Mit der Risk-Return-Map kann man sehr gut nachverfolgen, wie die erzielte Performance eigentlich zustande gekommen ist. Ein Beispiel: Die im Vergleich zu INTERSHOP höhere Performance der QIAGEN AG (573 Prozent) ist nicht – wie man vielleicht vermuten könnte – mit höheren Schwankungen erkauft worden. Im Gegenteil:

Rendite-Risiko-Relation Die Volatilität (73 Prozent) ist sogar geringer. Ihr Rendite-Risiko-Verhältnis ist deshalb besser als die von INTERSHOP.

Wer also QIAGEN-Aktien gekauft hat, konnte – zumindest in den letzten 52 Wochen – pro Prozentpunkt Volatilität eine höhere Rendite verbuchen als INTERSHOP-Aktionäre.

Anleger, die Rendite-Risiko-Relationen in ihre Entscheidungen einbeziehen wollen, haben mit der Risk-Return-Map eine hervorragende Unterstützung.

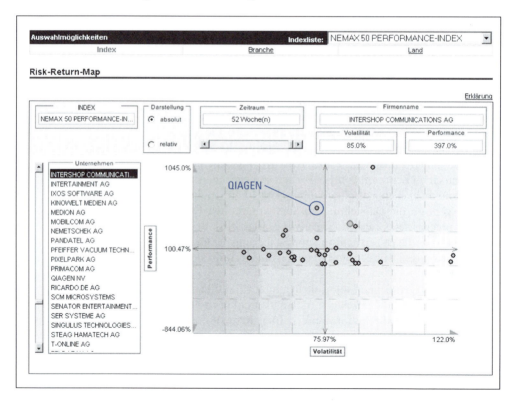

Aktien aus dem Netz

Auf Aktientipps trifft man als aufmerksamer Anleger im Regelfall mehrmals am Tag, sei es im Fernsehen oder im Internet, in der Tageszeitung, in Finanz- oder Wirtschaftsmagazinen. Die Tipps müssen nicht schlecht sein, sollten jedoch einer genauen Prüfung unterzogen werden. Sehr gute Möglichkeiten für die Aktienauswahl bietet das Internet. Wir möchten einmal am Beispiel einer Nasdaq- sowie einer Neuer-Markt-Aktie zeigen, wie man bei einer sorgfältigen Internet-Recherche vorgehen kann. In beiden Fällen gehen wir davon aus, dass ein Anleger einen Aktientipp in der Tageszeitung gefunden hat und der Stichhaltigkeit dieses Tipps genauer auf den Grund gehen möchte.

Aktienauswahl mit Hilfe des Internet

Die Web-Site der Nasdaq

Wer in seiner Tageszeitung eine Kaufempfehlung für einen Nasdaq-Wert gefunden hat, sollte sich direkt auf der Web-Site der Computer-Börse – zu finden unter www.nasdaq-amex.com – weitere Informationen beschaffen.

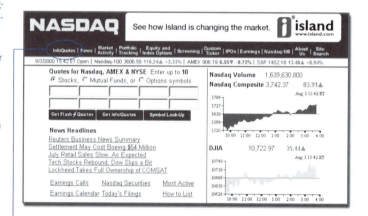

Die Seite ist sehr umfassend, so dass hier nahezu alle Fragen zu amerikanischen Wachstumsaktien beantwortet werden. Nehmen wir an, ein deutsches Bankhaus hat das Papier des Biotech-Unternehmens Amgen zum Kauf empfohlen. Um diese Aktie genauer unter die Lupe nehmen zu können, clicken Anleger auf den Button »Infoquotes« auf der Nasdaq-Homepage.

Aktienauswahl mit Hilfe des Internet 237

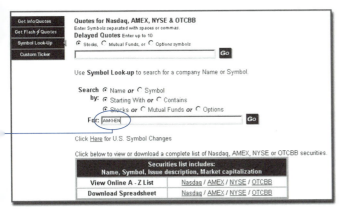

Auf der sich öffnenden Web-Site tippt man danach den Namen »Amgen« in die Suchzeile ein. Schließlich erscheint das verlinkte Börsenkürzel (»AMGN«), das durch einen Doppelclick zu den aktuellen Handelsdaten der Aktie führt. Unter anderem erscheint der letzte Kurs, der Tageshöchstkurs und das Handelsvolumen.

Für sich allein genommen sind diese Daten nahezu aussagelos. Erst wenn ein Anleger die Amgen-Aktie über mehrere Wochen oder gar Monate verfolgt hat, kann er die Handelsdaten interpretieren. Die Nasdaq-Web-Site hilft Anlegern, sich einen schnellen Überblick zu verschaffen: Wer sich den Kursverlauf und die Entwicklung des Handelsvolumens der Amgen-Aktie in den zurückliegenden Wochen und Monaten anschauen möchte, der braucht nur auf den Button »Stock Chart« zu clicken.

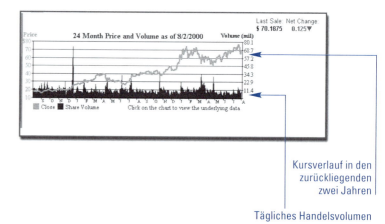

Machen wir uns auf die Suche nach weiteren, stichhaltigen Informationen. Direkt unter den gerade beschriebenen Zahlen finden Anleger eine Button-Leiste, hinter der sich eine ganze Reihe sehr nützlicher Informationen und Fakten zu Amgen verbergen

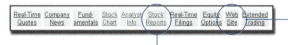

Zunächst zu den einfacheren Inhalten. Hinter dem Button »Stock-Reports« beispielsweise ist eine Kurzbeschreibung des Unternehmens sowie dessen Adresse versteckt, was sehr nützlich sein kann, wenn man einen aktuellen Geschäftsbericht in gebundener Form anfordern möchte. Die Anforderung per Post erübrigt sich allerdings, wenn Internet-Nutzer von der Nasdaq-Homepage direkt auf die Homepage des Unternehmens gehen, um dort nach der Investor-Relations-Abteilung zu suchen (Geschäftsberichte sind auf der Unternehmens-Web-Site normalerweise als PDF-File abrufbar). Der Wechsel zur Amgen-Hompage ist binnen Sekunden möglich – ein einfacher Click auf den Button »Web-Site« führt direkt zum Ziel.

Allerdings findet man die wichtigsten Finanzdaten auch auf der Nasdaq-Homepage, indem man den Button »Stock-Reports« anklickt und die dahinter liegende Seite herunterscrollt.

Net Sales/Work Cap	2.47	Inv/Curr Assets			0.09
Net Sales/PP&E	1.96				

Income Statement ($Millions)

	06/30/00	03/31/00	12/31/99 A	09/30/99
Total Revenues(Net Sales)	867.90	814.10	3,042.80	769.20
Costs of Goods Sold	101.70	85.70	402.10	98.90
Selling & Admin Exps	205.10	169.70	664.30	159.90
Operating Income	358.30	388.90	1,163.60	312.00
Amortization & Depreciation	NA	-20.00	NA	NA
Interest Exp	3.40	4.20	15.20	4.90
Pretax Income	439.70	384.70	1,566.20	452.80
Other Income	NA	NA	NA	NA
Net Income Bef Extraordinary	302.60	266.20	1,095.40	300.00
Net Income	302.60	266.20	1,095.40	300.00

Balance Sheet ($Millions)

Assets	06/30/00	03/31/00	12/31/99 A	09/30/99
Cash & Short Term Investments	1,621.10	1,717.00	1,333.00	1,524.00
Receivables - Total	312.30	259.10	412.20	300.40
Inventories - Total	272.60	237.60	184.30	146.90
Total Current Assets	2,382.60	2,391.00	2,065.30	2,126.40
Net Property, Plant & Equipment	1,638.50	1,595.30	1,553.60	1,508.90
Total Assets	4,543.20	4,264.70	4,077.60	4,036.80
Liabilities				
Accounts Payable	120.10	108.70	83.40	100.80
Debt in Current Liabilities	NA	NA	NA	NA
Total Current Liabilities	835.90	730.70	831.10	818.30
Long-Term Debt	223.00	223.00	223.00	223.00
Total Liabilities	1,058.90	953.70	1,054.10	1,041.30
Stockholder's Equity				
Minority Interest	NA	NA	NA	NA
Preferred Stock	NA	NA	NA	NA

GuV und Bilanz im Überblick

Aktienauswahl mit Hilfe des Internet 241

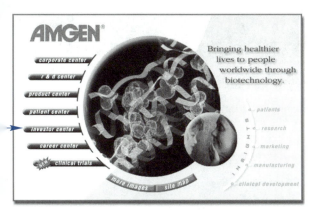

Auf der Homepage eines Unternehmens sind sehr viele Informationen für Anleger zu finden.
Der wichtigste Link »Investor Relations« (hier: investor center)

Bleiben wir an dieser Stelle auf der Nasdaq-Homepage. Hinter dem Button »Real-Time Filings« erscheinen weitere, wichtige Unternehmensdaten, etwa Ad-hoc-Meldungen oder die Termine für Hauptversammlungen und Dividendenzahlungen.

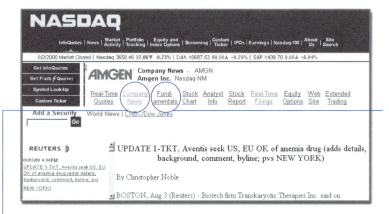

Wer sich jetzt ein genaueres (und objektiveres) Bild von Amgen machen möchte, dem hilft ein Click auf den Button »Fundamentals«. Zunächst werden hier noch einmal Handelsdaten in Form einer Übersicht geliefert – zum Beispiel der letzte Preis aus dem Handel, die Kursänderung gegenüber dem Vortag oder das aktuelle Handelsvolumen, darüber hinaus das 52-Wochen-Hoch und -Tief und die aktuelle Marktkapitalisierung des Unternehmens. Zum ersten Mal stoßen wir an dieser Stelle aber auch auf fundamentale Bewertungskennziffern, insbesondere das Ergebnis je Aktie – berechnet als Summe der tatsächlichen Ergebnisse der letzten vier Quartale – oder das Kurs-Gewinn-Verhältnis, ermittelt durch Division des aktuellen Kurses durch das angezeigte Ergebnis je Aktie.

Um aktuelle Nachrichten zu Amgen zu erhalten, kann man alternativ auch auf den Button »Company News« klicken. Hier erscheinen alle Neuigkeiten, die über die Biotech-Firma durch die Nachrichtenagenturen verbreitet werden.

Aktienauswahl mit Hilfe des Internet 243

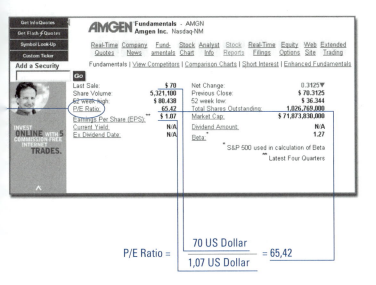

Auch die letzte Dividendenzahlung (soweit erfolgt) und die Dividendenrendite werden hier angezeigt. Zu erwähnen ist schließlich noch der Risikofaktor Beta, der den Kursverlauf der Amgen-Aktie ins Verhältnis setzt zum Verlauf des S & P 500-Indexes. Wer Erklärungen zu den einzelnen Begriffen benötigt, kann mit einem Doppelclick auf die unterstrichenen Fachtermini (z. B. P/E Ratio) im Glossar der Nasdaq nachschauen. Hier werden alle Begriffe ausschließlich in Englisch erklärt.

Wir möchten jetzt zum Button »Analyst Info« wechseln. Auch hier haben Anleger eine große Auswahl an Unterfunktionen. Unter »Recommendations« findet man eine Aufstellung aller bedeutenden Analysten, die die Amgen-Aktie betreuen. Für Anleger noch wichtiger ist jedoch die übersichtliche Zusammenfassung der aktuellen Empfehlungen. Das Biotech-Unternehmen stufen gegenwärtig 11 Analysten als »Strong Buy« (»unbedingt kaufen«), 12 Analysten als »Buy« (»kaufen«) und 6 als »Hold« (»halten«) ein. Einer der Analysten empfiehlt Anlegern sogar, die Aktie zu verkaufen. Im Schnitt fällt das Urteil der Experten dennoch relativ gut für Amgen aus.

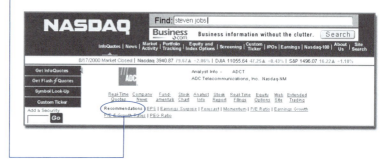

Aktienauswahl mit Hilfe des Internet 245

Der Balken, der am oberen Ende der Web-Site abgebildet ist, zeigt, dass das Papier im Durchschnitt irgendwo zwischen »kaufen« und »unbedingt kaufen« eingestuft wird. Mit Hilfe der Nasdaq-Homepage werden Anleger in die Lage versetzt, jeden Tipp für amerikanische Wachstumsaktien auf seine Stichhaltigkeit zu überprüfen. Im Fall von Amgen steht das deutsche Bankhaus, das die Aktie in der Tageszeitung zum Kauf empfohlen hatte, mit seiner Einschätzung offensichtlich nicht alleine da.

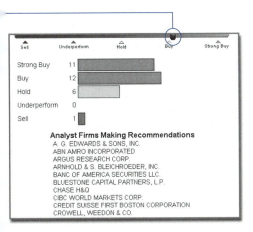

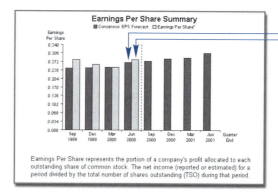

Wer sich aufgrund der überwiegend positiven Empfehlungen jetzt noch weiter über die Aktie informieren möchte, sollte sich die weiteren Daten hinter dem Button »Analyst Info« anschauen. Unter »EPS« (kurz für Earnings per Share) finden Anleger die Gewinne je Aktie in den zurückliegenden Quartalen – dargestellt in Form eines Balkendiagramms. Außerdem werden die Konsens-Schätzungen der Analysten für das Ergebnis je Aktie abgebildet. Es wird deutlich, dass die Experten für die Zukunft von einer sehr positiven Ergebnisentwicklung ausgehen. Darüber hinaus erkennt man, dass Amgen die durchschnittlichen Schätzungen in den zurückliegenden Quartalen jeweils »schlagen« konnte. Ein Übertreffen der Analystenschätzungen ist (zumindest bei Gewinnen) als sehr positiv zu bewerten und führt im Zeitpunkt der Veröffentlichung der Geschäftszahlen im Regelfall zu sprunghaften Kursanstiegen.

Um sich ein genaueres Bild darüber zu machen, wie oft Amgen die Analystenmeinungen in der Vergangenheit übertreffen konnte, können Anleger den Button »Earnings Surprise« anwählen. Hier wird gezeigt, wie stark die tatsächlichen Zahlen in den zurückliegenden Quartalen von den Schätzungen abgewichen sind. Der abgebildete Chart zeigt die absoluten Differenzen, die Tabelle darunter die relativen.

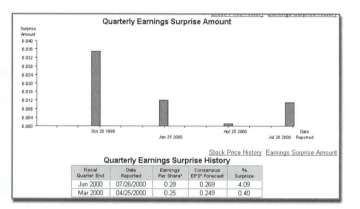

Anleger sollten natürlich nicht in die Vergangenheit schauen, wenn sie ein Unternehmen untersuchen, sondern ihre Blicke auf die Zukunft richten. Hier liefert die Nasdaq-Seite ebenfalls Hilfestellung, da sie auch Ergebnisschätzungen für die Zukunft beinhaltet. Bereits hinter dem Button »EPS« waren Ergebnisschätzungen für die kommenden Quartale als Chart abgebildet. Relativ umfangreiche Prognosen bis zum Jahr 2002 liefert ein Click auf den Button »Forecast«.

Aktien aus dem Netz

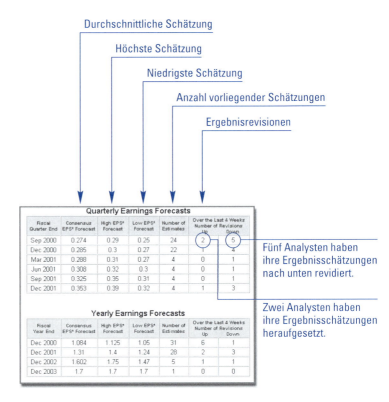

Für die kommenden Quartale sind hier jeweils die höchsten und niedrigsten sowie die Durchschnittsschätzungen angegeben, außerdem die Zahl der insgesamt vorliegenden Prognosen sowie die Zahl der nachträglich veränderten Ergebniserwartungen (so genannte Ergebnisrevisionen). Ihre Erwartungen für das Amgen-Ergebnis im 3. Quartal 2000 (»Sep 2000«) haben beispielsweise fünf Analysten heruntergesetzt (»nach unten revidiert«), und zwei nach oben.

In Zusammenhang mit Ergebnisrevisionen liefert auch ein Click auf den Button »Momentum« interessante Resultate. Hier werden die Veränderungen der *Konsensschätzungen* systematisch erfasst (linker Chart). Die hellen Balken symbolisieren die Konsensschätzung für das nächste Quartal – in diesem Fall für das 3. Quartal 2000. Im Vergleich zu der Konsensschätzung, die von den Analysten vor einem Monat abgegeben wurde, fällt die Konsensschätzung der letzten Woche etwas geringer aus. Das gleiche gilt für die aktuelle Durchschnittsprognose, die ebenfalls 0,002 cents unter der Konsensschätzung von vor einem Monat liegt.

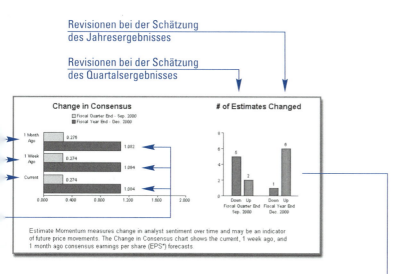

Die Konsensschätzung für das Ergebnis im Geschäftsjahr 2000 wird durch die dunklen Balken angezeigt. Die aktuelle Durchschnittsprognose ist im Vergleich zu jener von vor einem Monat in diesem Fall um 0,002 cents gestiegen. Der Chart neben dem gerade beschriebenen zeigt die Anzahl der nachträglich revidierten Prognosen. Im Falle der Quartalsschätzung haben fünf Analysten ihre Erwartungen heruntergesetzt und zwei herauf (siehe auch Tabelle auf Seite 248) –

darum auch der leichte Rückgang bei der Konsensschätzung. Im Fall der Schätzung für das laufende Geschäftsjahr haben insgesamt sieben Analysten ihr Urteil revidiert – einer nach unten und sechs nach oben.

Die Veränderung der *Konsensschätzungen* kann Anlegern wertvolle Hinweise auf die kurz- und mittelfristige Kursentwicklung einer Aktie geben. Sobald gleich mehrere Analysten ihre Ergebnisse nach oben (unten) revidieren, kann das als sehr positives (negatives) Signal gewertet werden. Kurssteigerungen (-rückschläge) sind dann sehr wahrscheinlich, falls sie nicht schon längst eingetreten sind.

Wer Konsensschätzungen bei Anlageentscheidungen benutzt, sollte immer darauf achten, wie viele Analysten insgesamt befragt wurden. Auf der gerade beschriebenen Web-Site (»Momentum«) listet die Nasdaq die Analystenzahl für die abgebildeten Schätzungen auf. Bei der Amgen-Aktie wurden insgesamt 24 Analysten für die Quartalsprognose und 31 für die Jahresprognose befragt. Die Zahlen besitzen daher einen recht hohen Aussagegehalt.

> Estimate Momentum measures change in analyst sentiment over time and may be an indicator of future price movements. The Change in Consensus chart shows the current, 1 week ago, and 1 month ago consensus earnings per share (EPS*) forecasts.
>
> For the fiscal quarter ending Sep. 2000, the consensus EPS* forecast has remained the same over the past week at $0.274 and decreased over the past month from $0.276 to $0.274 (-0.72%). Of the 24 analysts making quarterly forecasts, 2 raised and 5 lowered their forecast.
>
> For the fiscal year ending Dec. 2000, the consensus EPS* forecast has remained the same over the past week at $1.084 and increased over the past month from $1.082 to $1.084 (0.18%). Of the 31 analysts making yearly forecasts, 6 raised and 1 lowered their forecast.

Beim Quartalsergebnis wurden 24 Analysten befragt

Das Jahresergebnis wurde von 31 Analysten geschätzt

Das aktuelle Ergebnis je Aktie und die Konsensschätzungen werden von der Nasdaq in weiteren Schritten benutzt, um das KGV und das PEG zu berechnen. KGV-Zahlen sind zunächst hinter dem Button »P/E Ratio« zu finden.

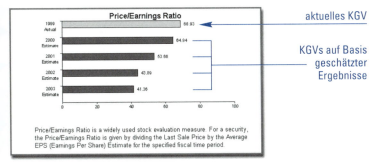

Der helle Balken zeigt das KGV auf Basis des letzten Kurses und des tatsächlichen Ergebnisses je Aktie für das zurückliegende Geschäftsjahr (trailing P/E). Die dunklen Balken ergeben sich, in dem man den letzten Kurs durch die durchschnittlichen Ergebnisschätzungen für die kommenden Jahre dividiert (forward P/E). Anleger können diese Zahlen mit Hilfe der zuvor beschriebenen Web-Sites auch selbst berechnen.

Durchschnittliche Wachstumsrate für die nächsten fünf Jahre

Was jetzt noch fehlt, um im letzten Schritt das PEG – die wohl wichtigste Kennzahl für Wachstumsaktien – zu ermitteln, sind die Wachstumsraten für die künftigen Jahresergebnisse. Auch damit kann die Web-Site der Nasdaq dienen. Hinter dem Button »Earnings Growth« befinden sich die geschätzten Wachstumsraten für das laufende Geschäftsjahr und die drei folgenden. Außerdem ist eine durchschnittliche Wachstumsrate für die nächsten fünf Jahre angegeben. Für Anleger sind diese Zahlen von großer Bedeutung. Vergleiche mit anderen Aktien geben zum Beispiel Aufschluss darüber, ob Analysten der gerade betrachteten Aktie auch auf lange Sicht überdurchschnittliche Gewinnzuwächse zutrauen – denn nur dann kann ein Papier als Wachstumsaktie eingestuft werden. Für Amgen trifft das zu.

Aktienauswahl mit Hilfe des Internet

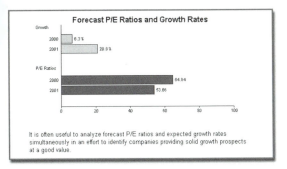

Die Division des KGVs durch die entsprechenden Wachstumsraten liefert uns schließlich das PEG. Auf der Nasdaq-Web-Site finden wir hinter dem Button »P/E & Growth Rates« sowohl das KGV für das laufende und das kommende Geschäftsjahr als auch die Wachstumsraten für die betreffenden Zeiträume noch einmal in einem einzigen Chart zusammengefasst. Das PEG für die beiden Geschäftsjahre wird jedoch nicht direkt ausgewiesen. Anleger müssen hier das erste Mal ihre Taschenrechner bemühen.

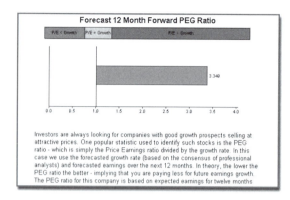

Die Nasdaq-Web-Site liefert im Falle der Amgen-Aktie lediglich das PEG für die kommenden zwölf Monate – und zwar hinter dem Button »PEG Ratio«. Mit 3,349 fällt die Zahl relativ hoch aus. Um diesen Wert wirklich beurteilen zu können, wäre jetzt ein Vergleich mit den PEG Ratios anderer Biotech-Unternehmen hilfreich. Leider bietet die Nasdaq-Web-Site keine Möglichkeit, einen solchen Vergleich per Knopfdruck durchzuführen. Anleger müssen sich zunächst eine Gruppe von Biotech-Unternehmen zusammenstellen, und dann für jedes einzelne das PEG auf der Nasdaq-Web-Site nachschlagen. Eine Gruppe von Wettbewerbern können Anleger allerdings relativ simpel auf der Web-Site abrufen. Ein Click auf den Button »Fundamentals« sowie ein weiterer Click auf den Button »View Competitors« führen zum Ziel.

Company Name Symbol	Market	Last Sale	Net Change	Percent Change	Share Volume (00s)	Today's High/Low	52 week High/Low	P/E Ratio	Market Cap (mil.)
Amgen Inc. AMGN	Nasdaq	$70.19	0.125 ▼	0.18%	56751	$71.63 $68.88	$80.44 $36.34	65.71	70847.06
Pfizer Inc PFE	NYSE	$45.5	0.625 ▼	1.4%	80406	$46.69 $45.13	$49.25 $30	51.83	176594.68
Merck Co Inc MRK	NYSE	$75.25	0.25 ▲	0.33%	42910	$75.44 $74.5	$81.13 $52	28.20	170372.91
Johnson And Johns Dc JNJ	NYSE	$97.19	0.6875 ▲	0.71%	27483	$97.38 $96.13	$106.9 $66.13	30.16	131874.04
Lilly Eli Co LLY	NYSE	$108.4	1.625 ▲	1.5%	21163	$108.7 $105.3	$109 $54	38.68	120699.60
Glaxo Wellcome Plc GLX	NYSE	$59.56	0.125 ▼	0.21%	5881	$59.69 $59.19	$64.44 $45.25	N/A	107289.94
Bristol Myers Sqibb BMY	NYSE	$54.19	0.9375 ▲	1.7%	71518	$54.44 $53.56	$79.25 $42.44	24.09	102698.02
Novartis Ag Ads NVS	NYSE	$38.25	0.375 ▼	0.98%	1379	$38.31 $38	$47 $27.5	N/A	101708.44
Astrazeneca Plc Ads AZN	NYSE	$44.94	0.1875 ▼	0.42%	12573	$45.13 $44.88	$48.56 $31	29.88	77437.34
Procter Gamble Co PG	NYSE	$58.06	0.125 ▼	0.22%	24111	$59.06 $57.81	$118.4 $52.75	21.96	76838.71

Competitor : Chemicals and Drugs
The following table is sorted by Market Capitalization in descending order.
Click on the column header links to resort ascending (▲) or descending (▼).

Die Unternehmensaufstellung ist jedoch mit Vorsicht zu genießen. Im Falle des Amgen-Konkurrenzvergleiches werden beispielsweise alle großen Pharmakonzerne (Merck, Pfizer, Johnson & Johnson) aufgelistet. Diese sind nur beschränkt mit der Biotech-Gesellschaft Amgen vergleichbar. Die Branchenzuteilung eines Unternehmens wird innerhalb des Branchenvergleichs nur sehr grob vorgenommen und verlangt weitere Feinarbeit durch den Anleger.

Die Homepage von Onvista

Im nächsten Schritt möchten wir jetzt zeigen, welche Hilfestellung das Internet bei der Beurteilung von Neuer-Markt-Aktien bieten kann. Der Weg ist dem zuvor beschriebenen durch die Nasdaq-Homepage sehr ähnlich. Stellen wir uns vor, eine Bank habe die Qiagen-Aktie – genau wie Amgen ein »Biotech-Wert« – zum Kauf empfohlen. Um die Qualität dieses Tipps zu untersuchen, gehen wir auf die Homepage von Onvista.

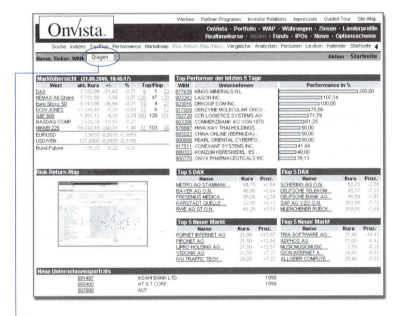

Diese ist unter der URL www.onvista.de oder aktien.onivsta.de zu finden. In das Feld »Name, Ticker, WKN« geben wir den Namen Qiagen ein und kommen dann sofort auf eine Übersicht, den sogenannten »Snapshot«, mit wichtigen Informationen zur Aktie. Neben dem Kursverlauf der letzten Monate, der in Form eines Charts und zusammen mit den täglichen Handelsvolumina dargestellt wird, können Anleger aktuelle Handelsdaten einsehen, wie den letzten Kurs, die Kursveränderung (relativ und absolut) im Vergleich zum Vortag oder das Tageshoch- und -tief. Auch werden der höchste und

Aktienauswahl mit Hilfe des Internet 257

der niedrigste Kurs innerhalb der letzten zwölf Monate angezeigt. Die abgebildeten Kurse sind um Aktiensplits bereinigt. Im Falle Qiagens hat sich der Aktienkurs – nach Berücksichtigung des 4:1-Stock-Splits im Frühsommer 2000 – innerhalb von zwölf Monaten etwa versiebenfacht.

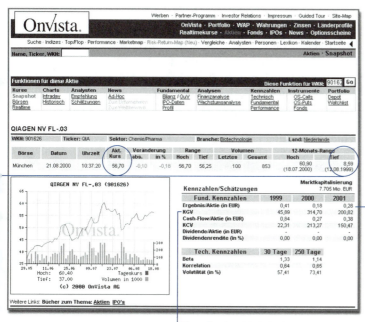

Kurs-Gewinn-Verhältnis

Kurs hat sich ungefähr versiebenfacht

Ergebnisschätzung für das laufende und das kommende Jahr

Eine Kaufempfehlung für Qiagen auszusprechen, scheint angesichts dieser Zahlen sehr mutig. Doch schauen wir zunächst auf einige Fundamentaldaten. Eine Auswahl der wichtigsten Kennziffern finden Anleger auf der Seite »Snapshot«. Einige Werte haben sich bei Qiagen im Vergleich zum Jahr 1999 deutlich verschlechtert. Beispielsweise gehen die Analysten davon aus, dass das Ergebnis je Aktie im Jahr 2000 um mehr als 50 Prozent niedriger ausfällt als im Vorjahr. Der Cash-Flow wird nach den Schätzungen noch deutlicher zurückgehen. Dividenden schüttete Qiagen bisher gar nicht aus, auch werden solche für die nächsten Jahre bisher nicht erwartet. Das KGV für das Jahr 2000 ist mit über 300 sehr hoch – und zwar nicht nur absolut gesehen. Bei Amgen betrug diese Zahl gerade mal 65. Die Frage, die sich Anleger hier stellen sollten: Sind Amgen und Qiagen direkt miteinander vergleichbar? Auf der Nasdaq-Seite zu Amgen konnte man nachlesen, dass das Unternehmen im Bereich Medikamentenherstellung tätig ist.

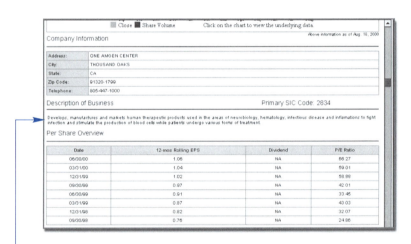

Beschreibung von Amgen

Aktienauswahl mit Hilfe des Internet 259

Um Auskunft über das Tätigkeitsfeld von Qiagen zu bekommen, können Anleger in der »Onvista-Funktionsleiste« auf den Link »Profil« klicken. Danach geht ein neues Fenster auf, in dem Qiagen im sogenannten »Kurzportrait« beschrieben wird: »Die Qiagen N.V. produziert und vertreibt Technologien zur Zerteilung und Reinigung von Nukleinsäuren wie z. B. DNA und RNA ...«

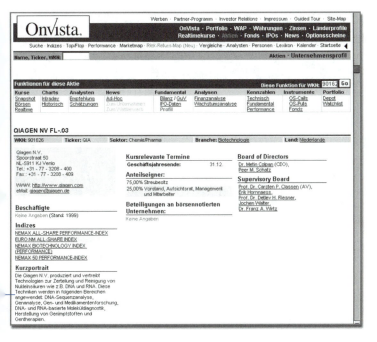

Beschreibung des Unternehmens

Es wird deutlich, dass Qiagen – im Gegensatz zu Amgen – keine Medikamente herstellt und die beiden Firmen damit nicht direkt miteinander vergleichbar sind, obwohl beide aus der Biotechnologiebranche stammen. Wer im Detail wissen möchte, wo die Tätigkeitsfelder Qiagens liegen, kann sich von der Seite »Profil« direkt auf die Homepage des Unternehmens klicken, da ein Link vorhanden ist.

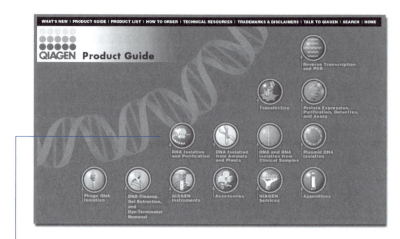

Beschreibung der Qiagen-Produkte

Bleiben wir jedoch zunächst auf der Onvista-Seite und beschaffen uns dort weitere Details zur Aktie bzw. Aktiengesellschaft. Anleger können eine Zusammenfassung der wichtigsten Finanzdaten hinter dem Link »Finanzanalyse« einsehen. Hier werden zum Beispiel die Unternehmensumsätze und Umsatzrenditen der letzten drei Jahre aufgelistet. Die Abbildung macht deutlich: Der Umsatz Qiagens ist gestiegen. Die Umsatzrendite (= Jahresüberschuss/Umsatz) hingegen gesunken. Um festzustellen, ob die Umsatzrendite im Vergleich zu anderen Biotech-Unternehmen vielleicht dennoch gut ausfällt, müsste man parallel auf den Seiten der betreffenden Firmen nachschauen und die Zahlen direkt miteinander vergleichen.

QIAGEN NV FL-.03

WKN: 901626 Ticker: QIA Sektor: Chemie/Pharma Branche: Biotechnologie Land: Niederlande

Geschäftsjahresende 31.12.
Branche: Biotechnologie

Bilanzanalyse	1997	1998	1999
Bilanzsumme in Tsd. EUR	87.426	119.262	164.064
Eigenkapitalquote in %	68,35	67,95	62,56
Verschuldungsgrad in %	0,86	0,47	0,60
dynamischer Verschuldungsgrad in %	5,50	2,98	2,12
Buchwert pro Aktie	0,44	0,60	0,76

Gewinn-/Verlustanalyse	1997	1998	1999
Umsatz in Tsd. EUR	82.271	122.118	159.459
Umsatz/Mitarbeiter in EUR	-	-	-
operative Rentabilität			
Umsatzrendite (netto) in %	11,76	11,41	8,87
Umsatzrendite (brutto) in %	18,17	16,04	16,06
Cash-Flow-Marge in %	11,38	10,49	18,18
EBIT-Marge in %	16,91	15,54	15,80
EBITDA-Marge in %	23,54	20,78	21,24
Kapitalrentabilität			
Eigenkapitalrendite in %	16,19	17,20	13,78
Gesamtkapitalrendite in %	11,06	11,69	8,62
Cash-Flow Return on Investment in %	10,71	10,75	17,67
Sonstige			
Forschungsquote in %	11,13	11,65	11,30
Steuerquote in %	35,30	28,86	44,77

Weitere Links: Bücher zum Thema: Aktien IPO's

[Suche · Indizes · Top/Flop · Performance · Marketmap · Risk-Return-Map (Neu) · Vergleiche · Analysten · Personen · Lexikon · Kalender · Startseite]

Wir geben uns hier jedoch mit der Aussage zufrieden, dass die Umsatzrendite bei Qiagen abgenommen hat. Auffällig ist, dass die Cash-Flow-Marge (= Cash-Flow/Umsatz) zumindest im letzten Jahr sehr stark angestiegen ist. Das Unternehmen konnte seinen Cash-Flow demnach deutlich steigern – viel stärker als den Jahresüberschuss. Die Zahlen, mit denen die Margen berechnet werden, finden Anleger hinter dem Link »GuV«.

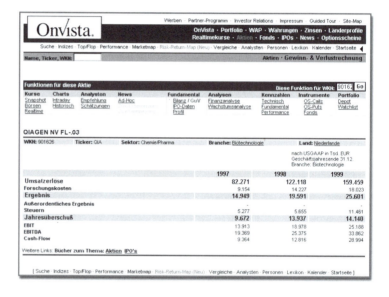

Wir stellen fest, dass Qiagen den Unternehmens-Cash-Flow von 1998 auf 1999 weit mehr als verdoppeln konnte. Der Jahresüberschuss hingegen ist fast gleich geblieben. Anscheinend hat das Unternehmen im Geschäftsjahr 1999 sehr hohe Abschreibungen vorgenommen, wodurch der Jahresüberschuss nachhaltig belastet wurde, was wir zum Beispiel durch einen Blick in den Geschäftsbericht (ist als PDF-File direkt auf der Qiagen-Homepage abrufbar) prüfen können.

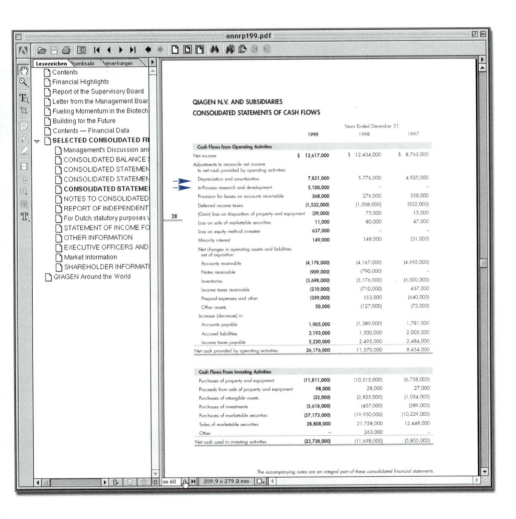

Aber auch das auf der Onvista-Seite ausgewiesene EBITDA für die Jahre 1998 und 1999 stützt unsere Vermutung bereits. Auch hier (beim Ergebnis vor Abschreibungen usw.) ist ein recht deutlicher Anstieg zu verzeichnen.

Vergangenheitsdaten besitzen bei Aktieninvestments eine nur begrenzte Aussagekraft. Außerdem werden in der Finanzanalyse ausschließlich die Zahlen aus den Geschäftsberichten der letzten Jahre betrachtet. Wie sehen die Ertragskennzahlen aus, die für die Zukunft von Analysten geschätzt werden? Wie wird die Qiagen-Aktie derzeit bei Analysten eingestuft? Gehen wir dazu auf die Seite »Fundamental«. Die Schätzungen für die kommenden zwei Jahre sehen zunächst nicht allzu gut aus. Für das Jahr 2000 rechnet man gar mit einem Ergebnisrückgang je Aktie von rund 56 Prozent. Auf Basis des verbleibenden Gewinns in Höhe von 0,18 Euro und des aktuellen Kurses ergibt sich ein KGV von rund 315. Die Aktie scheint damit sehr hoch bewertet.

Aktienauswahl mit Hilfe des Internet

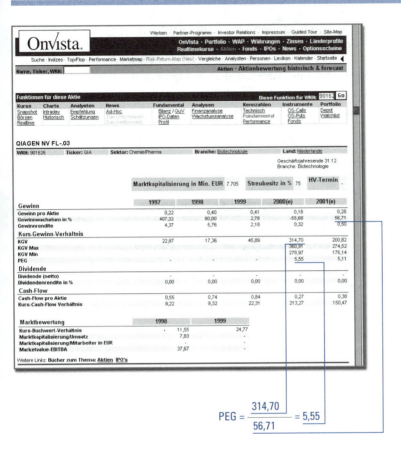

$$PEG = \frac{314{,}70}{56{,}71} = 5{,}55$$

Auch das ausgewiesene PEG deutet auf eine sehr teure Aktie hin. Es wird klar, dass der Kurs Qiagens, der sich in den letzten 12 Monaten – wie schon angedeutet – ungefähr versiebenfacht hat, der tatsächlichen Leistungsfähigkeit und Ertragskraft des Unternehmens weit voraus gelaufen ist. Vielleicht schon zu weit? Fragen wir die Experten. Auf der Seite »Empfehlung« finden wir die zusammengefassten *Analystenmeinungen* zu Qiagen. Die durchschnittliche Einstufung für die Aktie liegt zwischen Buy sowie Strong Buy – näher jedoch an Buy.

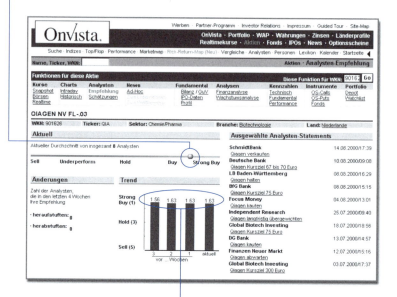

Je näher der Wert an »1« (= strong buy), desto höher der Balken und desto positiver wird die Aktie von den Analysten beurteilt.

Die Analysten beurteilen Qiagen – trotz derzeit relativ niedriger Ertragskraft – als klaren Kauf. Qiagen ist das führende Unternehmen in seinem Geschäftsfeld. Die Analysten scheinen sich einig, dass der vorhandene Wettbewerbsvorsprung den hohen Börsenkurs rechtfertigt, und erwarten langfristig gar noch höhere Kurse.

Die Ergebnisvoraussagen der Analysten für Qiagen findet man auf der Seite »Schätzungen«. Vergleichen Anleger die geschätzten Zahlen in den Jahren 1998 und 1999 mit den tatsächlich erreichten auf der Seite »Fundamental«, so werden sie feststellen, dass Qiagen die durchschnittlichen Gewinnschätzungen der Analysten bisher immer deutlich übertreffen konnte. Ein ähnliches Bild ergibt sich auch auf der Nasdaq-Homepage, auf der Qiagen ebenfalls geführt wird. Eine gewisse Euphorie scheint für diese Aktie daher angebracht.

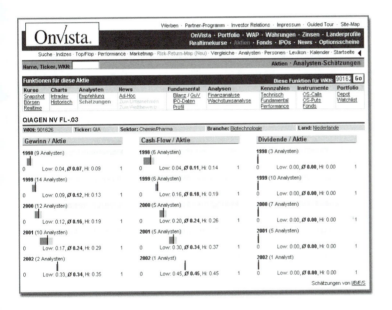

Neuer-Markt-Unternehmen

(Stand: Juni 2000)

Unternehmen	Kurzbeschreibung	Domain
IT-Services		
1Value.com	IT-Services	www.1value.com/
ACG	Smartcard Broker	www.acg.de/
AC-Service	IT-Services	www.ac-info.com/
ADI	IT-Systemhaus	www.adi.de
ADS System	IT-Services f. Internet and E-Commerce	www.ads.de/
All For One Systemhouse	IT Systemhaus	www.allforone.de
Artemedia	IT-Services	www.artemedia.de
Articon	Network Security	www.articon.de/
Augusta	High-Tech-Holding	www.augusta-ag.de/
BEKO Holding	Software (Consulting and Development)	www.beko.de/
Brain Force	Software and E-Commerce	www.brainforce.com/
Cancom	IT-Services	www.cancom.de/
ce Consumer Electronic	Chip Broker	www.consumer.de/
Cenit	CAD/CAM Software	www.cenit.de/
Comma Soft	IT-Services/Consulting	www.commasoft.de
COMPpart	IT-Beratung	www.comppart.de/
Computerlinks	Technology Commercialization	www.computerlinks.de/
DATA-PLAN	IT-Systemhaus	www.data-plan.de/
Didas	IT-Services	www.didas.de
Emprise	IT-Services and Consulting	www.emprise.de/
Evalis	IT-Dienstleister	www.evalis.de/
Fortec	Semiconductor Distributor	www.fortec.ch/
hancke & peter	IT-Services	www.hape.de/
Heyde	IT-Services	www.heyde.de/
IDS Scheer	IT-Services/Software	www.ids-scheer.de/
Info Genie Europe	IT-/EDV Consulting	www.infogenie.de
Infomatec	SAP-Implementation and E-Commerce	www.iag.de/
Iternet 2000	IT-Dienstleister	www.internet2000.de/
Internet AG	IT-Dienstleistungen	www.internet.de
INTERCHIP	IT-Dienstleister	www.interchip.de/
Intraware	Informationsmanagement	www.intraware.de/
IPC Archtec	IT-Services	www.ipc.de/
Ision Internet	Internet Services	www.ision.de
ISM	IT-Dienstleistungen	www.ism.de/
Lobster Technology	IT-Distributor	www.lobster-ag.de/
KC Data Systems	IT Services	www.kcdata.de/
m+s Elektronik	IT-Systemhaus	www.mus.de/ag/
main Control	IT-Services	www.maincontrol.com/
Medion	High-Tech-Products Marketing Services	www.medion.de/
MIDAT	IT-Services	www.fenner-midat.de/
MSH International Service	IT-Services	www.msh-ag.de/
NorCom	IT-Software & Consulting	www.norcom.de/

Neuer-Markt-Unternehmen

Unternehmen	Kurzbeschreibung	Domain
Orad	IT/Graphics-Solutions	www.orad.co.il/
PC-Ware	Systemintegration	www.pc-ware.de/
Pixelnet	Digitaler Bilderdienst	www.pixelnet.de/
Plaut	Management Consulting	www.platz.at/
Plenum	IT-Consulting	www.plenum-analytik.de/
Prodacta	IT-Consulting	www.prodacta.de/
PSB	IT-Services	www.psb.de/
Questos	IT-Dienstleister	www.questos.de/
QSC	IT-Infrastruktur	www.qsc.de/
RT-SET	IT-Graphics-Solutions	www.rtset.com/
Secunet	IT-Security Consulting	www.secunet.de/
SHS Infosysteme	IT-Consulting	www.shs.de/
SVC	ERP-Software/Consulting	www.svc-ag.de/
Systematics	IT-Service Provider	www.systematics.de/
SZ Testsysteme	Automatic Test Systems f. Semiconductors	www.sz-testsysteme.de/
TDS	IT-Services	www.tds.de/
Teleplan	Monitor/printer repair	www.teleplan.de/
Tiscon Infosystems	IT- and Internet-Services	www.pp-ulm.de/
TSP Labs	IT-Services	www.tsp-online.de/
TRIA Software	IT-Consultants/Software Development	www.tria.de/
TRIUS	Computertelefonie-Software	www.trius.de/
TTL	IT-Services	www.ttl-ag.de/
United Software Medien	Systemhaus	www.ttl-ag.de/
Internet		
1 & 1	IT-Marketing Services	www.sofortstart.de/
4MBO	Electronic Distribution	www.4mbo.de/
Adori	E-Commerce	www.adori.de/
artnet.com	Internet Services	www.artnet.com/
Atrada	E-Commerce	www.atrada.de/at/
autoscout24	E-Commerce	www.autoscout24.de/default_ger.asp
beans	E-Commerce-Software	www.beans.de/
bflow	E-Commerce	www.bflow.de/
b.i.s.	Stock Market Information System f. Home Users	www.bis.de/
Broadvision	IT-Consulting and -Services f. E-Commerce	www.broadvision.de/
Brokat	Internet-Software	www.brokat.de/
buch.de	Internet-Booktrade	www.buch.de/
buecher.de	Internet-Booktrade	www.buecher.de/
comdirect bank	Direktbank	www.comdirekt.de
ConSors	Discount-Broker	www.consors.de/
Cybernet	Internet-Services	www.cybernet-ag.de/

Unternehmen	Kurzbeschreibung	Domain
DataDesign	E-Banking and E-Commerce	www.datadesign.de/
DCI	B2B-Plattform	www.dci.de/
digital advertising	Internet-Services	www.digi-ad.de/
Direkt Anlage Bank	Discount-Broker	www.diraba.de/
ebookers.com	Internet-Travel-Services	www.ebookers.com/
e-game netvertising	E-Commerce	www.e-game.de/
Endemann!!	Internet Portals	www.endemann.de/
Entrium Direct Bankers	Direct-Banking	www.entrium.de/
EXITEC	Internetsoftware	www.exitec.de/
Fantastic Corp.	Software	www.fantastic.ch/
fluxx.com	E-Commerce-Service-Provider	www.fluxx.de/
Fortunecity.com	Internet-Services	www.fortunecity.com/
Gauss Interprise	Internet-Software	www.gauss.at/
Gedys Internet	Groupware, E-Business	www.gedys.de/
Gigabell	Internet-Services	www.gigabell.net/
GMX	E-Mail-Messaging-Service	www.gmx.de
Healy Hudson	B2B-Plattform	www.healy-hudson.com/
i:FAO	Travel Reservation Software/Internet	www.ifao.net/
I-D Media	Internet Services and Marketing	www.i-d-media.com/
InternetMediaHouse.com	Internet Services and E-Commerce	www.mediahouse.com/
Internolix	E-Commerce Software	www.internolix.de/
Intershop	E-Commerce Software	www.intershop.de/
IQENA	Internet-Lösungen	www.iqena.de/
Jobs & Adverts	Online-Stellenmarkt	www.jobpilot.de/
Kabel New Media	E-Commerce & Internet Marketing	www.kabel.de/
Lycos Europe	Internet	www.lycos.de
Media Artists	Web-Content-Management	www.mediaartist.de/
Met@box	Internet-TV and CPU-Upgrade-Cards	www.metabox.de/
mondia	E-Commerce	www.mondia.de/
musicmusicmusic	Internet Music Database	www.musicmusicmusic.com/
net@G	Internet-Software	www.netag.de/
Net Well New Media	Internet-Agentur	www.netwell.de/
Nexus	Computertechnologie	www.nexus.de/
Netlife	E-Business-Software	www.netlife.de/
Pixelpark	E-Commerce and Internet-Marketing	www.pixelpark.de/
Poet Holdings	Database- and DMS-Software	www.poet.de/
Portal AG	E-Commerce	www.portal-ag.de/
ricardo.de	Internet-Auctions	www.ricardo.de/
Super-Net	E-Commerce-Lösungen	www.angelo.de/
teamwork	Groupware and E-Business Solutions f. Lotus Notes	www.teamwork.at/
TELEDATA	Börseninformationen	www.teledata.de/
Thomsen & Thomsen	Internetlösungen	www.thomsen.de/

Neuer-Markt-Unternehmen

Unternehmen	Kurzbeschreibung	Domain
tourisline	Hotelvermittlung	www.tourisline.de/
t-online	Internetprovider	www.t-online.de/
Travel24.com	Services	www.travel24.de/
Trintech	Soft- and Hardware for Secure Online-Payment	www.trintech.de/
Utimaco	IT-Security	www.utimaco.de/
WWL Internet	E-Commerce and Internet-Services	www.wwl.de/
SinnerSchrader	IT-Services and Consulting f. E-Commerce	www.sinner-schrader.de/
Sport.de	Sport Informations Services	www.sport.de/

Software

Unternehmen	Kurzbeschreibung	Domain
Atoss Software	Software für Zeiterfassungssysteme	www.atoss.de/
BE Gruppe Bankentechnik	Bankensoftware	www.be-group.com/
Beta Systems	Manag.-Softw. f. Main Frames	www.betasystems.com/
Brain International	Software for Medium Sized Companies	www.brain-ag.com/
Carus	Softwaredienstleister	www.carus.de/
CDV	Softwarehersteller	www.cdv.de/
CE Comp. Equipment	Document-Management-Systems	www.cecomputer.ch/
COR	Software f. Insurance Companies	www.corag.de/
CPU Software	Software for Financial Services	www.cpu-ag.de/
D.Logistics	Software for Logistics	www.dlogistics.de/
EASY Software	Document-Management-Software	www.easy.at/
Echtzeit	Softwareentwicklung	www.cdv.de/
Fabasoft	Software-Services and Consulting	www.fabasoft.com/
GFT	Internet Software and Services	www.gft.de/
Graphisoft	CAD-Systems f. Architects	www.graphisoft.de/
Haitec	CAE, System Integration, E-Business	www.haitec.de/
HAS Programm Service	Softwareentwicklung/Consulting	
infor business solutions	ERP-Software	www.infor.de/
iXOS Software	Software f. DMS (on SAPR/3)	www.ixos.de/
Kleindienst Datentechnik	Document-Mangement-Systems	www.kld.de/
LHS	Phone Billing Software	www.lhsgroup.com/
Lipro	Software for Logistics	www.lipo.de/
Management Data	Software f. Networking and Media Companies	www.mdata.de/
mb Software	CAD-Software	www.mb-software.de/
Mensch & Maschine	CAD-Software	www.mum.de/
Micrologica	Software	www.micrologica.de/
Mosaic Software	Software f. Data Communication	www.mosaic-ag.de/
Nemetschek	Software f. Architects/Builders	www.nemetschek.de/
NSE Software	Software for Financial Services	www.nse.de/
Open Shop	E-Commerce-Software	www.openshop.de/

Unternehmen	Kurzbeschreibung	Domain
P & I	Software f. Human Ressource Management	www.piag.com/
Parsytec	Software, Surface Quality Control, Yield Mgmt	www.parsytec.de/
Phenomedia	Software (Computer games)	www.phenomedia.de/
Pro DV	EDV-Dienstleistungen	www.prodv.de/
Prout	Output-Management-Software	www.prout.de/
PSI	Software	www.psi.de/
RealTech	Technical SAP R/3-Consulting	www.realtech.de/
SCS	Softwarehersteller	www.scs.de/
SER Systeme	Document.-Manag.-Software	www.ser.de/
SoftM	IBM AS/400 Implement+Softw.	www.softm.de/
Softmatic	Softw. f. Prozessmanag./IT-Consult.	www.softmatic.com/
SuSE	Software/Linux Anbieter	www.suse.de/
SWS Software	Softwarehaus	www.sws.de/
uni-X Software	Softwarehersteller	www.uni-x.de/
Telesens	Abrechnungssoftware	www.uni-x.de/
Terratools	Softwarehersteller	www.terratools.de/
Webfair	Internetsoftware	www.webfair.com/
WIN!DMS	DMS-Software	

Hardware/Hochtechnologie

Adcon Telemetry	Wireless Communication Solutions	www.adcon.com/
ADVA Optical	Optical Networking	www.adva.de/
Aixtron	Machines for Semiconductor Production	www.aixtron.de/
asOne	Elektronische Archivierung	www.asone.de/
AT & S Austria	Producer of Printed Circuit Boards (PCB)	www.atspcb.com/
Basler	Technical Vision Systems	www.baslerweb.com/
BinTec	Telecommunications systems	www.bintec.de/
Ceotronics	Audio/Video-Communication	www.ceotronics.de/
Comroad	Telematic Systems	www.comroad.com/
Dialog Semiconductor	Semiconductor Producer	www.slicorp.com/
ELMOS Semiconductor	Semiconductor Producer	www.elmos.de/
Elsa	PC-Graphic-Cards	www.elsa.de/
Euromicron	Electronic-Holding-Company	www.euromicron.de/
Global Cyber Systems	Mikrospeichersysteme	www.gcs.de/
Hoeft & Wessel	Mobile-Data-Reading-Devices	www.hoeft-wessel.de/
Infineon	Halbleiter	www.infineon.de
Jetter	Industrial Automation	www.jetter.de/
Jumptec	Computer-Board-Manufacturer	www.jumptec.de/
Kontron	Embedded PC-System-Hersteller	www.kontron.de/
Lintec	PC Producer + Distributor	www.lintec.de/
LPKF Laser & Electronics	Laser Systems	www.lpkf.de/
Mania Technologie	Interconnect Carrier Products and Services	www.mania.de/

Neuer-Markt-Unternehmen

Unternehmen	Kurzbeschreibung	Domain
MAXDATA	PC-Producer	www.maxdata.ch/
Micronas Semiconductor	Producer of Semiconductors	www.micronas.com/
Muehlbauer	Smartcard-Production-Machines	www.muehlbauer.de/
OTI on Track	Smart-Card-Producer	www.oti-ir.de/
Pandatel	IT-Systems for Telecommunication Networks	www.pandatel.de/
PC Spezialist	PC-Franchise	www.pcspezialist.de/
Pfeiffer Vacuum	High-tech Vacuum-Pumps	www.pfeiffer-vacuum.de/
ROI Computer	Hardwarehersteller	www.roi.de/
Saltus	Machine Tools and -Supplier	www.saltus.de/
SCM Microsystems	Hardware/Smartcards	www.scmmicro.com/
Singulus	Systems f. CD+DVD-Production	www.singulus.de/
Steag Hamatech	Optical disc/Photomask-Technology	www.hamatech.de/
Suess Microtech	Semiconductor	www.suss.de/
Technotrans	Printing-Industry-Supplier	www.technotrans.de/
Transtec	PC-Producer and -Distributor	www.transtec.ch/
Vectron Systems	Intelligent-Cash-Management-Systems	www.vectron.de/
Wichmann Work X	Speicherboardhersteller	www.wichmann-ag.de/
Wavelight Laser	Laser-Systems	www.wavelight-laser.de/
WizCom	Portable-Scanner-Technology	www.wizcom.co.il/
Medien		
Advanced Medien	Film-Licence-Broker	www.advanced-medien.de/
BKN international	Medien	www.bknkids.de/
blaxxun interactive	Multimedia-Communication	www.blaxxun.de/
Brainpool	TV-Producer of Comedy-Shows	www.brainpool.ch/
CineMedia Film	Movie-Distributor	www.cinemedia.de/
Computec Media	Publisher	www.computec.de/
Concept!	Multimedia-Agency	www.concept.com/
Constantin Film	Film-Production and -Brokerage	www.constantinfilm.de/
Das Werk	Digital Effects, Movie Production, Licence Broker	www.das-werk.de/
DEAG Dt. Entertainment	Entertainment	www.deag.de/
Dino Entertainment	Film-, TV- and Comic-Merchandising	www.dinoverlag.de/
edel music	Record-Company	www.edel.de/
Eurogay Media	Medien	eurogay.de
EM.TV	Film-Licence/Merchandising	www.em-ag.de/
Helkon Media	Film-Production and -Brokerage	www.helkon.de/
Highlight	Film-Brokerage	www.highlight-communications.ch/
Intertainment	TV-Licences-Broker	www.intertainment.de/
Jack White Productions	Music-Producer	www.jack-white.de/
Kögl & Partner	Multimedia – Lösungen	www.koegl.de/
Kinowelt	Film-Production and -Brokerage	www.kinowelt-medien-ag.de/

Unternehmen	Kurzbeschreibung	Domain
Odeon Film	Film-Producer	www.odeonfilm.de/
PrimaCom	TV-Cable-Net-Provider	www.primacom.de/
RTV Family Entertainment	TV-Production	www.rtv-family.de/
Senator Film	Film-Production and -Brokerage	www.senatorfilm-ag.de/
Splendid Medien	Filmlicences-, Video- and DVD Distribution	www.splendid-medien.de/
Sunburst	Merchandising	www.sunburst.de/
TV-Loonland	Zeichentrickproduzent/Medien	www.tv-loonland.de/
WIGE_MEDIA	Mediendienstleister	www.wige.de/
Telekommunikation		
Arnoldy Telecom	Mobilfunkprodukte	www.arnoldy.de/
Carrier 1	Telecommunications	www.carrier1.com/
Drillisch	Telecommunications	www.drillisch.de/
MobilCom	Telecommunications	www.mobilcom.de/
Mox Telecom	Telecommunications	www.mox.de/
Star One	Telecommunications	www.starone.de/
T-Mobil	Mobilfunkbetreiber	www.t-mobil.de/
Teldafax	Telecommunications	www.teldafax.de/
Telegate	Telecom-Information-Services	www.telegate.de/
Teles	ISDN-Technology	www.teles.de/
Tiptel	Telecommunications-Devices	www.tiptel.de/
Victorvox	Telecommunication-Services	www.victorvox.de/
Pharma/Biotechnologie		
aap Implantate	Bio/Medtec	www.aap.de/
ATAMA	Informations-/Biotechnologie	www.atama.de/d_4.htm
BB Biotech	Swiss-Biotech-Fund	www.bbbiotech.com/
BB Medtech	Swiss-Medtech-Fund	www.bellevue.ch/
Cybio	Biotech	www.cybio-ag.com/
Eckert & Ziegler	Medical-Technology	www.ezag.de/
Euromed	Health-Systems	www.euromed.de/
Evotec	Biotech	www.evotec.de/
Morphosys	Biotech	www.morphosys.de/
MWG Biotech	Biotech	www.mwg-biotech.de/
november	Biotech	www.november.de/
Qiagen	Biotech	www.qiagen.com/
Refugium	Health-Care-Old-Age-Homes	www.refugium-gruppe.de/
Rhein Biotech	Biotech	www.rheinbiotech.de/
Sanochemia	Pharmaceuticals	www.sanochemia.at/
Sonstige		
AVT	Print-Qualitätskontrolle	www.avt.com/

Neuer-Markt-Unternehmen

Unternehmen	Kurzbeschreibung	Domain
Balda	Plastic-Hardware for Handys	www.balda.de/
Bertrandt	Engineering-Services (Auto-Industry)	www.bertrandt.de/
BEV Music	CD-Vertrieb	www.bev-music.de/
Centrotec	High-Performance-Plastics	www.centrotec.de/
Deutsche PhoneSat	Satellitentechnik	www.deutsche-phonesat.com/
Foris	Financing of Law-Suits	www.foris.de/
Gene Scan Europe	Life-Science	www.genescan.de/
GHS Gesundheitsservice	Medizintechnik	
G.I.B. Music	Tonträgerproduktion	www.gib-music.de/
Hunzinger	PR-Agency	www.hunzinger.de/
Media Tranfsfer	Marktforschungsinstitut	www.mediatransfer.de/
Muehl	Construction Materials	www.muehl.de/
Most	Süßwarenkette	www.most.com/
Nevag	Energieholding	www.nevag.de/
PI-Computer	Computerdistributor	www.pi-com.de/
Pankl Racing Systems	Producer of Devices f. Racing Cars and Aircrafts	www.pankl.com/
Plambeck	Wind-Power-Machines	www.pne.de/
ROCH Prüfdienste	Mastsystem-Prüfung	
Sachsenring	Supplier Automobile-Industry	www.sachsenring-ag.de/
Silicon Sensor	Producer of High-Performance Photodetectors	www.silicon-sensor.de/
TePla	Plasma- and Laser-Technology	www.tepla.com/
Thiel Logistik	Logistikdienstleistungen	www.thiel-logistik.com/
Think Tools	Unternehmensberatung	www.think-tools.de/
ICG	TK-Ausrüster	www.icg.com/
Vidair	Luftfahrtelektronik	www.vidair.com/
V.I.P.	Lizenzagentur	
Wafios	Maschinenbau	www.wafios.de/
WET Automotive	Auto-Industry-Supplier (Seat Heaters)	www.wet.de/

Sachregister

A

Abwärtstrend 165
Ad-hoc-Datenbank 218
Ad-Hoc-Meldungen 216
Ad-hoc-Publizitätsservice 217
ADME-Tests 73
Aixtron 140
Akteure
– institutionelle 184
Aktienanalysen 221
Aktien-Analyser 232
Aktienanleihen 198
Aktienauswahl 236
Aktienhandel
– synthetischer 195
Aktienkörbe 169
Aktiensuche 232
Aktienzuteilung
– Verfahren 20
All-Rights-Deal 109
Alpha-Testing 117
Amazon 28
Amgen 67, 236
Analyst Info 244, 246
Analysten 221
– Durchschnittsmeinung 222
– Meinungen 266
– Schätzungen 249, 267
Application Service Provider (ASPs) 82
Archive
– Recherche 224
Arzneimittelforschung 73
Asset Analyzer 232
Aufwärtstrend 164
Auktion 21
Auswahlindex 148

B

B2B-E-Commerce-Software 97
B2C-E-Commerce-Software 97
Baisse 190
Barwertmethoden 44
Barwertmodelle 36
Basistag 144

Basket
– Philosophie 173
Basket-Zertifikate 170, 180
Benchmark 151
Beta-Testing 117
Betriebssysteme 120
Bewertung 23
Bewertungskriterien 27
Bewertungsverfahren 36
Bilanzierungsmethoden
– konservative 33
Bilanzierungszeitpunkt 34
Biochips 69
Biotechnologie
– Branchenstruktur 68, 70
– Definition 65
– Einsatzmöglichkeiten 68
Biotech-Unternehmen
– Bewertungsfragen 78
– Bewertungskriterien 77
– Forschungsteam 78
– Marketingpartner 78
– Produkte 79
– Spezialgebiet 79
Biotech-Zertifikate 172
blockbuster drug 70
Board 213
Bookbuilding-Spanne 21
Bookbuilding-Verfahren 21
Börsengang 15
Branchenattraktivität 29
Branchenindizes 151, 171
Brett
– schwarzes 213
Buffet, Warren 160
Business-to-Business
– Marktpotenzial 95
Business-to-Business E-Commerce
– Definition 92

C

Calls 183
Cap 200
Cap/Sales-Ratio 57
Cash-Flow 39
– Berechnung 41

Center for Drug Evaluation and Research (CDER) 72
Charts 225
Chats 212
Community 212
Company News 242
Condat 133
Content-Provider 90
Continued Listing 13
CRM-Software 124, 126
Customer-Relationship-Management-Software 124, 126

D

Datenbanksoftware 122
Datenqualität 211
Designated Sponsors 9
Deutsche Gesellschaft für Ad-hoc-Publizität 216
DGAP 216
Discounted-Cash-Flow-Methode 46
Discount-Zertifikate 199, 202
Dividenden 145
Dividendenrendite 55
Dokumentenmanagement-software 123
Doppel-Aktienanleihen 202
Due Diligence 18
DVFA/SG-Ergebnis 38
– Ermittlungsschritte 39

E

Earnings Growth 252
Earnings Surprise 247
e-Banking-Zertifikat 172
Ebay 28
EBITDA 43, 264
E-Commerce 89
Effektenlombardkredit 161
Electronic Data Interchange (EDI) 94
EM.TV 106, 158

Emissionsbanken 15
– Qualitätsurteile 16
Emissionshäuser
– virtuelle 220
Enterprise Value 49
E-Procurement 124
Equity Story 15
Ergebnis je Aktie 38
Ergebnismultiplikator 56
ERP-Produkte 122
Ertragsgrößen 36
Eurex 191
EV/EBITDA-Ratio 56
Extended ERP 122

F

Federal Drug Administration (FDA) 72
Festpreisverfahren 20
Film
– Rechteverwertung 107
– Wertschöpfungskette 107
Finanzanalyse 261
Finanzkommunikation 19
First Mover Advantage 30
Fonds 165
– Kosten 181
– Steuern 181
– Vergleich mit Zertifikaten 179
Forecast 247
Foren 212
Forward 196
Forward P/E 50
Free Cash-Flow 46
Frühindikator 44
Fundamentals 242
Futures 197

G

Geld-Brief-Spanne 174
Generika 78
Genetik 66
Gentechnologie 66, 67
Gesamtmarktentwicklung 144

Geschäftsmodell
– Nachhaltigkeit 27
Gewinnmultiplikator 50
Greenshoe 17
Growth Funds 165
GuV 262

H

Hardware 135
Hardwareunternehmen
– Bewertungsfragen 136
Hebel 164
Hebeleffekt 183, 197
Highlight 113
Hypertext Markup Language (HTML) 99

I

IAS 33
Indexdaten 150
Indexfonds 167, 180
Indexzertifikate 169, 180
Indizes 144
– Einsatzzwecke 152
Initial Listing 13
Initial Public Offering 15
Intel 137
Interconnection-Gebühren 129
Internet 87
– Aktienauswahl 236
Internet-Branche
– Aussichten 104
– Struktur 87
Internet-Firmen
– Bewertungsfragen 101
Internet-Infrastruktur 89, 90
Internet-Services 89
Intershop 102
Investigational New Drug Application (IND) 74
Investor Relations 19
Investor-Relations-Abteilung 19

IPO 15
IT-Services
– Bewertung 83
– Definition 81
– Einnahmequellen 83
– Fokussierung 85
– Produktausrichtung 85
– Umsatzstruktur 85

J

Java Trader 204, 226

K

Kernkompetenzen 31
KGV 50
– dynamisches 53
Kick-Start-Zertifikate 204
Konsensschätzungen 249
Konsortialführer 16
Kontraktgröße 193
Körbe 187
Korrelation 202
Korrelationskoeffizient 202, 204
Kurs-Cash-Flow-Verhältnis 56
Kurse 229
Kurs-Index 145
Kursindexpapiere 168

L

Lead-Manager 17
Leerverkauf 190, 196
LEPOs 195
Linux 120
Liquidität 193

M

Mailinglisten 214
Mail-Service 231
Major-Studios 108

Management
– aktives 163
– passives 163
Managementqualität 30
Managementrisiko 172
Margen 29
Margin 197
Margin call 161
Markenname 30
Market-Cap 48
Markteintrittsbarrieren 29
Markterwartung 201, 205
Marktkapitalisierung 48, 144
Matching 12
Medienaktien
– Bewertungsfragen 112
Medienbranche
– Aussichten 110
– Struktur 105
Medikamente
– Entwicklungskosten 71
– Entwicklungszeit 71
– Zulassungsverfahren USA 72
Medion 85
Meta-Suchmaschine 215
Mobilfunklizenzen 130
Molekularbiologie 66
Momentum 249
Moore, Geoffrey 24, 96
MP3-Files 105
Multiplikator 47
Multiplikatormodelle 36
Musikpiraterie 105

N

Nasdaq 11
– Aktienfonds 166
– Analyst Info 244, 246
– Company News 242
– Earnings Growth 252
– Earnings Surprise 247
– Forecast 247
– Fundamentals 242
– Indizes 153
– Momentum 249
– Orderabwicklung 12
– P/E & Growth Rates 253

– P/E Ratio 251
– PEG Ratio 254
– Real-Time Filings 241
– Recommendations 244
– Stock-Reports 239, 240
– Struktur 13
– Web-Site 236
Nasdaq 100 153
Nasdaq Composite 153
Nasdaq National Market 13
Nasdaq SmallCap Market 13
NEMAX 50 148
Nemax 50-Future 196
Nemax 50-Optionen 192
NEMAX-All-Share 147
Neuemissionen 219
Neuer Markt
– Aktienfonds 166
– Branchen 63
– Eurex-Optionen 192
– Indizes 146
– Regelwerk 159
– Sektoren 152
– Zulassungsvoraussetzungen 8
New Drug Application (NDA) 76
Newsboards 212
Newsgroups 214

O

Open-Source-Software 121
Optionen 182
– Ausstattungsmerkmale 182
– exotische 200
Optionsscheine 184
Order-Driven-Market 12
OTC-Optionen 184
Outperformer 151

P

P/E 50
P/E & Growth Rates 253
P/E Ratio 251
Participations 168

PC-Software 118
PEG 53
– Anwendungskriterien 55
PEG Ratio 254
Performance 234
Performance-Index 145
Perles 168
Pharmakokinetik 73
Pharmakologie 73
Positionierung
– strategische 30
Preisabschlag 169, 171
Price-Earnings-Ratio 50
Price-Earnings-to-Growth-Ratio 53
Pricing by Duplication 199
Psychologie 227

Q

Qiagen 79, 256
Quartalsumsätze 59
Quote-Driven-Market 12

R

Range-Optionen 200
Ratio 186
Real-Options-Modell 46
Real-Time Filings 241
Realtime-Kurse 229
Rechteverwerter 108
Rendite-Risiko-Relation 234
Revenue Recognition 34
Risikobereitschaft 162
Risk-Return-Map 232

S

Schulz, Hans-Dieter 227
SCM-Software 123
Seitenchecks 215
Seitwärtsbewegung 165, 198, 201
Selektion 163
Shopping Bots 90

Siebel Systems 126
Signale
– technische 226
Slater, Jim 55
Smileys 212
Software
– Aufwendungen 33
– Betriebssysteme 120
– CRM 124
– Customer-Relationship-Management- 124
– Datenbank- 122
– direkter Vertrieb 116
– Dokumentenmanagement- 123
– Entwicklungsphasen 117
– E-Procurement- 125
– ERP-Produkte 122
– indirekter Vertrieb 116
– OpenSource- 121
– PC 118
– SCM- 123
– Spiele 118
– Struktur 115
– Supply-Chain-Management- 123
– Unternehmens- 119
Software-Unternehmen
– Bewertungsfragen 125
Sparpläne 167
Speed-Zertifikate 204
Spezialmaschinenbau 139
– Bewertungsfragen 139
Spielesoftware 118
Split-Rights-Deal 109
Standard
– technologischer 25
Standardisierung 191
Standardsetter 25
Startpreis 205
Stillhalter 183
Stock Chart 238
Stock-Report 240
Stock-Screener 176

Stopppreis 205
Strategien
– passive 167
Streuung 162
Stücke 200
Studios
– Independent 108, 110
– Major 108, 110
Suchkataloge 214
Suchmaschinen 90, 214
Supply-Chain-Management-Software 123

T

Technische Analyse 225
Telekomgesellschaften
– Bewertungsfragen 132
Telekommunikation
– Struktur 128
Terminbörsenoptionen 185
Termingeschäfte
– bedingte 196
– unbedingte 196
Test
– klinischer 74
Themen-Zertifikate 170, 171
Ticker 231
Timing 163
Totalverlustrisiko 184
Trailing P/E 50
Transparenz 169

U

Überzeichnungen
– Zuteilungsverfahren 22
Umsatzanerkennung 34
Umsatzangaben 59
Umsatzmultiplikator 57
Umsatzteilbarkeit 29
Umsatzvolumen 29

Umsatzwachstum 29
UMTS 130
Underlying 149, 153, 186
Underperformer 151
Underpricing 219
Universal Mobile Telecommunications System 130
Unternehmenssoftware 119
US-GAAP 33

V

Vergleichsgrößen 48
Verkaufsprospekt 179
Verwertungsrechte 108
Volatilität 188, 234

W

Wachstum
– internes 32
WAP 98, 229
Warenwirtschaftsysteme 122
Warrants 194
Web & Security-Zertifikat 175
Wertpapierkredit 161
Whisper-Numbers 39
Wireless Application Protocol 98
Wireless Internet 98
Wireless Markup Language (WML) 99

Z

Zertifikate 167
– Gebührenfalle 173
– Produktentwicklung 174
– Risiko 179
– Story 174
– Vergleich mit Fonds 179